An Introduction to
Statistics for Social Sciences

社会科学のための統計学入門

実例からていねいに学ぶ

Kezuka Kazuhiro
毛塚和宏 [著]

JN053237

講談社

はじめに

本書の内容

本書は社会科学における統計学を実例とともに紹介・説明する本です．本書は，私が2017年から教えてきた授業，具体的には東京工業大学文系教養科目「統計学A, B, C，文系エッセンス：統計学」や学習院大学法学部政治学科「社会統計学I, II」での内容を一冊にまとめたものです．また，研究上の経験や東工大でおこなった講演の内容も盛り込んでいます．

本書には，社会科学における統計学の理解・実践に必要なベーシックな知識がすべて入っています．また，本書は社会調査士A, B, C, D, E科目の一部をカバーしています．

本書における説明のスタンスは以下の4点です．多くの人が興味を持って，実践的・理論的な統計学の知を学べるように工夫しました．

- できるだけ実際のデータを用いる
- 実際の社会現象・社会問題を軸にする
- 手を動かせる[1] ところは，動かして理解する
- 数学的な側面だけではなく，結果の解釈にも重点を置く

本書が想定する読者

本書は以下のような読者を想定しています．

- 社会科学における統計学を学びたい方
- 社会のできごとを題材として統計学を学びたい方
- 統計学を使って社会を分析したい方
- 統計学の基礎をきっちり学びたい方
- 自分が学んだ統計学を見直しながら，ほかに何ができるかを知りたい自然科学系の大学生
- 社会を見通すために数学がどう生かされるか知りたい高校生

---

1) 「手を動かす」とは，「紙とペンを使って，計算をする」ことを指す．というわけで，本書を読むときには紙とペンを用意して，手を動かしながら理解を深めてください．

本書の読み方

　本書は3部——**コア・理論・手法**——に分かれています．**コア**では，社会科学の統計学を理解する上で基礎となる内容を扱います．**理論**では，統計学を支える確率の理論を扱います．**手法**では，具体的な分析手法を実際のデータを交えながら学びます．本書は，コア→理論→手法の順で読まれることを想定していますが，気になるところから読み進めてもよいでしょう．

　注釈には補足的説明，および発展的追記を書きました．関心や必要に応じて眺めてください．

　また，本書では統計学をきちんと理解してもらうために，いくつかの箇所で数式を用いています．本書が数式を排さなかったのは，① 統計学のコアを理解する上で，数式は外せなかった，② 数式を入れないことで，読者のさらなる統計学の学習への妨げになることを避けたかった，という2点の理由によります．本質的な部分の理解には，四則演算（$+ - \times \div$）と根号（$\sqrt{}$）だけで十分ですが，もう一歩進むには高校2年生までの数学（積分まで）への理解があるとよいでしょう．

　ただし，**数式が理解できない場合は，いったんその部分は読み飛ばしてかまいません**．難しすぎる部分（大学数学範囲の内容）は，わからなくても本質的な理解が可能です．わからないところは，いったん飛ばしてまた後で戻ってきてください．

本書を読み終えたら：さらに学ぶ

　本書を読み終えたら，本書で引用されているほかの統計学の本を読み進めてください．とくにおすすめの本には，文末の参考文献一覧に★マークをつけておきました．

謝辞

　本書の執筆には多くの方の支えがありました．斉藤知洋さん（社会保障・人口問題研究所），鈴木遼さん（宮城県泉松陵高等学校），小山田基香さん（立教大学），小谷野敢さん，編集をご担当された渡邉拓さん，横山真吾さんに記して感謝します．本書に誤りが残っていた場合，責任は著者に帰属します．

2022年5月　毛塚和宏

はじめに………………………………………………………………………… iii

Chapter 0　イントロダクション 社会科学と統計学 …………… 001

0.1 ◆ 統計学とは ………………………………………………………… 001
0.2 ◆ 社会科学における統計学 ………………………………………… 002
0.3 ◆ 社会科学への統計学の応用における注意点 …………… 003
　　0.3.1 ◇ 主観が入るタイミング…………………………………… 003
　　0.3.2 ◇ 主観との付き合い方 …………………………………… 004

Part I　コア

Chapter 1　データを集める 社会調査 ………………………… 006

1.1 ◆ 社会調査とは ……………………………………………………… 006
　　1.1.1 ◇ 量的調査と質的調査 …………………………………… 006
　　1.1.2 ◇ 概念的定義と操作的定義 …………………………… 007
　　1.1.3 ◇ 社会調査の 6W4H ……………………………………… 008
1.2 ◆ Why：リサーチクエスチョン ……………………………… 009
1.3 ◆ Whom：母集団 …………………………………………………… 010
1.4 ◆ How1：標本抽出方法 ………………………………………… 012
　　1.4.1 ◇ 1936 年の大統領選：ルーズベルト対ランドン …… 012
　　1.4.2 ◇ 1948 年の大統領選：トルーマン対デューイ …… 014
　　1.4.3 ◇ 無作為抽出の流れへ ………………………………… 015
1.5 ◆ How2：調査方法 ……………………………………………… 016
1.6 ◆ How3：質問方法 ……………………………………………… 018
　　1.6.1 ◇ 概念を捉える …………………………………………… 018
　　1.6.2 ◇ 質問の仕方に気をつける …………………………… 019
1.7 ◆ 発展 有意抽出とほかの抽出法 ………………………… 026
1.8 ◆ 発展 無作為抽出の実際 …………………………………… 027

Chapter 2　データをまとめる 記述統計 ⋯⋯⋯⋯⋯⋯ 031

2.1 ◆ 社会調査データと向き合う ⋯⋯⋯⋯⋯⋯⋯ 031

2.2 ◆ 変数の種類と尺度 ⋯⋯⋯⋯⋯⋯⋯⋯⋯ 032

　2.2.1 ◇ 名義尺度 ⋯⋯⋯⋯⋯⋯⋯⋯⋯⋯ 033

　2.2.2 ◇ 順序尺度 ⋯⋯⋯⋯⋯⋯⋯⋯⋯⋯ 033

　2.2.3 ◇ 間隔尺度 ⋯⋯⋯⋯⋯⋯⋯⋯⋯⋯ 034

　2.2.4 ◇ 比例尺度 ⋯⋯⋯⋯⋯⋯⋯⋯⋯⋯ 035

　2.2.5 ◇ 4 つの尺度の情報量 ⋯⋯⋯⋯⋯⋯ 035

2.3 ◆ 度数分布表 ⋯⋯⋯⋯⋯⋯⋯⋯⋯⋯⋯ 035

2.4 ◆ 代表値 ⋯⋯⋯⋯⋯⋯⋯⋯⋯⋯⋯⋯ 037

　2.4.1 ◇ 平均 ⋯⋯⋯⋯⋯⋯⋯⋯⋯⋯⋯ 038

　2.4.2 ◇ 中央値 ⋯⋯⋯⋯⋯⋯⋯⋯⋯⋯ 041

　2.4.3 ◇ 最頻値 ⋯⋯⋯⋯⋯⋯⋯⋯⋯⋯ 042

2.5 ◆ 散らばり ⋯⋯⋯⋯⋯⋯⋯⋯⋯⋯⋯ 042

　2.5.1 ◇ 偏差 ⋯⋯⋯⋯⋯⋯⋯⋯⋯⋯⋯ 044

　2.5.2 ◇ 分散 ⋯⋯⋯⋯⋯⋯⋯⋯⋯⋯⋯ 045

　2.5.3 ◇ 標準偏差 ⋯⋯⋯⋯⋯⋯⋯⋯⋯ 046

　2.5.4 ◇ 範囲 ⋯⋯⋯⋯⋯⋯⋯⋯⋯⋯⋯ 047

　2.5.5 ◇ 四分位範囲 ⋯⋯⋯⋯⋯⋯⋯⋯ 047

　2.5.6 ◇ 多様性指数・質的変動係数 ⋯⋯⋯ 048

2.6 ◆ 度数分布表から代表値・散らばりを得る方法 ⋯⋯⋯ 050

　2.6.1 ◇ 平均を求める ⋯⋯⋯⋯⋯⋯⋯⋯ 050

　2.6.2 ◇ 中央値を求める ⋯⋯⋯⋯⋯⋯⋯ 052

　2.6.3 ◇ 最頻値を求める ⋯⋯⋯⋯⋯⋯⋯ 052

　2.6.4 ◇ 分散・標準偏差を求める ⋯⋯⋯⋯ 052

　2.6.5 ◇ 四分位範囲を求める ⋯⋯⋯⋯⋯ 053

2.7 ◆ 標準得点と偏差値 ⋯⋯⋯⋯⋯⋯⋯⋯ 054

Chapter 3　関連を捉える クロス表と相関係数 ⋯⋯⋯⋯⋯ 056

3.1 ◆ 離散変数どうしの関連を調べる：クロス表 ⋯⋯⋯⋯ 056

　3.1.1 ◇ クロス表 ⋯⋯⋯⋯⋯⋯⋯⋯⋯⋯ 057

　3.1.2 ◇ 周辺度数 ⋯⋯⋯⋯⋯⋯⋯⋯⋯⋯ 058

　3.1.3 ◇ パーセント表示 ⋯⋯⋯⋯⋯⋯⋯ 058

3.2 ♦ カイ二乗値とクラメールの V ··· 059
3.2.1 ◇ 独立な状態のクロス表 ··· 060
3.2.2 ◇ カイ二乗値 ··· 062
3.2.3 ◇ 関連の指標：クラメールの V ······································· 063
3.3 ♦ 連続変数どうしの関連を調べる：相関係数 ····················· 065
3.3.1 ◇ 散布図と相関 ··· 065
3.3.2 ◇ 共分散 ··· 067
3.3.3 ◇ 相関の指標：相関係数 ·· 070
3.4 ♦ 簡単な例で相関係数を計算する ···································· 072

Chapter 4 関連を疑う 疑似相関と変数の統制 ························ 074

4.1 ♦ その関連，本当にある？ ··· 074
4.1.1 ◇ 朝食を食べると，成績が上がる？ ······························· 074
4.1.2 ◇ 第 3 の変数を考える ·· 076
4.2 ♦ 因果関係と呼べるとき ·· 077
4.3 ♦ アイスと溺死者の関連：説明 ·· 078
4.3.1 ◇ アイスの消費額と溺死者数の強い負の相関 ·················· 078
4.3.2 ◇ 説明する第 3 変数は何か？ ·· 080
4.4 ♦ 年齢とパソコン利用の関連：交互作用 ···························· 082
4.4.1 ◇ アーリーアダプターの指標としての学歴 ····················· 083
4.4.2 ◇ 3 重クロス表 ·· 084

Chapter 5 データから推測する 推定 ································· 087

5.1 ♦ 無作為抽出と推測統計学 ··· 087
5.1.1 ◇ 押さえるべきポイント ·· 088
5.2 ♦ 推定 ··· 089
5.2.1 ◇ ある村の村長の支持率 ·· 089
5.2.2 ◇ 点推定と区間推定 ··· 089
5.2.3 ◇ 「神さま」の視点から見た社会調査 ····························· 090
5.2.4 ◇ 中心極限定理 ·· 094
5.2.5 ◇ 中心極限定理を応用した区間推定 ································ 097
5.3 ♦ 発展 より一般の場合の信頼区間 ··································· 099
5.4 ♦ 発展 信頼区間の解釈 ·· 100

Chapter 6　**データから確かめる** 検定 …………………………… 102

6.1♦**村長の杞憂** ………………………………………………… 102
6.2♦**検定とその流れ** ……………………………………………… 103
6.3♦**2 つの過誤** ………………………………………………… 104
6.4♦**有意水準と棄却域** …………………………………………… 106
6.5♦ 発展 **片側検定** ……………………………………………… 110
6.6♦ 付記 **「帰無仮説を受容する」という言い回し** ……………… 111

Part II　理論

Chapter 7　**コイントスで社会を見る** 離散変数と二項分布 … 114

7.1♦**なぜコイントスに着目するのか** …………………………… 114
7.2♦**1 枚のコイントス** …………………………………………… 115
　　7.2.1◇コイントスを確率変数で表現する ……………………… 115
　　7.2.2◇確率変数の期待値・分散・標準偏差 …………………… 116
7.3♦**たくさんのコイントス** ……………………………………… 120
　　7.3.1◇二項分布 …………………………………………………… 120
　　7.3.2◇二項分布の期待値・分散・標準偏差 ………………… 121
7.4♦**たくさんのコイントスの標本平均** ………………………… 123
　　7.4.1◇標本平均の期待値・分散・標準偏差 ………………… 124
7.5♦ 発展 **ポアソン分布** ………………………………………… 126
7.6♦ 発展 **負の二項分布** ………………………………………… 128

Chapter 8　**集まったデータを表現する**
連続変数と正規分布 …………………………………………………… 130

8.1♦**連続変数の確率変数** ………………………………………… 130
8.2♦**正規分布** ……………………………………………………… 134
8.3♦**正規分布表と標準化** ………………………………………… 136
　　8.3.1◇推定する：確率から数値を求める ………………………… 137
　　8.3.2◇検定する：得られた値以下の確率を求める ……………… 139

Chapter 9　推定が満たすべき条件 不偏性とバイアス ········· 143

9.1 ◆ 推定量が満たすべき性質 ···································· 143
9.2 ◆ 一致性 ··· 144
9.3 ◆ 不偏性 ··· 145
　　9.3.1 ◇ 体感する不偏性 ······································· 145
　　9.3.2 ◇ 不偏性が崩れるとき ··································· 147
9.4 ◆ 発展 疑似相関と不偏性 ···································· 151

Part III 　手法

Chapter 10　社会の下流化は起こっているか
平均・比率の差の検定 ······································· 154

10.1 ◆ 社会の下流化と階層帰属意識の変化 ················ 154
　　10.1.1 ◇ 階層帰属意識 ······································· 155
　　10.1.2 ◇ 『下流社会』からの問い ························· 155
10.2 ◆ 分析 1：平均の差を検定する ······················· 156
　　10.2.1 ◇ 階層帰属意識を得点化する ····················· 156
　　10.2.2 ◇ 「平均の差」をモデル化する ···················· 157
　　10.2.3 ◇ 帰無仮説と対立仮説 ····························· 159
　　10.2.4 ◇ 階層帰属意識は下流化したか：その 1 ······· 159
10.3 ◆ 分析 2：比率の差を検定する ······················· 160
　　10.3.1 ◇ 階層帰属意識を比率にする ····················· 160
　　10.3.2 ◇ 「比率の差」をモデル化する ···················· 161
　　10.3.3 ◇ 帰無仮説と対立仮説 ····························· 161
　　10.3.4 ◇ 階層帰属意識は下流化したか：その 2 ······· 162
10.4 ◆ 検定の結果を解釈する ······························· 163
　　10.4.1 ◇ その差には意味があるのか？ ··················· 163
　　10.4.2 ◇ 記述的な問いと説明的な問い ··················· 164
10.5 ◆ 片側検定 ··· 164
　　10.5.1 ◇ 棄却域を寄せる ··································· 165
　　10.5.2 ◇ 片側検定の使いどころ ··························· 167

Chapter 11　継承される格差を検討する
移動表とカイ二乗検定 ……………………………………………… 168

11.1 ◆ 社会階層という視点 ………………………………… 168
11.2 ◆ 移動表 ………………………………………………… 169
　11.2.1 ◇ 流入と流出 ………………………………………… 170
　11.2.2 ◇ 再生産 ……………………………………………… 171
　11.2.3 ◇ 世代間の状況の違い ………………………………… 172
11.3 ◆ オッズとオッズ比 …………………………………… 175
11.4 ◆ カイ二乗分布とカイ二乗検定 ……………………… 177
　11.4.1 ◇ 世代間移動の開放性 ………………………………… 177
　11.4.2 ◇ カイ二乗値とカイ二乗分布 ………………………… 177
　11.4.3 ◇ カイ二乗検定の手続き ……………………………… 179
　11.4.4 ◇ カイ二乗検定の解釈と注意 ………………………… 181
11.5 ◆ 移動表からわかること ……………………………… 182

Chapter 12　世界の男性の家事事情 分散分析 ……………… 184

12.1 ◆ 夫は家事をしないもの？ …………………………… 184
12.2 ◆ 日米仏瑞における夫の家事時間を比較する ……… 185
12.3 ◆ 分散分析の考え方 …………………………………… 188
12.4 ◆ 分散分析のための 3 つの表 ………………………… 190
　12.4.1 ◇ 群間の散らばりを捉える：群間平方和 …………… 190
　12.4.2 ◇ 群内の散らばりを捉える：群内平方和 ………… 192
　12.4.3 ◇ 分散分析表 …………………………………………… 193
12.5 ◆ F 検定 ………………………………………………… 194
　12.5.1 ◇ F 分布 ………………………………………………… 194
　12.5.2 ◇ F 検定の手続き ……………………………………… 195
　12.5.3 ◇ 結果の解釈と注意点 ………………………………… 196

Chapter 13　年収と年齢の関係
t 分布と相関係数の検定 ………………………………………… 198

13.1 ◆ 日本人の年収分布は年功序列を反映しているか？ 198
13.2 ◆ t 分布 ………………………………………………… 199

13.2.1 ◇ 相関係数に対する検定 ···················· 199
13.2.2 ◇ t 分布 ···················· 199
13.2.3 ◇ t 分布による検定：相関係数の検定 ·········· 200

Chapter 14 **ワイン評論家を出し抜く方法** 回帰分析 ······ 203

14.1 ◆ ワイン価格の予測式 ···················· 203
14.2 ◆ 回帰分析の枠組み ···················· 205
14.2.1 ◇ 回帰分析とは ···················· 205
14.2.2 ◇ 最小二乗法 ···················· 206
14.2.3 ◇「変数を説明する」とは ···················· 209
14.2.4 ◇ 結果の出し方と係数の解釈 ············· 211
14.3 ◆ たくさんの変数との関連を見る：重回帰分析 ······ 212
14.3.1 ◇ 離散的な説明変数を扱う ············· 212
14.3.2 ◇ 回帰分析が与える予測値 ············· 215
14.3.3 ◇ 交互作用を捉える ···················· 216
14.3.4 ◇ 非線形回帰 ···················· 218
14.4 ◆ 回帰分析の注意点 ···················· 219
14.4.1 ◇ モデル以上のことはわからない ·········· 220
14.4.2 ◇ 変数が多すぎてもよくない ············· 220
14.4.3 ◇ 安易に「因果関係」を見出さない ········· 220
14.4.4 ◇ 外れ値に注意 ···················· 221
14.4.5 ◇ 決定係数 R^2 にこだわりすぎない ·········· 221
14.4.6 ◇ 多重共線性 ···················· 222
14.5 ◆ 発展 回帰係数の検定 ···················· 223

Part IV **終わりに**

Chapter 15 **統計学の応用とこれから**
ビッグデータとベイズ統計学 ···················· 226

15.1 ◆ ビッグデータの特徴 ···················· 226
15.2 ◆ 機械学習とベイズ統計学 ···················· 227
15.2.1 ◇ 機械学習 ···················· 227
15.2.2 ◇ 頻度主義とベイズ主義の見方の違い ········· 227

15.2.3 ◦ ベイズの定理の活用例：
病気の検査結果を解釈する 228
15.3 ◆ **ベイズ更新と推定** 230
15.3.1 ◦ 頻度主義の場合 1 ：最小二乗法 230
15.3.2 ◦ 頻度主義の場合 2 ：最尤法 232
15.3.3 ◦ ベイズ主義の場合：ベイズ更新 233
15.3.4 ◦ ベイズ統計学における推定 236
15.4 ◆ **統計学と機械学習の応用例** 237
15.4.1 ◦ リスティング広告と A/B テスト 238
15.4.2 ◦ 計算社会科学 240
15.4.3 ◦ ビジネスと機械学習・ビッグデータ 241
15.4.4 ◦ 機械学習・ビッグデータを社会調査の観点か
ら見直す 242
15.5 ◆ **統計学のこれから** 244

引用文献 245

付録 表 A.1 正規分布表 249
表 A.2 *t* 分布表 250
表 A.3 カイ二乗分布表 251
表 A.4 F 分布表 その 1 252
表 A.5 F 分布表 その 2 253

Index 254

本文イラスト：中村知史

| Chapter **0**

イントロダクション
──社会科学と統計学──

　統計学とはなんだろうか．統計学は社会科学において，どのような役割を果たすのか．この章では，統計学の役割と社会科学に応用する際の注意点について述べていく．

　統計学には，大きく4つの機能がある．それは要約・説明・検証・予測である．これらの機能を適切に活用すれば，社会を分析する強力な道具となりうる．しかし，使い方を誤れば人を傷つける凶器にもなりうる．「数値を扱うから，統計学や統計分析の結果は完全に客観的だ」という単純な視点から抜け出すことが，統計学を使いこなす王道である．

0.1 ◆ 統計学とは

　統計学とはいったいどのような学問領域だろうか．統計学はひと言でいえば，**データを扱う最も基本的で最も有力なツール**である．

　では，そのツールを社会科学に応用することを考えてみよう．このとき，扱う対象である「データ」とはなんであろうか．社会科学におけるデータは，人の行為や考えを表す情報が中心である．具体的には**社会調査**（質問紙調査，俗にアンケートといわれる，第1章参照）によって得られる情報や，世界各国・都道府県・市区町村によって集計・公表される**公的統計**，あるいは最近はやりの**ビッグデータ**（第15章）が代表例である．

　次に，統計学はデータを扱うことで何ができるか，考えてみよう．統計学には，おもに以下の4つの機能がある．

1. データを**要約**する
2. データを**説明**する
3. データから仮説を**検証**する

4. データから**予測**する

データを**要約**することは，いわゆる**記述統計学**と呼ばれる領域と関連する（第2・3章）．記述統計学を使えば，得られたデータの特徴をいくつかの指標によってつかむことができる．

　また，統計学はデータの中にある関連を**説明**することができる．そして，いったいなぜそのような関連が生じたのか，に迫ることもできる（第4・14章）．

　さらに，世の中（社会）では何が起こっているのか，仮説を立てその**検証**をすることができる．これは**推測統計学**と呼ばれる領域に属する（第5・6章）．推測統計学は，統計学において重要な部分のひとつであり，さまざまな手法が開発されている（第III部）．

　同時に，推測統計学はデータから**予測値**を導くこともできる（第5・14章）．推測統計学のベースにあるのは，確率にもとづく理論である（第7・8章）．

0.2 ◆ 社会科学における統計学

　社会科学において，統計学を応用する分野には「計量○○学」という名前がつけられている．たとえば社会学では計量社会学，経済学では計量経済学，政治学では計量政治学という名前で呼ばれている．これらの「計量○○学」はそれぞれ分析の対象と焦点が異なる．

　たとえば計量政治学は，統計学を軸に人々の政治行動にアプローチする学問である．政治行動には，投票に行くかどうか，どの政党・候補者に投票するか，内閣を支持するのか（第7章），社会運動に参画するか，献金をするか，などが含まれる．

　計量社会学と計量経済学は，問題意識は重なることが多い．しかし，分析の力点が異なる．計量社会学はメカニズムの説明に力点が置かれる（1.2節）一方，計量経済学は因果関係を特定することに力点が置かれる（第9章）．

　さまざまな違いはあるが，上に挙げたどの分野も，**社会に対する仮説を検証・実証する**という目的は変わらない．すなわち，「きっと世の中こうなっているだろう．データから予想が正しいかわかるだろうか？」ということを，社会調査や公的統計といったデータから分析するのが目的である．本書は，こ

れら「計量○○学」のベースとなる知識を提供する.

0.3 ◆ 社会科学への統計学の応用における注意点

社会科学への統計学の応用には1点, 気をつけるべきことがある. それは**「統計学を使ったからといって, 完全に客観的であることはない」**というこ
とだ.

0.3.1 ◇ 主観が入るタイミング

統計学はデータ（もっと平たくいえば, たくさんの数値）を扱う方法についての学問である. どうも世の中には「数値にすれば客観的である」という楽観的な考えがはびこっているようだが, データや分析結果が客観的であることはまずない, と考えたほうがよい. その理由は, 分析の前後に入らざるをえない「人の目」にある.

たしかに統計学は数学がベースになっていて, その手続きに誤りはない. 再現性があり, ある意味で客観的である. しかし少なくとも, データを分析にかける前と後に人の目・解釈が必ず入る. だから, 統計分析に対して「完全な客観性」を求めることは, まずやめたほうが健康的だ. 統計分析には必ず誰かの主観が入ることに自覚的でありたい.

この点を理解するために, 例を出そう. たとえば, 夫が家事をすると妻が喜ぶかどうか[1], 調べることを考えてみよう.

最初にぶつかるのは「どうデータを集めようか？」という壁だ. まず, 誰のデータを取ればいい？　「夫が家事をする」「妻が喜ぶ」をどう測定すればいい？　夫が家事をしないことが理由で離婚した夫婦は考慮に入れるべきか？[2]　データ収集に向けて多くの「選択」を迫られる. これらの選択は, 調査する人間の主観にもとづく. したがってデータを取得する段階で, 人の目が入ることはまず避けられない[3].

仮に, 以下の要領でなんとかデータを集めたとしよう.

---

1)　「夫が家事をすると妻が喜ぶかどうか」という言明自体は立派な概念的な仮説（第6章）だ.
2)　このようなケースは**セレクションバイアス**（第9章）と関連する.
3)　これは, 既存の統計データを用いて分析をおこなう**二次分析**であっても同じである.

- 全国の夫婦から無作為抽出（1.4 節）
- 「夫の家事」を「夫が 1 週間のうちに料理・洗濯・掃除をおこなった時間」として測定
- 「妻が喜ぶ」を「妻に『あなたは幸せですか』と尋ねて，0（不幸せ）～100（幸せ）で数値化してもらう」という方法で測定

データ分析の結果，夫が家事に費やす時間が 10 分増えるたびに，妻の幸福度が 1 上がることがわかった（とする）．さて，読者のみなさんはこの結果をどう解釈するだろうか？　夫はもっと家事をしたほうがよい，と考えるだろうか？　1 時間（60 分）家事をしても，幸福度は 100 のうち 6 しか上がらないのなら，夫は家事を手伝うべきではない，と考えるだろうか？　あるいは，そもそも測定がおかしいからこんな結果が出てしまったのだろうか？データ分析の結果を前にしても，選択の連続である．結果の解釈についてもやはり，主観が入り込まざるをえない．

　誤った知識の下で測定がおこなわれ，その結果を解釈した論文が書かれてしまったとしよう．その論文にもとづいて政策決定がなされたときに，不利益を被る人々がいるかもしれない[4]．統計学の使用には，つねに細心の注意が必要である．

0.3.2 ◇ 主観との付き合い方

　この問題に対応する方法は，「**完全な客観性を得るために頑張って中立的になる**」ことではない．そんなことをしたら，病んでしまうだろう．そうではなく，「**自分の主観・立場を明確にしておくこと**」である[5]．

　なぜその調査対象者を選んだのか，なぜその質問方法を選んだのか，すべての選択に対して根拠を説明できるようにしておき，自分の主観性に自覚的であることが適切な対応策である．この点は，本書を読んだ後，自分で分析する段階になって，より注意すべき点である[6]．

　本書を通して，読者が統計学という強力な道具を，適切に使いこなせるようになることを期待している．

---

4)　その一例として，朝ごはんと成績の例がある（第 4 章）．
5)　このようなスタンスは，社会学におけるマックス・ウェーバーの「価値自由」という考え方に通ずるものがある．
6)　だからこそ，統計学を用いる際には分析対象に対する知識が必要不可欠である．この点は第 15 章でも触れる．

An Introduction to
Statistics for Social Sciences

Part I | コア

Chapter 1

データを集める
——社会調査——

この章では，社会調査について説明する．統計学の本になぜ社会調査に関する項目があるのか，疑問に思う読者もいるだろう．実際，多くの統計学のテキストは，データの集め方には触れずに，集まったデータの処理方法を解説している．

しかし，データは分析と等しく重要である．分析結果を解釈する際には，分析に用いたデータにも注意を払う必要がある．どんなに洗練された分析であっても，そのデータの特性に応じて，分析結果の解釈を変えないといけないからである．

1.1 ◆ 社会調査とは

1.1.1 ◇ 量的調査と質的調査

社会調査とは，社会とそこにいる人々を調べる調査である．たとえば，新聞やニュースでよく見る内閣支持率は社会調査によって得られる日本社会の特徴といえる．その調査は，社会に住む人の何パーセントが内閣を支持しているか，明らかにするためにおこなわれる．

社会調査は大きく**量的調査**と**質的調査**の2つに分けられる．

量的調査は，質問紙調査（アンケート）などを通して多数の人の情報を得る調査方法である．統計分析との相性が非常によい．

一方，質的調査は，対象をより深く調べる調査方法といえる．インタビューや参与観察，モノグラフなどを通じて人の行為や社会現象が生じるプロセスを深く問う調査方法である．

この分類は「この調査は質的で，あの調査は量的だ」というように明確に適用できるものではない．大事なのは，分析対象やリサーチクエスチョンに

応じて調査方法を変えることである．質的調査と量的調査との間に優劣をつけることはできないし，考えても無駄である．このトピックは本章の注2) でも議論している．本書では，統計分析のための量的調査に焦点を絞って説明する．

1.1.2 ◇ 概念的定義と操作的定義

量的調査を解説する前に，2つの定義の仕方——概念的定義と操作的定義を押さえておこう．

概念的定義は一般的定義とも呼ばれ，いわば理論的な定義である．たとえば「貧困」であれば「まずしくて生活に困っている・こと（さま）」（松村編2006）が辞書的定義であり，概念的定義になろう．

しかし，概念的定義だけを使って調査が実施できるとは限らない．貧困の実態を調査する段階になって，「貧困」とはなんだろう？　と改めて自問することになる．なぜなら，何を尋ね，どういう回答が得られた場合に回答者を「貧困」とみなせるのか，概念的定義は具体的に教えてくれないからである．「貧困」の中にもさまざまなバリエーションやグラデーションがあるのは承知の上で，線引きをする必要がある．この線引きが**操作的定義**である．

「貧困」の具体的な定義のひとつとして**相対的貧困**が用いられる．ある世帯が「等価可処分世帯所得（＝可処分世帯所得/$\sqrt{世帯人数}$)[1)] の中央値（2.4.2項参照）の半分以下である」とき，その世帯は相対的貧困である，という．また，この境目となる額を**貧困線**と呼ぶ．「貧困」の操作的定義として，この相対的貧困が用いられることがある．この定義を使えば，官公庁のデータから導かれた貧困線を使って，ある世帯が「貧困」かどうか，明確に分けることができるからである．

このように，操作的定義は実際の社会調査をおこなう上で，明確に定義されなければならない[2)]．この概念的定義から操作的定義に落とし込むプロセ

---

1) **可処分世帯所得**とは，世帯収入から税金・社会保険料などの消費にもとづかない支出を差し引いた額である．**等価可処分世帯所得**は世帯1人当たりの可処分世帯所得を表す．
2) 確実に白黒がつく，グラデーションを無視した定義は，人によっては違和感を覚えるかもしれない．しかし，操作的定義がリサーチクエスチョンの中心的な概念を適切に押さえていれば十分である．
また，誰でも追試や設定を変えた分析ができる．違和感を覚えたら別の操作的定義を用いて分析をしてみてほしい．あるいは，別の調査（量的・質的問わず）をおこない，同じリサーチクエスチョンにアプローチしてもよい．いずれにせよ，あいまいなグラデーションを伴う概

スを**操作化**という．この原則は，次節で説明するリサーチクエスチョンの構築だけではなく，変数の測定や構成，母集団の設定，仮説構築にいたるまで通底する考えである．

1.1.3 ◇ 社会調査の 6W4H

社会調査を理解するためには，10個のポイントを把握する必要がある．それらはまとめて「6W4H」と呼ぶことができる（神林 2019: 146）．表1.1に一覧を示した．

本章では，このうち Why, Whom, How1, 2, 3 を解説する[3]．

| 表 1.1 | 社会調査の 6W4H |

Who	誰が	調査主体
Whom	誰に	母集団
Why	なぜ	リサーチクエスチョン
When	いつ	調査期間
Where	どこで	調査場所
What	何を	尋ねる内容
How many	何人に	標本数
How 1	どのように1	標本抽出方法
How 2	どのように2	調査方法
How 3	どのように3	質問方法

念を確実に白黒つく形で定義したからといって，その研究を無効とするのは悪いこころがけである．
その逆として，質的調査を使った研究だからといって「科学的ではない」と退けるのもよくない態度である．量的調査は数字で表せることしかわからない．すべてを数字で捉えることはできないし，そんな未来は来ないだろう．質的調査を使った研究と量的調査を使った研究は互いに得意・不得意があるので，カバーしあうような研究設計もできるだろう．
この質的・量的研究の溝については King et al.（1994）を参照せよ．

3) 残りの5つのポイントを簡単に述べておく．詳細は神林（2019）を参照してほしい．Who は調査主体，誰が調査をおこなったのかを表す．When は調査期間，すなわちいつ調査をおこなったのかを表し，「〇月×日から〇月△日」などと示される．Where は調査場所であり，たとえば日本全国でおこなったのか，東京都でおこなったのか，などの情報である．What は何を調査対象者に尋ねるか，リサーチクエスチョンから導かれる質問項目である．How many は何人に尋ねるか，つまりサンプルサイズを指す．サンプルサイズの決定については，とっつきやすい本だと Reinhart（2015＝2017）がある．

1.2 ◆ Why：リサーチクエスチョン

　ある人が社会調査をおこなうのには理由がある．少なくとも，社会調査をおこなう人は，社会の何かを明らかにしたいからおこなう（はずである）．この「明らかにしたいこと」こそが**リサーチクエスチョン (Research Question: RQ)** である．

　リサーチクエスチョンは2種類に大別できる．「実態を明らかにするための問い」と「メカニズムを明らかにするための問い」である．

　「実態を明らかにするための問い」は，「How: どのようになっているか」を明らかにするための問いと捉えることもできる．たとえば「子どもの貧困はどうなっているのだろうか」というのは，実態を問うリサーチクエスチョンである．

　実態を問うリサーチクエスチョンに対して答えるには，その実態——すなわち**分布**を示せばよいことになる．子どもの貧困であれば，全国の子どものいる世帯の所得を調査し，ある一定のラインを下回る世帯を「貧困」と定義し，その世帯の割合（貧困率）を示せばよいだろう．実際，公的統計を使えば子どもの貧困率を求めることができる（図1.1）．

　一方，「メカニズムを明らかにするための問い」は，「Why: なぜそのよう

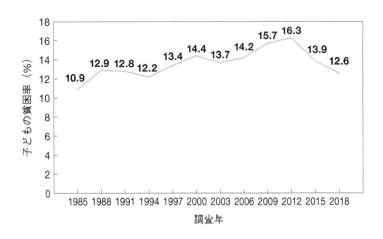

図1.1 | **子どもの貧困率**［「国民生活基礎調査」（厚労省）より著者作成］

009

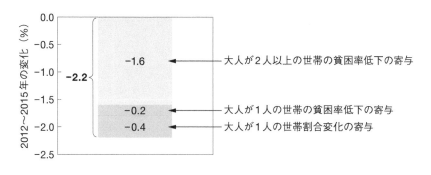

図 1.2 子どもの貧困率の要因分解 [小林・横山 (2017)]

になっているのか」を明らかにするための問いである. 図 1.1 に示した子どもの貧困の例でいえば「なぜ子どもの貧困は 2012 年から 2015 年にかけて減少したのか」といった問いが, メカニズムを明らかにするための問いである.

　メカニズムを明らかにする問いに答えるには, 統計分析をおこなう必要がある. 子どもの貧困に対しては, どのような特徴を持つ世帯で貧困率が下がっているか, 要因分解[4]) によって明らかにすることができる. 小林・横山 (2017) によれば, 減少した子どもがいる現役世帯の貧困率のうち過半数 (2.2%のうち 1.6%) が「大人が 2 人以上いる世帯」における減少によって説明できることがわかる (図 1.2).

1.3 ◆ Whom：母集団

　社会調査の基本概念は, 「本当は全員に尋ねたいけれど, そんなことは難しいので, 一部の人だけ調べて全体を知ろう」である. この意味で, 社会調査はいわば「スープの味見」である. 味噌汁をつくったとして, その味を確認するとき, 鍋の味噌汁をすべて飲む人はいない. ふつう, 味噌汁が入った鍋をよくかき混ぜて[5]), スプーンひと口分だけ飲んでみる. これが調査（＝味見）の手順だろう.

---

4)　要因分解は, 変化の内訳を明らかにする分析手法である. 本書の範囲を超えるので, 詳しくは Kitagawa (1955) を参照.
5)　この「よくかき混ぜて」は, いわばランダムサンプリングに相当する. 詳しくは 1.4 節を参照.

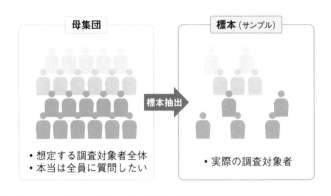

図1.3 | 社会調査の仕組み

　社会調査でいえば，鍋の味噌汁全体が**母集団**にあたる．母集団は「本来ならば調査したい人（質問したい相手）すべて」である．しかし，母集団に属するすべての人に調査することは難しいので，母集団の中からある程度の人数を選んで（スプーンで味噌汁をひと口すくうことにあたる），その人々に質問をする（図1.3）．選ばれた人々を**標本（サンプル）**と呼び，標本を選ぶこと（過程）を**標本抽出（サンプリング）**と呼ぶ．

　母集団にも概念的定義，操作的定義を考慮する必要がある[6]．たとえば「日本に住んでいる人」を母集団として設定できるが，これは概念的定義である．この概念的定義に対する操作的定義はいくつか考えられるが，そのうちのひとつは「調査時点で日本に住民票を置く人全体」である[7]．あるいは，18歳以上のサンプルが必要な場合には，「調査時点で選挙権を持つ人全体」でもいいかもしれない[8]．このように操作化することで，調査対象者が「日本に住んでいる人」か否か，線引きをすることができる．

---

6)　とくに，後に登場する無作為抽出（ランダムサンプリング）のために，操作的定義は必要である．

7)　「調査時点で日本に住民票を置く人全体」という操作的定義にもとづけば，調査対象者を**住民基本台帳**からサンプリングできる．

8)　この場合は，**選挙人名簿**を用いて標本抽出をおこなうことができる．ただし，現時点では外国人参政権は認められていないため，「日本に住んでいる外国（国籍）の人」が標本から抜けることになる．したがって，概念的定義「日本に住んでいる人」から少し離れることになる．

1.4 ◆ How1：標本抽出方法

　母集団が決まったならば，実際に尋ねる人を決めるために，そこから標本抽出をおこなわなければならない．標本抽出方法は，大きく無作為抽出と有意抽出の2種類に分けられる．**無作為抽出（ランダムサンプリング）**は，母集団のすべての成員が等しい確率で選ばれるように抽出する方法である．その一方で**有意抽出**は，一定の規則や意図に従ってサンプリングをおこなう方法である[9]．いずれの抽出方法であっても，実際に抽出された人数を**サンプルサイズ（標本数）**と呼ぶ．

　現代の社会調査は無作為抽出を基本としている．そうなった要因として，2つのアメリカ大統領選にまつわるできごとが大きく関連している．

1.4.1 ◇ 1936 年の大統領選：ルーズベルト対ランドン

　1936年，大恐慌の影響がいまだ続いていたアメリカで，大統領選がおこなわれた．民主党フランクリン・ルーズベルトと共和党アルフレッド・ランド

(a) フランクリン・ルーズベルト

(b) アルフレッド・ランドン

|図 1.4| **1936 年 大統領選候補者**

---

9)　「無作為抽出が客観的で，有意抽出が主観的な選び方だ」という単純な話では決してない．

表1.2 **1936年2つの調査**

	標本数	当選者予想	結果	標本抽出方法
リテラリー ダイジェスト誌	200万＋	ランドン	外れ	・雑誌購読者 ・電話所有者 ・自動車所有者 →富裕層に集中
ギャラップ社	30万	ルーズベルト	当たり	割当法 ・人口学的属性の割合 に応じて標本を選ぶ ・有意抽出

ンとの事実上の一騎打ちだった（図1.4）．いわゆるニューディール政策で知られるルーズベルト大統領であるが，事前の調査では苦しい戦いが見込まれていた．というのも，『リテラリーダイジェスト（*The Literary Digest*）』という雑誌がおこなった調査では，200万人以上に尋ねた結果，ランドンが有利である，という結論にいたったためである．

しかし，独立した調査によって異なる結論を導き出した会社があった．それがギャラップ社である．ギャラップ社は200万人の10分1強である30万人ほどを対象にした世論調査をおこない，ルーズベルトの勝利を予想した[10]．

サンプルサイズの大きさからみれば，リテラリーダイジェストの調査のほうが，ギャラップ社の調査よりも実態を捉えているように見える．しかし1936年より未来にいる私たちは，この選挙の結果を知っている．**勝ったのは，ランドンではなく，ルーズベルトである．**

サンプルサイズでは勝っていたリテラリーダイジェストがなぜ予想を外したのか．その原因は標本抽出の方法にあった（表1.2）．リテラリーダイジェストは，サンプルを自誌の購読者や電話所有者，自動車所有者のリストから得た．大恐慌時代に雑誌を購読したり，電話を持っていたり，自動車を持っ

---

10) かつて，多くの社会調査の教科書は，ギャラップ社のおこなった調査が3000人のサンプルサイズであった，と記していた．しかし，その3000人の調査は，ギャラップ社が「リテラリーダイジェストの結果が誤っている」ことを示すためにおこなった調査だった，ということが最近明らかになった（鈴木2021）．

ている層は，明らかに富裕層である．要するに，リテラリーダイジェストの
サンプルは富裕層が中心であり，アメリカ全体（母集団）を代表しているとは
いえなかった．別の表現をすれば，**代表性**がなかった，ということができる．

　一方で，ギャラップ社は**割当法**という抽出法を用いてサンプルを集めてい
た．割当法とは，母集団のデモグラフィックな特徴（人口学的な特徴：性別・
年齢・人種等の指標を指す）を再現するように，サンプルを抽出する方法で
ある[11]．いわばアメリカのミニチュアを構成したギャラップ社は，代表性の
高いサンプルを得たため，予想を当てることに成功したのだ．

1.4.2 ◇ 1948 年の大統領選：トルーマン対デューイ

　時は流れて 1948 年．フランクリン・ルーズベルトの死去により，次の大統
領を決める選挙がおこなわれた．民主党からはハリー・トルーマン，共和党
からはトマス・デューイが候補者として指名された（図 1.5）．

　ギャラップ社の予想はデューイの勝利だった．それどころか，どの世論調
査もデューイの勝利を示唆していた．しかし，**実際に勝ったのは，トルーマ**

(a) ハリー・トルーマン　　　　　　　　(b) トマス・デューイ

| 図 1.5 | **1948 年 大統領選候補者**

11）割当法は有意抽出であり，無作為抽出ではない．

ンであった．以前に予想を的中させた割当法を用いていたはずのギャラップ社（そしてほかの世論調査）は，なぜ予想を外してしまったのだろうか．

サンプルの代表性を損ねた要因のひとつは調査員にあった．調査員が尋ねる人の属性（性別，人種等）とそれぞれの人数は割当法にもとづいて決められていた．いわばノルマである．調査員はそのノルマ分をこなすように人を見つけ，尋ねていくことになる．調査員の立場になって考えれば，調査員が自分が尋ねやすい人に尋ねることは想像にかたくないだろう．コワい顔かどうか，調査員と同じ支持政党かどうか，……調査員によってサンプルにクセが表れる[12]．この「クセ」がデータの代表性を低下させ，予想を外す原因になった．

1.4.3 ◇ 無作為抽出の流れへ

以上の教訓から，調査員のクセの影響も取り除くために，社会調査は無作為抽出の方向へ進んでいった[13]．無作為抽出には，母集団のリストが必要となる．それがなければ，母集団の成員を等確率で選べないからである[14]．

RDD 法

世論調査においてよく用いられる無作為抽出の方法を紹介しよう．電話を用いておこなう **RDD 法 (Random Digit Dialing)** である．読んで字のごとく，「電話番号 (Digit) をランダム (Random) に発生させて電話をし (Dialing)，質問をする方法」である．

すぐにデータを集められるのが特徴であり，速報性が求められる世論調査によく用いられる．近年では，固定電話だけでなく携帯電話も調査対象の一部になっており，かつて指摘された「RDD 法は固定電話しか対象にしていない」という問題も解決されつつある[15]．

ここで，母集団との乖離が気になる人がいるかもしれない．サンプルの抽

---

12) このようなバイアス（母集団での値からのズレ，詳しくは 9.3.2 項参照）を**調査員効果**と呼ぶ．
13) ただし，近年の計算社会科学と呼ばれる分野では，ランダムサンプリングに執着せず，人々の web 上の行動からデータを集め，分析している（第 15 章参照）．詳しくは Salganik（2017＝2019）を参照せよ．
14) 住民基本台帳や選挙人名簿がリストになりうる．
15) この場合，リストは「電話番号一覧」になる．番号が等確率で抽出されるので，無作為抽出になっている．

出方法によって，母集団の人をどれほどカバーできているか，という**カバレッジ**という考え方がある．ほぼすべての国民が電話にアクセスできることを考えれば，RDD 法でおこなわれる調査の多くは，カバレッジの観点からみれば問題ない[16]．

1.5 ♦ **How2：調査方法**

実際に対象者を選んだならば，あとは聞くだけ，というのは楽観的すぎる見方だろう．調査をおこなう方法も複数あり，どういうアプローチで対象者に向き合うのか，その都度考える必要がある．今回はよく用いられる調査方法を紹介しよう．

面接法
面接法は，調査員が調査対象者に直接面接し，質問していく調査方法である．調査員が調査票に即して質問をしていき，記録をとるため，対象者が質問に対して齟齬や誤解を起こす可能性が減少する．また，質問に回答しない**無回答**[17] が減少する．

しかし，面接法にはいくつか欠点が存在する．面と向かって質問するために，プライベートに深くかかわるようなセンシティブな質問はしづらいし，対象者の本心ではなく，社会的に求められる回答をしてしまう可能性もある[18]．

郵送法
郵送法は，調査対象者に対して質問紙を郵送し，記入・返送してもらうことで回答を得る調査方法である．

先にデメリットを述べておく．調査対象者に対して質問意図を説明する機会がないため，面接法に比べて齟齬や誤解を生じる可能性が高い．また，実際に調査対象者が回答したことが担保されていない[19]．

---

16) ほかの無作為抽出の方法については，本章の最後（1.8 節）に掲載している．
17) 英語では No Answer と呼ばれており，統計ソフト R などでは NA と指定される．
18) これを社会的望ましさバイアスという．1.6.2 項で説明する．
19) 自由記述の内容から，本来の対象者である息子の代わりに母親が回答していると推察される調査票が返ってきたりすることもある．

このようなデメリットもあるが，郵送法は調査員を雇う必要はなく，その分コストを抑えることができるという利点がある．また，調査員が面と向かって質問するわけではないので，（答えてくれるかはともかく）センシティブな質問であっても投げかけやすい．そのため，学術調査や自治体による調査などに広く用いられる．

留置法

留置法は，面接法と郵送法の中間に位置づけられる．調査員が調査対象者のところへ赴き，質問紙を渡す．後日，調査員が再度訪問し，質問紙を回収する．これが留置法である．

誰が回答したかわからないというデメリットは郵送法と共通しているが，回収時に調査員が回答をチェックすることができる．そのため，質問の齟齬や誤解を訂正したり，無回答を減らしたりするチャンスが存在する．この点が留置法のメリットである．センシティブな質問を投げかけやすい，というメリットも郵送法と共通している．

インターネット調査

近年では，調査コストの高騰や回収率の低下もあり，安価で代表性のある調査が求められるようになった．**回収率**とは，実際に配布した調査票のうち，返答が得られた割合である[20]．

この「安価で代表性のある調査」という要求に応えられる調査手法として注目されているのが，**インターネット調査**である．調査会社が保有するモニター会員のプールから，年齢や性別などをベースに割当法（1.4.1 項）を用いて，母集団の縮図となるサンプルを作成する[21]．

低コストでサンプルを集められ，収集したデータをすぐに分析可能な形に

---

20) 回収率の高低を気にしてしまいがちだが，回収率が低いこと自体はあまり問題ではない．むしろ「返ってこなかった調査対象者に規則性がないか」ということのほうを気をつけるべきである（この問題は 9.3.2 項でも扱う）．

21) 特殊なサンプルが必要な場合には，この限りではない．インターネット調査の利点のひとつは，サンプルの性質をカスタマイズできる点である．また，国勢調査が 2015 年調査から本格的にネット調査を取り入れたことも記憶に新しい．これは悉皆調査（1.7 節）を遂行するために，コスト削減とチャネル増加を見越したものと理解できる．

整えられる[22] という利点がある．その一方で，ネットという環境の特性から若年世代や高学歴者がネットを用いない社会調査よりも多めにサンプリングされる（代表性に一部不安がある）ことが懸念材料である[23].

1.6 ♦ How3：質問方法

1.6.1 ◇ 概念を捉える

　個人の行動や考えを測定する方法のひとつが質問紙調査であり，**質問**は測定に用いる道具である．

　質問には「でき」というものがある．ここでいう質問の「でき」とは，質問者が捉えようとしていた概念をきちんと捉えられているか，ということである[24]．概念をうまく捉えた質問を作成するには，「概念的定義」と「操作的定義」（1.1.2 項）を意識する必要がある．また「概念をうまく捉えた質問を作成する」ためには，複数の質問項目を組み合わせても問題ない．

　たとえば，抑うつ傾向を測定する質問群に **K6** がある（Kessler et al. 2002, 古川ほか 2004）．K6 は以下の 6 つの質問項目によって構成される．

　過去 30 日の間にどれくらいの頻度で次のことがありましたか．

1. 神経過敏に感じましたか．
2. 絶望的だと感じましたか．
3. そわそわ、落ち着かなく感じましたか．
4. 気分が沈み込んで、何が起こっても気が晴れないように感じましたか．
5. 何をするのも骨折りだと感じましたか．
6. 自分は価値のない人間だと感じましたか．

　回答選択肢：1. 全くない， 2. 少しだけ， 3. ときどき， 4. たいてい，

---

22) 想像してみてほしい．たとえば面接法によって調査をおこない，3000 人分の質問紙（文字通り紙の束）を手に入れたとしよう．調査者が次におこなうのは，この質問紙を一つひとつ精査し，デジタルデータとして入力していくことである．通常，チームでこの作業にあたるが，それでも時間がかかることは想像にかたくないだろう．インターネット調査では，入力時点ですでにデジタル化されるので，実物の紙でおこなった調査よりは分析データに整形しやすい．
23) この点については，轟ほか編 (2021), Tourangeau et al. (2013＝2019) も参照せよ．
24) この「きちんと捉えられているか」とは専門用語では**妥当性**と呼ばれている．

5. いつも

K6 は回答選択肢の得点（0〜4 点）を合算して用いられ，合計点（最小 0 点，最大 24 点）によって，抑うつ傾向を測定する．点数が高いほど，抑うつ傾向が強い，と判断される．

K6 では「抑うつ傾向が強い」ことが捉えたい概念である．各質問項目は概念的定義を具体的に操作化したものである．概念を捉えるために，1 つの質問だけではなく，複数の質問を用いていることがわかる．

このように複数の質問項目から合算したり，別の統計手法[25]）を用いたりすることで，1 つの概念を捉えようとすることが多い．

1.6.2 ◇ 質問の仕方に気をつける

調査方法が決まれば，あとは質問紙に聞きたいことを並べるだけ，というわけにはいかない．質問の仕方を変えるだけで，回答の傾向が真逆に——YES が NO に，NO が YES に——なることがある．

たとえば，次の 2 つの質問の仕方を比較してみよう[26]）．

あなたは大病を患いました．医者はあなたに必要な手術の説明をしました．
文章 A：術後 1 ヵ月の死亡率は 10% です．
文章 B：術後 1 ヵ月の生存率は 90% です．
あなたは，この手術を受けますか？

文章 A では死亡率が，文章 B では生存率が言及されている．しかし，両者が伝える内容はまったく同じである．どちらの文章を使った質問が，手術を受ける可能性を高めるだろうか？

多くの人の直感の通り，文章 A より文章 B で質問を投げかけられた人のほうが，手術を受けると回答しやすかった[27]）．このように，質問の仕方ひとつで回答が変わってしまうことがある．調査する側として重要なのは，**調査**

---

25) たとえば主成分分析や因子分析などが当てはまる．
26) この質問の大元は，ダニエル・カーネマンの議論（Khaneman 2011=2014）である．神林（2019）でも紹介されている．
27) この現象は「人は得られるものより失うほうを重く評価する傾向がある」ことによって起こる．上記のような傾向は「プロスペクト理論」としてまとめられており，その提唱者の一人であるダニエル・カーネマンはノーベル経済学賞を与えられた．

により捉えたい概念をバイアスが少ない状態で捉えられているかどうか，である．そこで，質問文を作成する上で気をつけるべきポイントを5点ほど紹介しよう．

難しい言葉を避ける

質問文をつくる際には，なるべく難しい言葉を避けるべきである．質問文に難しい言葉が入っていると，回答者が誤解する恐れがある．

たとえば「組織的犯罪処罰法改正案」といわれてピンとくるだろうか？　これは，2017年に「テロ等準備罪」という別名でニュースをにぎわせていた法改正案である．

当然，新聞各社はこの改正案に対する国民の賛否を知りたいので，世論調査をおこなおうとする．しかし，いきなり

　　あなたは，組織的犯罪処罰法改正案に賛成ですか，反対ですか．

と正式名称である「組織的犯罪処罰法改正案」を用いて尋ねても，うまく伝わらない．それでわかる人は専門家だけであろう．かといって

　　あなたは，テロ等準備罪の新設に賛成ですか，反対ですか．

と尋ねてもニュースを細かく見ていない人は理解していないことが考えられる．

回答者にはきちんと情報を提示し，内容を理解してもらってから回答してもらおう．ここで，実際の質問文のひとつを紹介する．産経新聞とFNNが共同でおこなった世論調査の抜粋である．

> 2020年の東京オリンピック・パラリンピック開催などを見据え，従来の「共謀罪」の構成要件をより厳格化し，組織的犯罪集団が重大犯罪を計画・具体的な準備をした段階で罰する「テロ等準備罪」を設ける，政府提出法案が国会で審議されています．一方で，捜査当局による人権侵害につながるとの指摘もあります．あなたは，この法案に賛成ですか，反対ですか．[28]

---

28) 政治に関するFNN世論調査 https://www.fnn-news.com/yoron/inquiry170515.html（ただし，現在はリンク切れである）

やや長ったらしい印象を受けるかもしれないが，必要な背景や中身に言及するにはこれだけの文字数が必要になる[29]．難しい用語や言葉には，必ず説明を付す必要がある．

あいまいな言葉を避ける

あいまいな言葉も避けるべきだ．たとえば，あなたがアンケートに回答していて，次のような質問を投げかけられたとしよう．

> あなたは，学校における暴力はある程度は仕方ないと思いますか．
> 1. 思う． 2. どちらかといえば思う．
> 3. どちらかといえば思わない． 4. 思わない．

この質問にあなたはどう答えるだろうか．おそらく答えられなかったのではないだろうか．答えるのが難しい，というよりは質問の意図がいろいろ考えられるため，「何を聞かれているのかわからなかった」のではないだろうか．

学校における暴力にもいろいろ考えられる．生徒間の暴力・いじめ・体罰・生徒から教師への暴力など，さまざまである．そして質問された回答者は困惑する．……で，いったいどれのことを聞かれているのだろう？

回答者はこのような状況に置かれると，おのおの「この質問はきっといじめについて聞いているのだろう」とか「体罰の問題かな？」と考えて回答してしまう．このように，あいまいな質問は，回答者がどのようなことを考えて回答したのか，回答意図をコントロールできなくなってしまう．そうした状況を避けるため，質問には具体性を持たせよう．たとえば，体罰について尋ねたければ，先の質問は以下のように改善することができる．

> あなたは，学校における教師から生徒への体罰は教育上仕方ないと思いますか．
> 1. 思う． 2. どちらかといえば思う．
> 3. どちらかといえば思わない． 4. 思わない．

---

29) ただし，説明することで誘導尋問のようになってしまう可能性もあることに注意が必要だ．質問というのは難しい．本書ではこれ以上深追いはしないが，以下の記事を参照して少し考えてほしい．
「共謀罪」食い違う世論調査結果 「テロ」文言影響か：朝日新聞デジタル
https://www.asahi.com/articles/ASK4P3HFYK4PUZPS001.html

キャリーオーバー効果

複数の質問を尋ねるときに，連続して聞くとまずい質問群がある．たとえば，次の2つの質問である．

Q1. あなたは，過去の原発事故についてどの程度知っていますか．
Q2. あなたは，科学の発展が生活をよくすると思いますか．

科学的知識と科学観の関連を知りたい研究であれば，どちらも聞きたい質問であることは間違いない．ただ，そのまま並べるとまずいことは，すぐにわかるだろう．明らかに誘導尋問的に見えるのである[30]．Q1によって過去の原発事故を思い出した人は，「科学技術は人を不幸にすることもあるなぁ」と考え，直後のQ2では否定的に回答しやすくなる．このように，質問順によって回答がゆがむことを**キャリーオーバー効果**と呼ぶ．

キャリーオーバー効果が想定される場合，質問の順番や間隔を再考する必要がある．たとえば，Q2とQ1を入れ替えて，間に別の質問をいくつか挟めば，「Q1. あなたは，過去の原発事故についてどの程度知っていますか．」の持つ威力を軽減することができるだろう．

ダブルバーレル質問

いま仮にあなたはふと，婚活をしようと思い立ち，結婚相談所に行ったとしよう．そこで，担当の人からマッチング相手を探すためにアンケートに回答してほしい，といわれた．すると，アンケートの中で次のような質問にぶち当たった．

あなたは，配偶者に容姿や教養を求めますか？
1. はい　2. いいえ

この質問に，あなたはストレートに「はい」もしくは「いいえ」と答えられるだろうか．「容姿も教養も必要だ」という人は，すぐに「はい」と答えられるし，「容姿も教養も関係ない，運命が重要だ」と思っているなら，「いいえ」と答えられるだろう．

---

30) 心理学的な観点からいえば，「過去の原発事故」というプライミング（先行刺激）によって，次の質問の解答傾向が変わってしまうことがありうる．詳しくは，Ariely（2009＝2013）がおもしろい実験をしているので，参照してみるとよい．

問26　あなたは結婚相手を決めるとき，次の①〜⑧の項目について，どの程度重視しますか。それぞれあてはまる番号に1つずつ○をつけてください。

① 相手の学歴	1. 重視する　2. 考慮する　3. あまり関係ない
② 相手の職業	1. 重視する　2. 考慮する　3. あまり関係ない
③ 相手の収入などの経済力	1. 重視する　2. 考慮する　3. あまり関係ない
④ 相手の人がら	1. 重視する　2. 考慮する　3. あまり関係ない
⑤ 相手の容姿	1. 重視する　2. 考慮する　3. あまり関係ない
⑥ 共通の趣味の有無	1. 重視する　2. 考慮する　3. あまり関係ない
⑦ 自分の仕事に対する理解と協力	1. 重視する　2. 考慮する　3. あまり関係ない
⑧ 家事・育児に対する能力や姿勢	1. 重視する　2. 考慮する　3. あまり関係ない

図1.6 **第15回出生動向基本調査・独身表**（国立社会保障・人口問題研究所）**の一部**
http://www.ipss.go.jp/ps-doukou/j/doukou15/NFS15_reportALL.pdf

　しかし，「容姿は別にどうでもいいんだけど，教養だけは外せないなぁ」と考える人は，この質問にどう答えればいいだろうか．「はい」と答えると「容姿」が引っかかるし，「いいえ」と答えると「教養」の部分が食い違う．どちらか一方だけ必要だ，と考えている人は，用意された選択肢では回答することができなくなってしまう．

　このような状況が起こってしまうのは，ひとつの質問に異なる方向性の問いが混ざっているからである．このような質問を**ダブルバーレル質問**という[31]．先ほどの例で確認したように，回答者は2つの方向性の異なる質問に翻弄され，解答すらできないこともある．

　ダブルバーレル質問を改善する方法のひとつは，それぞれの要素を独立に尋ねることである．国立社会保障・人口問題研究所がおこなっている，出生動向基本調査の質問紙の抜粋を見てみよう（図1.6）．

　この質問では，結婚相手について重視する要件を尋ねており，各要件について，別々に質問項目を用意していることがわかる．このとき，用意する質問項目はモレなく，ダブりがないように設計しなければならない．

　もうひとつの改善方法は，回答を**マルチアンサ**　（**MA，複数回答**）にす

---

31) ダブルバーレルとは2つの銃口を持つ銃である．ドラマや映画で見かける猟銃は，この構造をしていることが多い．

ることである．たとえば，冒頭の「配偶者に求めるもの」の質問は次のように改善できるだろう[32]．

あなたは，配偶者にどのようなことを求めますか？　以下から当てはまるものすべてに○をつけてください．
1. 容姿，　2. 教養，　3. 年収，　4. 社会的地位，　5. 運命的な何か，
6. その他

社会的望ましさバイアス

回答をゆがめるものは，質問の外側からやってくることがある．ここでは最近のアメリカ大統領選を例にとろう（図1.7）．

2016年の大統領選は大波乱であった．アメリカの不動産王，ドナルド・トランプが共和党の候補者となった．トランプは「偉大なアメリカを取り返す」というスローガンの下に演説やTwitterで過激・差別的な発言を繰り返し，政策にも攻撃的，排外的な側面が見られた．

(a) ヒラリー・クリントン　　　　　(b) ドナルド・トランプ

|図1.7| **2016年大統領選候補者**

---

32) もちろん，この回答選択肢もモレなく，ダブりもないようにしなくてはならない．いま提示された選択肢はモレなくダブりはないだろうか？　さらなる改善案がないか，考えてみるとよい．

　一方，民主党からはヒラリー・クリントンが出馬した．基本的にオバマ前大統領と同じ路線であり，リベラル層を取り込んでいった．しかし，メールの私的利用やヒラリー自身の健康問題が取りざたされ，万全な状況とはいえなかった．

　消極的な選択（どっちのほうがマシか）を迫られたアメリカ国民だったが，世論調査ではクリントン支持が多数派を占めた．しかし，実際に選ばれたのはトランプであった．

　三度，世論調査が予想を外す展開になった．この背景には**社会的望ましさバイアス**の影響があったといわれている．当時，「自分はトランプを支持している」と表明するのは，非常に勇気のいることだった．トランプを支持している，といっただけで攻撃されることが多かったためである[33]．当然，世論調査で「トランプ支持」と回答するのは，心理的な障壁があった．一部のトランプ支持者は，そのような心理的障壁から「無回答」ないし「ヒラリー支持」と，本心を明かさない（あるいは本心とは異なる）回答をした．そのため，世論調査では捉えられなかった「隠れトランプ支持者」が多数存在することとなり，世論調査と実際の選挙結果との間にギャップが生じてしまったのである．

　このような社会的望ましさバイアスを軽減するには，どのように調査すればよいだろうか．ひとつのやり方は「あなたの意見を」と念押しすることである．世間一般の規範に沿う回答を考えるのではなく，自分自身の判断基準で考え回答することを依頼するのである．もうひとつは，「プライバシーが守られている」ことをきちんと伝えることである．たとえば，個人情報の取り扱いについて，匿名化処理がきちんとなされている，などと伝えれば，自分の考えを正直に答えてくれる可能性は高まるだろう．

完璧な質問紙調査は存在しない

　いままで質問紙調査をおこなうにあたっての注意点をたくさん述べたが，ここまで読めばわかるように，**完璧な調査・質問紙を設計するのは不可能であ**

33）たとえば，次の記事が参考になる．
　　「シリコンバレー在住のリベラルな僕がトランプ大統領支持者 100 人と話して理解した「アメリカのリアル」」
　　https://www.businessinsider.jp/post-1067

る．そのため，いくつかの点では妥協しながら，自分のリサーチクエスチョンに可能な限り答えてくれる調査設計を心がけるほかない．

1.7 ◆ 発展：有意抽出とほかの抽出法

　無作為抽出が主流となった現代では，有意抽出は必要ないように思える．しかし，有意抽出は今でも重要な役割を果たしている．

エリアサンプリング
　アメリカ大統領選で無作為抽出の重要性が理解されたのだが，じつはアメリカには，日本の住民基本台帳などに当たるリストは存在しない．そんなアメリカで，どのように無作為（的な）抽出をしているかというと，地図を用いる方法が利用されている．それが**エリアサンプリング**である．
　アメリカの街は，Street や Avenue が十字に交差していることが多く[34]，

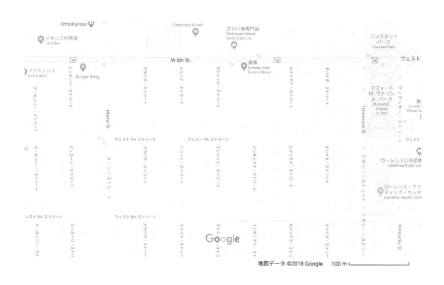

|図1.8| **アメリカの街並み：カンザス州ローレンス**

34）　日本だと京都や札幌などが当てはまるだろうか．規模が違うが．

通り沿いに住宅が並んでいる（図1.8）．いま，300軒の住宅がある地域が調査地点として選ばれ，そこから10人調査対象者を選ぶとする．この地域の住人の名簿は存在しないので，住宅を対象にサンプリングをおこなう．地図上の住宅に対して系統抽出法（1.8節）を用い，訪ねる住宅を決める．これがエリアサンプリングである．対象となる住宅を決めたら，調査員が赴き，住人の中から実際に尋ねる人を抽出する．住人の中から調査対象者を決める方法は，母集団に属する人を（さいころでも投げて）ランダムに1人選ぶなどがありうる[35]．

悉皆調査

サンプリング方法として，全員サンプリングする，という方法もありうる．これは悉皆調査と呼ばれているもので，日本だと国勢調査がこの調査方法を採用している．

ここで，「無作為抽出があるのになぜ悉皆調査をおこなう必要があるのか」という疑問が浮かんでくるかもしれない．社会調査の観点からいえば，「自分がおこなった調査の代表性をチェックするためには，国勢調査のような悉皆調査がないと困る」と，必要性を説明することができるだろう．

1.8 ◆ 発展：無作為抽出の実際

社会調査をおこなうときには，無作為抽出をすればよさそうだ，ということがわかったが，具体的にはどうすればよいのだろうか．リストがあればよい，という言葉を信じて，全国の住民基本台帳をかたっぱしから閲覧するのは，得策ではない．リストにある多くの対象者は「選ばれない」ことを考えると，コストがかかりすぎる[36]．

---

35) エリアサンプリングは無作為抽出ではない．なぜなら，母集団のリストに沿って選んでいないからである．地図は完全な母集団のリストではない．あくまで家のリストであって母集団，つまり人のリストではない．

36) 住民基本台帳の閲覧にはお金がかかる．たとえば，新宿区では30分1000円である．しかも，使えるのは鉛筆と紙だけなので，100人サンプルを選ぶだけでもたくさん時間とお金がかかることが想像できるだろう．
「住民基本台帳の一部の写しの閲覧について - 新宿区」
https://www.city.shinjuku.lg.jp/content/000273730.pdf

そこで，実際の調査ではコストを抑えるために，いくつかの工夫がなされている．一例として，日本家族社会学会全国家族調査委員会がおこなった，家族に関する社会調査「第3回全国家族調査 (NFRJ08)」を見てみよう[37]．NFRJ08 のデータアーカイブのページで抽出方法を見ると，「層化2段無作為抽出法」と書かれている．これは，どういう手続きなのだろうか[38]．関連する3つの手法を紹介する．

多段抽出法

リストからランダムに対象者を選ぶと，全国に点々と散らばってしまい，調査員が東奔西走するハメになる．そこで調査対象者ではなく，「地点」を先に抽出して，その「地点」から対象者を選ぶという方法がある．この方法であれば，サンプリングも最小限で済み，調査対象者の居住地はまとまる．このように，各地点の調査員は小さな地点を回るだけで済むので調査もスムーズにいくだろう．まず地点を抽出し，その後選ばれた地点から対象者を抽出する方法を**多段抽出法**と呼ぶ．

抽出する地点の単位としてよく用いられるのは，国勢調査で用いられる「基本単位区」や小学校区などである．NFRJ08 では，基本単位区が用いられている．地点を選ぶ前に市区町村などを選ぶことが多い．まとめると，市区町村→地点（基本単位区など）→対象者という順で抽出される．

通常，各地点から一定人数を選ぶ．このような抽出方法は，地点が選ばれる確率が人口に比例していれば，対象者は等確率に選ばれる[39]．このような，人口と比例する確率で地点を選ぶ方法は**確率比例抽出法**と呼ばれている．

---

37) 「第3回全国家族調査 (NFRJ08)—全国家族調査 (NFRJ)」
http://nfrj.org/nfrj08_profile.htm
データアーカイブの概要はこちら．
「家族についての全国調査（第3回全国家族調査，NFRJ08），2009—SSJDA Direct」
https://ssjda.iss.u-tokyo.ac.jp/Direct/gaiyo.php?eid=0817

38) より詳しく知りたければ，日本家族社会学会全国家族調査委員会から報告書（日本家族社会学会 全国家族調査委員会 2010）になってまとまっているので，一読してほしい．

39) 母集団の人口を N，地点 i の対象者人口を a_i，各地点から k 人だけ抽出するとき，地点 i に属する人が選ばれる確率は以下の通りになる．

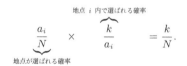

$$\underbrace{\frac{a_i}{N}}_{\text{地点が選ばれる確率}} \times \overbrace{\frac{k}{a_i}}^{\text{地点 } i \text{ 内で選ばれる確率}} = \frac{k}{N}.$$

このような多段抽出法のメリットは，人口だけ把握していれば，日本に住んでいる人全員のリストを必要としない．地点が確定して初めてリストにアクセスすればよい．この点でコストを大きく節約することができる．

層化抽出法

地点を抽出する前に，地点が属する市区町村の人口規模によって，いくつかの**層**に分け，各層ごとに何地点抽出するか決めることを**層化抽出法**という．

たとえば，人口 5 万人の市が 2 つ，人口 1 万人の町が 4 つ，人口 1000 人の村が 5 つある県から，200 地点選んで調査をするとしよう（表 1.3）．

層として市・町・村を設定すると，市には 2 × 5 万人 = 10 万人，町には 4 × 1 万人 = 4 万人，そして村には 5 × 1000 人 = 5000 人 となる．合計すると，県の全人口は 145000 人であることがわかる．

層化抽出法にもとづけば，地点数を各層の人口に比例する形で決定する．よって，たとえば市の地点数は，次のような計算によって決定される．

$$\underbrace{\frac{100000}{145000}}_{\text{人口比}} \times \underbrace{200}_{\text{設計地点数}} \fallingdotseq 138\,(\text{地点}).$$

ほかの町村も同様に計算すれば，町からは 55 地点，村から 7 地点が選ばれる．

ランダムサンプリングを是としているのに[40]，なぜわざわざこんなことをするのかというと，代表性を担保するためである．たとえば 10 地点で調査をおこなうとき，人口の多さから都心部が選ばれる確率が高くなるため，10 地点中の 9 地点が都心部に集中してしまうこともありうる．確率的な試行の結

| 表 1.3 | **層化抽出法の一例** |

層	人口	人口比 (%)	地点
市	100000	69.0	138
町	40000	27.6	55
村	5000	3.4	7
合計	145000	100.0	200

---

40) 層に分けて地点数を人口規模に比例して決めることは，ランダムサンプリングに反しない．確率比例抽出法に従った考え方である．

果だから仕方ないと思うかもしれないが，せっかく大金を費やして調査したのに，代表性が低く使い物にならないのは悲しい．

そうならないために，層化抽出法を採用する．NFRJ08 では，3 つの層に分けて抽出している．政令指定都市・人口 10 万人以上の市・人口 10 万人未満の市区町村の 3 つである．

系統抽出法

実際に市区町村から地点を，地点から人を選ぶ方法として，**系統抽出法**が挙げられる．

たとえば，300 人の地点から 10 人を抽出する際に，いちいちさいころを振るのはいささか面倒だ[41]．そこで，300 人に 1 から番号を振り，30 人ごとにグループを分ける．そして，最初の 1 番から 30 番までのグループから，ランダムに 1 人ピックアップする．結果，13 番の人が選ばれたとしよう．この 13 番の人は最初のサンプルである．次のサンプルは 31 番目から 60 番目までのグループから選ぶのだが，選ぶ際には，再度ランダムサンプリングするのではなく，30 + 13 = 43 番目の人をピックアップする．以降，番号に 30 ずつたしていって各グループから該当者をピックアップしていくことで，10 人を抽出することができる（13，43，73，103，…，283 番目の人）．

系統抽出法の特徴は，乱数を用いるのは最初の 1 回のみである，という点だ．以降は，最初の数字にグループの人数だけたしていけばよい[42]．

なお，今回紹介した NFRJ08 は以上 3 つすべてを用いている．

---

41) パソコンでパパっとできるんじゃないの，と思ったあなたは p.27 の注 36) を確認してほしい．**抽出する際には，パソコンをはじめとした機器は持ち込めない**．手元で使えるのは，えんぴつと転記用紙，さいころや乱数表しかないのだ．系統抽出法は最低限の乱数発生器であっても，機能する方法である．

42) これで等確率なの？　と思った読者は確認してみてほしい．300 人の例なら，1 から 30 番目の中で選ばれる確率は 1/30 であり，31 番目以降の j 番目が選ばれる確率は，j を 30 で割ったあまりの番号の人（43 番目であれば 13 番目の人と同じ確率）が選ばれる確率と同じであるので，1/30 になる．300 人の誰もが 1/30(= 10/300) で選ばれるので，等確率である．

| Chapter **2** |

データをまとめる
——記述統計——

　社会調査を終えただけでは，データの山が残るばかりで，結局何もわからないままだ．データから何かしら有益な情報を引き出さなければならない．

　社会調査データは，サンプルサイズ × 質問数のセル数の規模を持つデータである．実際に社会調査データを手に入れた際には，眺めてみるとその大きさがわかるかもしれない．たとえば 3000 人に対して，30 問からなる社会調査をおこなったときには，$3000 \times 30 = 90000$ ものセルから知りたいことを引き出さなければならない．データから情報を引き出す方法を知らなければ，巨大なデータの海に溺れるほかない．

　本章では，得られたデータの要約をおこなう記述統計について，とくに 1 変数の記述統計について学ぶ．

2.1 ◆ 社会調査データと向き合う

　みなさんが取得した社会調査データ，ないしデータアーカイブのデータを利用する際に，最初に目にするのは表 2.1 のようなデータである．たいてい，1 列目には通し番号である ID が振られている．表 2.1 でいえば「id」からはじまる列である．

　このデータは，縦の列が 1 つの変数を，横の行が 1 人の回答者を表す．ここで**変数**とは，個人によって異なる値をとるものを指す．多くは質問によって測定され，およそ社会調査で得られるほとんどの情報は変数であると考えてよい[1]．たとえば，id が 3 の行にある，q1 の列のセルに入力された「2」は，

---

1)　変数ではないものは人間を対象に「あなたは人間ですか 1. はい，2. いいえ」という質問によって得られた回答が一例だろう．

表2.1 実際の社会調査データのイメージ（架空例）

id	q1	q2	q3	...
1	1	3	32	
2	1	4	20	
3	2	1	24	
4	2	3	56	
5	2	3	49	
6	1	3	24	
7	2	4	33	
8	1	5	36	
9	2	3	41	
⋮				

「id が 3 番目の人は，質問 q1 に 2 に対応する選択肢を選んだ」ということを表す．

　q1 の質問や選択肢 2 が何に対応するかは，実際の質問紙（アンケート用紙）とコードブックを見るとわかる．q1 が次のような質問・選択肢と対応していたとしよう．

　　問 1：あなたの性別を教えてください．

1．男性　2．女性

　このとき「id が 3 の行にある，q1 の列の 2」は，質問紙とコードブックを使って「id が 3 の人は女性である（女性と回答した）」ことがわかる．

2.2 ◆ 変数の種類と尺度

　変数は大きく 2 つの種類――**連続変数**か，**離散変数**か――に分けられる．離散変数は質的な違いを表す変数である．後に見るように，性別や満足度といった変数がそれにあたる．一方，連続変数とは量的な違いを表す変数だ．たとえば年収や年齢，労働時間のように連続的な値をとりうる変数である．
　変数はさらに**尺度**に細分化される（表2.2）．それぞれの尺度について見て

| 表2.2 | 変数と尺度の分類 |

	離散変数		連続変数	
	名義尺度	順序尺度	間隔尺度	比例尺度
例	性別	生活満足度	出生年	年収

いこう．

2.2.1 ◇ 名義尺度

名義尺度は，数字に「分別する」以上の意味がない変数を指す．たとえば，多くの質問紙調査では，性別は次のように尋ねられる[2]．最初に扱った質問に再登場してもらおう．

　質問：あなたの性別を教えてください．

1．男性　2．女性

　この場合，実際に分析するデータには，表2.1で確認したように各回答者の性別が数字で格納されている．すなわち，1と2の数字の羅列になっている．

　この1と2の数字はそれぞれ，男性と女性を分ける以上の意味がない．したがって，男性は1なので 男性 ＋ 1 ＝ 2 ＝ 女性 というたし算の議論はまったく成立しない．さらにいえば，男性が1である必要性もない．女性が1で男性が0でも何も問題ない．なので，たとえば「性別の平均は1.62でした」といっても何も意味がない[3]．

2.2.2 ◇ 順序尺度

順序尺度とは，離散変数の中でも，数字の順番になんらかの意味がある変数である．たとえば，次のような質問文で尋ねられる生活満足度が当てはまる．

---

[2]　近年はこれに「3. そのほか」が追加されることもある．これは，性的少数者が回答できないことを避けるためである（別の表現をすれば，回答選択肢にモレをなくすため）．

[3]　神林（2019）では「平均をとる意味がない尺度」として書かれており，基本的に正しい．しかし，例外的に名義尺度において，平均をとる意味がある場合がある．それは**ダミー変数**（p. 212）の場合である．たとえば性別でいえば，「男性のときだけ1をとり，それ以外では0をとる」変数は男性ダミーと呼ばれるが，男性ダミーの平均はデータの中の男性比率を表すことになる．

質問：あなたは，全体として，現在の生活にどの程度満足していますか．この中から1つお答えください[4]．

(ア) 満足している　(イ) まあ満足している
(ウ) やや不満だ　(エ) 不満だ

このとき，回答選択肢には明らかに (ア) > (イ) > (ウ) > (エ) という順序関係が存在している．そのため，この変数は順序尺度である．実践的には (ア) = 4, (イ) = 3, (ウ) = 2, (エ) = 1 のように，値を割り当ててからデータに格納し，分析する．なお，このように，自分の分析に沿って変数の値を割り当て直すことを，**リコード**という．

順序尺度を扱う上で注意すべきは，順序関係はあるものの，数字の間隔には意味がない，ということである．先ほどの例では，1～4 の数字を当てたが，「満足している (4)」と「まあ満足している (3)」との差と，「やや不満だ (2)」と「不満だ (1)」との差は，数値上は同じ 1 だが，実際の回答者にとって等しくないことは明白だろう．したがって，順序尺度の平均は意味をなさない．しかし，社会学や心理学では，社会意識や心理尺度に関する項目について順序尺度であっても，平均をとったり，平均を用いて分析を進めることがある（第 10 章参照）．

2.2.3◇ 間隔尺度

次に連続変数の尺度のひとつ，**間隔尺度**を説明する．間隔尺度は連続変数であって，間隔が等しければ同じ意味を持つが，倍数の議論ができないものを指す．

社会調査では，たとえば出生年などが間隔尺度にあたる．1960 年生まれと 1970 年生まれの間の 10 年と，2000 年生と 2010 年生の間の 10 年では同じ「10 年の差」であり，意味の上でも違いはないだろう．この性質は，間隔尺度はたし算の議論ができることを保証する．よって，間隔尺度の平均の値には意味がある．

---

4) この質問文は，内閣府による「国民生活に関する世論調査」から引用している．
https://survey.gov-online.go.jp/h30/h30-life/3_chosahyo.html
実際の回答選択肢には (ア)～(エ) の 4 つに加えて「どちらともいえない」と「わからない」が含まれる．これは，選択肢をモレなく，ダブりなくするためである．

しかし，間隔尺度には倍数の議論は成立しない．たとえば，1960年生まれと2000年生まれの人で，2000年生まれの人のほうが $2000/1960 = 1.02$ 倍スゴイとはいえないだろう．これは，西暦0年が人間によって定められたもので，「0」に実質的な意味がない（尺度のスタート地点として実質的ではない）ためである[5),6)]．

2.2.4 ◇ 比例尺度

比例尺度は，倍数の議論がきちんと意味をなす尺度である．社会調査で扱われる例でいえば，年収や交際期間がこれにあたる．いずれも「0」という値に意味があるので，倍数の議論が成立する．

2.2.5 ◇ 4つの尺度の情報量

4つの尺度の間には，以下のような情報量の大小関係が存在する．

情報量の大小関係：名義尺度 < 順序尺度 ≦ 間隔尺度 < 比例尺度．

この4つの尺度は，情報量の大きい尺度から小さい尺度へ，リコードによって変換することができる（図2.1）．逆向き，すなわち小さい尺度から大きい尺度へ変換をおこなうことはできない．

年収（比例尺度）　→　年収1000万円以上/未満　（名義尺度）
　　　　　　　　　→　年収0〜500万円/500〜1000万円/1000万円以上　（順序尺度）
　　　　　　　　　→　50万円ごとに丸める　（間隔尺度）

| 図2.1 | **比例尺度から各尺度への変換**

2.3 ◆ 度数分布表

変数の特徴を確認する最も初歩的な方法は表をつくることである．変数の特定の値をとるサンプルの数を**度数**と呼び，度数をまとめた表を**度数分布表**と

---

5)　宗教的な意味を除く．
6)　気温の「摂氏（℃）」も間隔尺度である．10℃と20℃，20℃と30℃の間の10℃は同じだが，10℃と20℃を比較して「気温20℃のときのほうが10℃のときより2倍暑い」とはいわないだろう．

表 2.3 **性別の度数分布表**

	度数	割合（%）
1 男性	1693	50.3
2 女性	1674	49.7
計	3367	100.0

呼ぶ．度数分布表はどんな変数・尺度でも作成でき，変数の大まかな特徴を与えてくれる重要なツールである．**どんなデータを用いるにせよ，分析をする際は度数分布表を出力するクセをつけておきたい．**

実際に度数分布表を確認してみよう．以下，東京大学社会科学研究所がおこなった「東大社研・若年パネル調査（JLPS-Y）wave1. 2007（継続調査）」を用いて作成した度数分布表をいくつか示す[7]．

まず，名義尺度である性別に関する度数分布表を表 2.3 に示す．度数分布表は行に変数のとる値（1 男性，2 女性）を並べ，列には度数，そして割合を示す．この表は「このデータでは，男性が 1693 人，女性が 1674 人，計 3367人存在する．ここから，男性は 50.3%，女性は 49.7% である」と読むことができる．

次に，順序尺度である仕事満足度の度数分布表を表 2.4 に示した．最も右の列に**累積割合**が追加されている．表を見れば「2 どちらかといえば満足している」の累積割合は 43.8 ＝ 10.8 ＋ 33.0（「1 満足している」の割合＋「2 どちらかといえば満足している」の割合）になっていることがわかるだろう．このように累積割合はそれ以下（以上）をとる度数の割合を与えてくれる．累積割合を表に追加する理由は，仕事満足度は順序尺度であるため，上から（あるいは下から）積み上げて何%を占めるか，に関心が向けられることが少なくないからである．

---

7) 表 2.3，2.4，2.5 の結果は，東京大学社会科学研究所附属社会調査・データアーカイブ研究センター SSJ データアーカイブのリモート集計システムを利用し，同データアーカイブが所蔵する東大社研・若年パネル調査（JLPS-Y）wave1, 2007（継続調査）の個票データを二次分析したものである．
東京大学社会科学研究所 CSRDA の Nesstar システムを用いれば，社会調査データの基本的な集計を確認することができる．
https://nesstar.iss.u-tokyo.ac.jp/webview/
なお，**二次分析**とは，既存の社会調査データを分析することを指す．

表2.4 │ 仕事満足度の度数分布表[8]

	度数	割合（%）	累積割合
1 満足している	297	10.8	10.8
2 どちらかといえば満足している	910	33.0	43.8
3 どちらともいえない	797	28.9	72.7
4 どちらかといえば不満である	457	16.6	89.3
5 不満である	300	10.9	100.2
計	2761	100.2	

表2.5 │ 年齢の度数分布表

	度数	割合（%）	累積割合
21〜25歳	973	28.9	28.9
26〜30歳	1028	30.5	59.4
31〜35歳	1366	40.6	100.0
計	3376	100.0	

　連続変数は度数分布表にまとめることができるが，何も考えずに作成すると，行の数が多すぎて大変なことになる．そこで**階級**を設定して，表をスリムにする必要がある．階級は値の範囲で示し，度数をまとめるものである．連続変数である年齢の度数分布表（表 2.5）を見てみよう．この表では階級を 5 歳刻みに設定してある[9]．階級の幅は大きすぎず，小さすぎず，データの特徴をうまく捉えるように設定したい．あるいは，すでに確立された分類（年齢であれば青年・壮年・中年・高齢といった区分）を用いてもよいだろう．

2.4 ♦ 代表値

　この節では**代表値**を学ぶ．代表値とは，変数を要約した値である．この本では具体的に，平均・中央値・最頻値を学ぶ．

---

8)　表 2.4 の合計の部分が 100％を超えるのは丸め誤差のためである．気にしないでほしい．
9)　この調査は 21〜35 歳の人が対象者になっている．

2.4.1 ◇ 平均

集めたデータを要約する最も基本的で，小学生のころからなじみのある代表値は**平均**である．

定義 2.1 （平均）

N 人のデータ $x_1, x_2, \ldots, x_N$ に対して，平均 $\bar{x}$ は以下で定義される．

$$\bar{x} = \frac{1}{N} \sum_{i=1}^{N} x_i.$$

$\sum$ の記号や，x の上に棒があったり，右下に数字があったりしてビビる読者もいるかもしれないが，この式の意味は，図 2.2 を参考に落ち着いて読めば理解できるはずだ．x_i は，通し番号（ID）を振ったときの i 番目のデータ（身長，年

① 全員分のデータをたして

$$\bar{x} = \frac{1}{N} \sum_{i=1}^{N} x_i$$

② 人数で割る

図2.2 平均の求め方

収など）を表す．$\sum$（シグマ）は「たす」という計算を指す記号である[10]．$\sum$ の下の「$i=1$」，および上の「N」はたし算の範囲を表す．つまり $\sum_{i=1}^{N} x_i$ とは，$\sum$ の中（右）の x_i について，i を 1 から N まで変化させたときのデータ $x_1, x_2, \ldots, x_N$ をすべてたす，という計算を表している．

$$\sum_{i=1}^{N} x_i = x_1 + x_2 + \cdots + x_N. \quad \sum \text{はたすことを表す}$$

要は全員分のデータをたす，ということである[11]．全員分たしたデータ

---

10) $\sum$（シグマ）を学んだことがない読者も，本書の説明で十分理解できるので安心してほしい．ただせっかくなので，高校数学の参考書を手元に用意して，出てきた内容を調べて学ぶことにもチャレンジしてほしい．そうすれば本書より難しい統計学の本や研究論文も読みこなす足がかりになるだろう．

11) $\sum$ について，以下の性質を覚えておくとよい（ただし a は定数，つまり i によって変化しない数である）．

$$\sum_{i=1}^{N} (ax_i \pm y_i) = a \sum_{i=1}^{N} x_i \pm \sum_{i=1}^{N} y_i.$$

表2.6 | 村の住人の年収

(a) 5人の場合

id	年収 (万円)
1	200
2	300
3	300
4	400
5	500

(b) 成金参入の場合

id	年収 (万円)
1	200
2	300
3	300
4	400
5	500
6	1200

$(\sum_{i=1}^{N} x_i)$ を人数 (サンプルサイズ N) で割ること ($1/N$ を掛けることと同義) で，平均が得られる．

具体例で確認しておこう．ある村の住人 5 人分の年収を表 2.6(a) に示した．この 5 人の年収は以下のように 340 (万円) と求められる．

$$\frac{200 + 300 + 300 + 400 + 500}{5} = 340.$$

平均は外れ値に弱い

平均は「全員分たして，人数で割る」という非常にシンプルな構造である．この構造を別の観点から見ると，平均はデータの重心という別の意味を持つことがわかる (図 2.3)．この「平均はデータの重心である」という性質は，平均には**外れ値**に影響を受けやすいという弱点があることを示している．

てんびんの端におもりをつけると，おもりが軽くても大きく傾く，という実験を小学校の理科でしたことがあるだろう．これと同じように，平均は外れ値，すなわち極端に大きな値 (あるいは極端に小さな値) に引きずられるという性質がある．

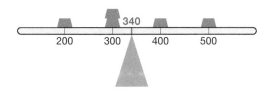

図2.3 | 平均は重心である

先ほどの 5 人の村人のサンプルに 1 人，成金が入ったとしよう（id=6，表2.6(b)）．このとき，新しい平均を計算すると次のようになる．

$$\frac{200 + 300 + 300 + 400 + 500 + 1200}{6} = 483.$$

成金が入る前の 5 人の場合の平均が 340（万円）であったことを考えると，たった 1 人の成金のために平均が大きく変化したことがわかるだろう．分析するデータに外れ値が存在したときは，外れ値のサンプルを確認し，除外するかどうか判断する[12]．あるいは，平均以外の代表値を用いる必要がある．

平均だけではいけない理由

多くの人は，データの平均にだけ興味があるようだ．大学入試問題では平均得点で問題の難易度が測定され，クイズ番組では平均正解率が表示される．

しかし，平均だけで代表値はこと足りるのだろうか？　具体的な例で考えてみよう．2015 年の調査によれば，日本の平均世帯所得は 541.9 万円である（厚生労働省 2016）．読者のみなさんは，この金額を高いと感じるだろうか，低いと感じるだろうか．ほとんどの人は「高い」と感じるだろう[13]．どこか実感と離れているように感じないだろうか？　この理由は，年収の**分布**[14]にある．

図 2.4 に実際の世帯所得の分布を示した．山が 1 つだけある**単峰型**であり，**右に裾が長い**[15]分布になっている．山の頂上にあたる値（ないし階級）は，データの中で最も大きい割合を占めることを意味する．では，この山の頂上

---

12) データを除外するかどうかは，悩ましい問題のひとつである．データに忠実であろうとするならば，除外しないほうがよい．ただし，不審票（ちゃんと回答していない，など）の場合は除外しても問題ないかもしれない．どのような対処をするかは，分析者がどのような分析をしたいか，自ら考えて決定しなければならない．

13) たとえば，ある人が手取り 30 万円をもらっているならば，その人の所得は $30 \times 12 = 360$ 万円である．その人が結婚していて，配偶者が扶養控除内でパートをしていても，100 万円ほど上乗せできるだけで，460 万円である．配偶者もその人と同じくフルタイムで働いて平均を超えることになる（$360 \times 2 = 720$）．共働き世帯が増加し（1240 万世帯：2020 年），専業主婦世帯は減少している（571 万世帯：2020 年）とはいえ，こう見ると，世帯所得が平均以下になる世帯が多そうだ，ということは理解できるだろう（世帯数については，独立行政法人 労働政策研究・研修機構「早わかり　グラフでみる長期労働統計：図 12 専業主婦世帯と共働き世帯」https://www.jil.go.jp/kokunai/statistics/timeseries/html/g0212.html から）．

14) 単に分布と書いたが，度数分布表を思い浮かべればよい．図 2.4 に示されているのは，**ヒストグラム**である．連続変数をいくつかの階級に分け，棒グラフ状に示している．

15) 図 2.4 のように，山の頂点が左にあり，裾が右に幅広く伸びている分布を，右に裾が長い分布と呼ぶ．逆に，山の頂点が右にあり，裾が左のほうに長い分布を**左に裾が長い**分布と呼ぶ．

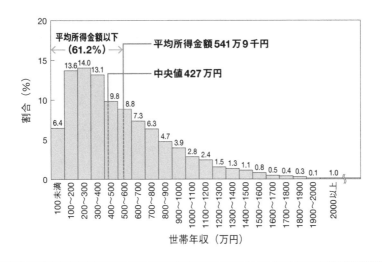

図2.4 **世帯所得の分布**（厚生労働省 2016）

は平均だろうか？　いや，平均は山の頂上より右，中腹にある．このズレ——平均値と山の頂上（最頻値）とのギャップが，違和感の原因である．

　上記の例からわかるように，平均は万能ではない．分布を確認して，どの代表値に注目するのが適切か，確認する必要がある．

2.4.2 ◇ 中央値

　中央値は，データの「真ん中」を示す代表値である．大きい順に並べてちょうど真ん中に位置するサンプルの値を指す．先ほどの5人のデータ（表2.6(a)）でいえば，300（万円）が中央値である．

$$200/300/\textbf{300}/400/500 \qquad \textbf{データの中央が中央値}$$

　中央値は順番で決めるため，外れ値の影響を受けにくい．表2.6(b)の成金が1人入った場合を考えると，中央値は$(300+400)/2 = 350$（万円）になる．これは平均のときのずれ方（340万円→483万円）に比べれば，いかに影響を受けにくいかがわかるだろう．

$$200/300/\textbf{300}/400/500/1200 \implies \text{中央値} \quad \frac{300+400}{2} = 350.$$

　なおサンプルサイズが偶数の場合，中央値は真ん中を挟む2つの値の平均

値となる[16].

2.4.3 ◇ 最頻値

平均値や中央値は基本的に連続変数にしか定義されない[17]. 離散変数に対しても定義される代表値が**最頻値**である. 最頻値はその名の通り「データの中で最も登場する頻度の高い値」である. 表 2.6(a) の 5 人の年収の例であれば, 最頻値は 300（万円）である.

200/**300**/**300**/400/500　　**最も度数が多い値が最頻値.**

ただし, 最頻値が定義されない場合もあることに留意が必要である. たとえば, 最大の度数を持つ値が 2 つ以上ある場合である. たとえば上の 5 人のサンプルに年収 400 万円の人が追加サンプルとして加わった場合, 最頻値は決定されない.

200/**300**/**300**/<u>400</u>/<u>400</u>/500　　**最頻値が決まらない場合**

2.5 ◆ 散らばり

さて, 平均（あるいは, ほかの代表値）さえわかれば変数を把握したことになるだろうか？　実際にはそうではない.

2 つの映画の評価について見てみよう[18]. ここで紹介する映画は『ターミネーター 3』と『エイリアン vs アバター』である. どちらの映画も Amazon で評価が 3 つ星であることがわかる（図 2.5）.

しかし, 冷静に考えてほしい. 一方はあの人気シリーズ『ターミネーター』の第 3 作目である[19]. もう一方は……聞いたことがないかもしれない. 一部の界隈では「Z 級映画」として名高い（？）作品である[20]. この 2 つの作品の評価が同じなのは, どこか腑に落ちないのではないか.

---

16) なお, 中央値の定義の仕方は複数存在する.
17) ただし, 順序尺度は中央値や平均値を定義する意味があることも少なくない.
18) この事例は神林（2019）を参考にしている.
19) 私は中学生のときに映画館に友達と一緒に見に行った覚えがある. 楽しかった記憶が残っている.
20) ちなみに, ポスターにあるコピーは「勝手に戦え！」である.

(a)『ターミネーター3』 (b)『エイリアンvsアバター』

Amazon におけるカスタマー評価がともに 3 つ星だった 2 つの映画

　この不思議のからくりは，評価の分布を見ればわかる（図 2.6）[21]．『ターミネーター 3』は星 1 つから 5 つまで全体に同じぐらいの度数を持っているのに対して，『エイリアン vs アバター』は両極端——熱狂的なファンか，冷静な批判者——の 2 タイプが大多数である．ここからわかることは，同じ平均を持つデータであっても，分布まで同じとは限らない，という当たり前の事実である．人は（なぜか）平均を中心に山なりの形をしている，と思って

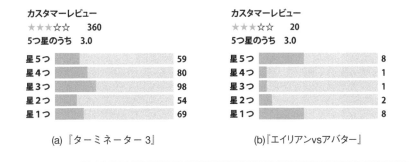

(a)『ターミネーター 3』 (b)『エイリアンvsアバター』

図 2.6 **2 つの映画の Amazon におけるカスタマー評価の分布**

---

21) この画像は 2017 年 6 月 23 日ごろのものである．
なお，Amazon の評価システムは単純な星の平均ではないが，図 2.6 から評価の平均を計算すると，『ターミネーター 3』は 3.00，『エイリアン vs アバター』は 2.95 と両者はほぼ一致する．

しまいがちだが，分析の際には必ず分布——すなわちデータの**散らばり方**を確認しなければならない．

2.5.1 ◇ 偏差

データの散らばりを測るにはどのようにすればよいだろうか？　ひとつのアイディアは，すべてのサンプルについて平均からのズレ（**偏差**）を求め，たし合わせることである．

定義 2.2 （偏差）

N 人のデータを $x_1, x_2, \ldots, x_N$，その平均を $\bar{x}$ とする．このとき，i 番目のサンプルの偏差は次式で定義される．

$$x_i - \bar{x}.$$

しかし，この偏差を散らばりの指標とするのは，少し問題がある．というのも，すべてのサンプルの偏差をたすと，必ずゼロになってしまうからである．

$$
\begin{aligned}
\sum_{i=1}^{N}(x_i - \bar{x}) &= \sum_{i=1}^{N} x_i - \sum_{i=1}^{N} \bar{x} \qquad &&\textstyle\sum \text{ の性質（注 11）参照}) \\
&= \sum_{i=1}^{N} x_i - N\bar{x} \qquad &&\sum_{i=1}^{N} \bar{x} = \underbrace{\bar{x} + \bar{x} + \cdots + \bar{x}}_{N \text{ 個}} \text{ から} \\
&= \sum_{i=1}^{N} x_i - \sum_{i=1}^{N} x_i \qquad &&N\bar{x} = N\left(\frac{1}{N}\sum_{i=1}^{N} x_i\right) \text{ から} \\
&= 0.
\end{aligned}
$$

そこで，偏差の絶対値（$|x_i - \bar{x}|$）をたしてみればいいのでは，というアイディアが浮かんだかもしれない．たしかに，絶対値をたしたなら 0 にはならない．しかし，スムーズに取り扱うには数学的問題があるため，散らばりの指標としては使われない[22]．

---

22) 数学的には，たとえば微分できないことが問題になる．しかし，絶対値が統計学で登場しないわけではない．実際，絶対値は回帰分析の発展的手法のひとつであるリッジ回帰と関連してくる．

2.5.2 ◇ 分散

そこで，偏差を2乗した**偏差平方**を用いてみよう，というアイディアがわいてくる．これが**分散**の定義につながる．

定義 2.3（分散）

N 人のデータを $x_1, x_2, \ldots, x_N$，その平均を $\bar{x}$ とする．このとき，分散 s_x^2 は以下のように定義される．

$$s_x^2 = \frac{1}{N} \sum_{i=1}^{N} (x_i - \bar{x})^2.$$

分散は偏差平方の平均である[23]．その定義は，図 2.7 を見て納得してほしい．この分散によって散らばりを捉えることができる．

具体的に計算してみよう．先ほどの5人の年収の例（表 2.6(a)）でみれば，偏差平方を表 2.7 のように計算できる．各サンプルごとに偏差（平均値 340 万円との差）をまず計算し，それらを2乗すると偏差平方が得られる．偏差平方を

| 表 2.7 | **分散の計算方法** |

年収	偏差	偏差平方	偏差平方和
200	−140	19600	52000
300	−40	1600	分散
300	−40	1600	10400
400	60	3600	平均
500	160	25600	340

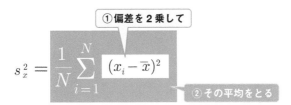

| 図 2.7 | **分散の求め方**

---

23) この分散の定義 2.3 は**標本分散**と呼ばれるものである．得られた標本をつかむために用いるものであり，母集団における分散を推定する際には用いることができない．詳しくは不偏分散についての説明（p.148）を参照．なお，不偏分散の場合には，サンプルサイズ（N）ではなく サンプルサイズ -1（$N-1$）で割る．

たした**偏差平方和**を，人数の 5 で割れば分散を得る．具体的な計算過程は以下の通りである．

$$s_x^2 = \frac{1}{N} \sum_{i=1}^{N} (x_i - \bar{x})^2 \qquad \text{分散の定義}$$

$$= \frac{1}{5} \left((200 - 340)^2 + (300 - 340)^2 + (300 - 340)^2 \right.$$

$$\left. + (400 - 340)^2 + (500 - 340)^2 \right) \qquad \text{データを代入}$$

$$= \frac{52000}{5} = 10400. \qquad \text{偏差平方和を人数で割る}$$

しかし，分散にも問題がある．分散は変数を 2 乗するため，単位が元の変数のものと異なる．先ほどの例でいえば，年収の分散は 10400（万円^2）になっている．単位が違うので，分散は平均といった代表値と並べて考察することはできない．

2.5.3 ◇ 標準偏差

分散の問題は 2 乗された単位を元に戻すことで解決する．そこで，分散の正の平方根である**標準偏差**を導入しよう[24]．

定義 2.4（標準偏差）

N 人のデータ $x_1, x_2, \ldots, x_N$，その平均を $\bar{x}$ とする．このとき，標準偏差 s_x は以下のように定義される．

$$s_x = \sqrt{s_x^2} = \sqrt{\frac{1}{N} \sum_{i=1}^{N} (x_i - \bar{x})^2}.$$

標準偏差は散らばりの指標のひとつであり，分散よりもこちらがよく使われる．ちなみに，先ほどの 5 人の年収の標準偏差は以下のように計算できる．

$$s_x = \sqrt{s_x^2} = \sqrt{10400} = 102.0$$

---

24) 平方根は電卓を用いれば計算できる．最近のスマートフォンにインストールされている電卓でも難なく計算できるだろう．

2.5.4 ◇ 範囲

分散や標準偏差以外にも，散らばりの指標は存在する．最もシンプルな散らばりの指標は**範囲（レンジ）**である．範囲は，最大値と最小値の差で定義される（図 2.8）．これは，データの値の存在範囲を示す．

5 人の年収の例では，範囲は $500 - 200 = 300$ となる．

$$\mathbf{200}/300/300/400/\mathbf{500} \qquad \text{範囲 } 500 - 200 = 300.$$

しかし，この範囲（レンジ）という指標は外れ値の影響を受けやすいことに注意が必要だ．成金が参入した 6 人の例で確認してみよう．

$$\mathbf{200}/300/300/400/500/\mathbf{1200} \qquad \text{範囲 } 1200 - 200 = 1000.$$

6 人の例だと範囲は 1000（万円）になるが，多くのサンプルが 200 万〜500 万円に収まっていることを考えると，散らばりの指標としてはいささか「大げさ」であることもわかる．

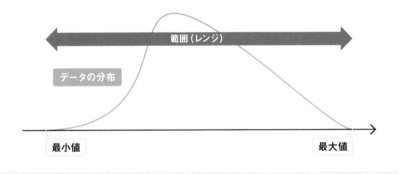

図 2.8 | **分布と範囲**（レンジ）

2.5.5 ◇ 四分位範囲

中央値が順番で決まっていたように，散らばりの指標にも順番で決まるものがある．**四分位範囲**は，下から数えて全体の 25％目にあたる人の値（**第 1 四分位点**）と上から数えて全体の 25％目にあたる人の値（**第 3 四分位点**）の差である（図 2.9）．5 人の年収の例では，第 1 四分位点は 300，第 3 四分位点は 400 なので，四分位範囲は 100 である（表 2.8(a)）．

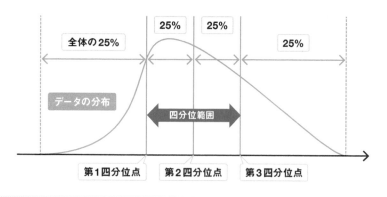

図 2.9 | 分布と四分位範囲

表 2.8 | 村の住人の年収と四分位点

(a) 5 人の場合

年収	四分位点
200	
300	第1四分位点
300	
400	第3四分位点
500	

(b) 成金参入の場合

年収	四分位点
200	
300	第1四分位点
300	
400	
500	第3四分位点
1200	

　四分位範囲は外れ値の影響をあまり受けない．成金が参入した例でいえば第1
四分位点は 300, 第3四分位点は 500 であるため, 四分位範囲は $500 - 300 = 200$
（万円）となる．2.5.4 項で説明した範囲と比べれば，外れ値の影響が小さい
ことがわかる（表 2.8(b)）．この特徴は中央値と同様に，四分位範囲が順番で
決まることによってもたらされている．

2.5.6 ◇ 多様性指数・質的変動係数

　名義尺度の変数であっても，**多様性指数**によって散らばりを定義すること
ができる．多様性指数は「社会からランダムにサンプリングされた2人が，
同じカテゴリーではない確率」として捉えることができる．

定義 2.5 （多様性指数）

K 個のカテゴリーを持つ変数について，第 i カテゴリーに含まれるサンプルの割合を p_i とする．このとき，多様性指数 D は次式で定義される．

$$D = 1 - \sum_{i=1}^{K} p_i^2.$$

具体例で計算してみよう．2010 年国勢調査から，日本の最終学歴の分布を表 2.9 に示した[25]．このとき，多様性指数は次のように求められる．

表2.9 **最終学歴の分布表** [2010 年国勢調査より]

学歴	割合（%）
中卒	10.4
高卒	46.3
短大・高専卒	17.1
大卒	26.2

$$D = 1 - \sum_{i=1}^{K} p_i^2 \quad \text{多様性指数の定義式}$$

$$= 1 - (0.104^2 + 0.463^2 + 0.171^2 + 0.262^2) \quad \text{データを代入}$$

$$= 1 - 0.323 = 0.677$$

ただし，多様性指数の上限はカテゴリー数によって決まってしまう[26]．そのため，カテゴリー数の異なる変数間で比較することができない．そこで，多様性指数をもとに最大値が 1 になるように調整された**質的変動係数（IQV）**がある．

定義 2.6 （質的変動係数（*IQV*））

K 個のカテゴリーを持つ変数について，第 i カテゴリーの割合を p_i とする．このとき，質的変動係数 IQV は次式で定義される．

$$IQV = \frac{K}{K-1} D = \frac{K}{K-1} \left(1 - \sum_{i=1}^{K} p_i^2 \right).$$

---

25) 2010 年国勢調査，抽出詳細集計，卒業者から．旧制学歴は新制学歴に適宜変更した（旧制小学校→新制中学，旧制中学→新制高校，旧制高校→新制大学など）．また，不詳者は除いている．

26) カテゴリー数が K のとき，$\sum_{i=1}^{K} p_i^2$ は，$p_i = 1/K$ のとき最小値 $1/K$ をとる（計算は省略するが，相加相乗平均 or ラグランジュの未定乗数法で得られる）．そのため，多様性指数の最大値は $D = 1 - 1/K = (K-1)/K$ となる．

国勢調査の学歴分布（表 2.9）でいえば，カテゴリー数 $K = 4$, $D = 0.677$ なので，IQV は以下のように計算できる．

$$IQV = \frac{K}{K-1}D = \frac{4}{3} \times 0.677 = 0.903.$$

2.6 ◆ 度数分布表から代表値・散らばりを得る方法

度数分布表を活用すれば，代表値・散らばりを得ることができる[27]．実際に計算をしてみよう．

2.6.1 ◇ 平均を求める

表 2.4 から，平均値を求めてみよう．計算の前に，表の数値を少し加工しておく．もともとのデータでは，「満足している」に 1，「不満である」に 5 の数字が振られているが，直感的には満足度の高さと数値の高さが比例したほうが理解しやすい．そこで，数値を**反転**させることにしよう．つまり具体的には，「満足している」を 5，「不満である」を 1 というように**リコード**する（表 2.10）．こうすることで，直感に反しない解釈が可能になる．

この度数分布表から，仕事満足度の平均を求めてみよう[28]．すべての値（1

| 表 2.10 | 数値を反転させた仕事満足度の度数分布表 |

	度数	割合（%）	累積割合
5 満足している	297	10.8	10.8
4 どちらかといえば満足している	910	33.0	43.8
3 どちらともいえない	797	28.9	72.7
2 どちらかといえば不満である	457	16.6	89.3
1 不満である	300	10.9	100.2
計	2761	100.2	

---

27) 手元に個票データ（一人ひとりの回答がわかるデータ）があれば統計ソフトですぐに計算できるが，往々にして度数分布表しか与えられない（個票データの分析には条件が課されている．詳しくはミクロデータ利用ポータルサイト「miripo」(https://www.e-stat.go.jp/microdata/) を参照せよ）．この節で示されるアナログなテクニックは，一見すると時代遅れのように見えるが，日本においては十分活用できる．

28) ここでは，順序尺度を間隔尺度として見てみよう，ということである．社会学や心理学では，順序尺度を連続変数とみなして分析することは少なくない．

表 2.11 ｜ 仕事満足度の平均の計算過程：度数

	度数	割合（%）	値×度数
5 満足している	297	10.8	5×297 = 1485
4 どちらかといえば満足している	910	33.0	4×910 = 3640
3 どちらともいえない	797	28.9	3×797 = 2391
2 どちらかといえば不満である	457	16.6	2×457 = 914
1 不満である	300	10.9	1×300 = 300
計	2761	100.2	8730

〜5) に対して度数×値をたして，サンプルサイズで割れば得られる．

$$\text{平均} = \frac{1}{\text{サンプルサイズ}} \sum (\text{値} \times \text{その値の度数}) \tag{2.1}$$

表 2.10 に示した仕事満足度の平均は以下のように求められる．

$$\bar{x} = \frac{1}{2761}(5 \times 297 + 4 \times 910 + 3 \times 797 + 2 \times 457 + 1 \times 300)$$

式 (2.1) を応用

$$= \frac{8730}{2761} = 3.16$$

計算時には，表 2.11 のような表を作成しておくと便利かもしれない．

度数の代わりに割合を用いても，平均を計算できる（表 2.12）．その計算方法を式 (2.2) に示す．割合を用いる場合には，サンプルサイズで割る必要はない．

$$\text{平均} = \sum (\text{値} \times \text{その値の割合}) \tag{2.2}$$

なお，式 (2.1) から式 (2.2) への変形は以下の通りになる．

$$\text{平均} = \frac{1}{\text{サンプルサイズ}} \sum (\text{値} \times \text{その値の度数})$$
$$= \sum \left(\text{値} \times \frac{\text{その値の度数}}{\text{サンプルサイズ}} \right)$$
$$= \sum (\text{値} \times \text{その値の割合}).$$

計算は以下の通りである[29]．

---

29) 度数を用いた場合と結果が異なるのは，丸め誤差の影響だ．

表2.12 **仕事満足度の平均の計算過程：割合**

	度数	割合（%）	値×度数
5 満足している	297	10.8	5×0.108 = 0.54
4 どちらかといえば満足している	910	33.0	4×0.330 = 1.32
3 どちらともいえない	797	28.9	3×0.289 = 0.867
2 どちらかといえば不満である	457	16.6	2×0.166 = 0.332
1 不満である	300	10.9	1×0.109 = 0.109
計	2761	100.2	3.17

$$\bar{x} = 5 \times 0.108 + 4 \times 0.330 + 3 \times 0.289 + 2 \times 0.166 + 1 \times 0.109$$

式 (2.2) にデータを代入

$$= 3.17$$

2.6.2◇ 中央値を求める

中央値は，下から数えても上から数えても真ん中に位置する値である（2.4.2項参照）．なので，累積割合が50%をまたぐ値が中央値である．表2.10で見れば，「4 どちらかといえば満足している」から「3 どちらともいえない」にかけて，累積割合が43.8%から72.7%に変化している．よって，中央値は「3 どちらともいえない」ということになる．

2.6.3◇ 最頻値を求める

最頻値は度数（あるいは割合）が最大である値だ（2.4.3項参照）．表2.10では，「4 どちらかといえば満足している」が最頻値である．

2.6.4◇ 分散・標準偏差を求める

分散は偏差平方の平均であることを思い出せば，平均を求める際（2.6.1項）に用いたテクニックを応用することができる．つまり，以下の2式が成立する．

$$分散 = \frac{1}{サンプルサイズ} \left(\sum (値 - 平均)^2 \times その値をとる度数 \right) \quad (2.3)$$

$$= \sum (値 - 平均)^2 \times その値をとる割合 \quad (2.4)$$

表2.10のデータの分散を求めると，以下のようになる．分散の場合も，平

| 表 2.13 | 仕事満足度の分散の計算過程：度数

	度数	割合（%）	偏差平方×度数
5 満足している	297	10.8	$(5 - 3.16)^2 \times 297 = 1005.52$
4 どちらかといえば満足している	910	33.0	$(4 - 3.16)^2 \times 910 = 642.10$
3 どちらともいえない	797	28.9	$(3 - 3.16)^2 \times 797 = 20.40$
2 どちらかといえば不満である	457	16.6	$(2 - 3.16)^2 \times 457 = 614.94$
1 不満である	300	10.9	$(1 - 3.16)^2 \times 300 = 1399.68$
計	2761	100.2	3682.64

均のときと同様に表 2.13 を作成しておくと計算が楽になる.

$$s_x^2 = \frac{1}{2761} \left((5 - 3.16)^2 \times 297 + (4 - 3.16)^2 \times 910 \right.$$
$$\left. + (3 - 3.16)^2 \times 797 + (2 - 3.16)^2 \times 457 + (1 - 3.16)^2 \times 300\right)$$

式 (2.3) を応用

$$= \frac{3682.64}{2761} = 1.33$$

標準偏差は分散の平方根を計算すれば得られる.

$$s_x = \sqrt{s_x^2} = \sqrt{1.33} = 1.15.$$

2.6.5 ◇ 四分位範囲を求める

　四分位範囲を求めるためには，四分位点を求める必要がある．四分位点は下から（上から）25%，75%の値を求めればよい．そのために，中央値を求める際に用いたテクニック（2.6.2 項）を応用する．つまり，累積割合が 25%，75%をまたぐ値を求めればよい.

　表 2.10 では，「5 満足している」から「4 どちらかといえば満足している」で 25%，「3 どちらともいえない」から「2 どちらかといえば不満である」で 75%をまたいでいる．なので，値の大小を考慮すれば第 1 四分位点は「2 どちらかといえば不満である」[30]，第 3 四分位点は「4 どちらかといえば満足している」であることがわかる．よって，この変数を連続変数だと思えば，四

---

30) 値の小さいほうから積み上げていくので，表 2.10 中の累積割合の 25%は上から数えているゆえにリコード後は下から数えて 75%とみなすことができる.

分位範囲は $4 - 2 = 2$ となる[31].

2.7 ◆ 標準得点と偏差値

変数間でサンプルごとの立ち位置を比較したい場合がある．つまり，ある
サンプルについて平均と標準偏差の影響を除いた指標がほしくなる．この要
求に応えてくれるのが**標準得点**である．本節では，標準得点とその応用であ
る偏差値を紹介する．

標準得点は **Z 得点**あるいは **Z 値**とも呼ばれる．標準得点を求める作業を
標準化と呼ぶ．

定義 2.7 （標準得点）

変数 x の平均を $\bar{x}$，標準偏差を s_x とする．このとき，i 番目のサンプ
ルの**標準得点** Z_i は以下で定義される．

$$Z_i = \frac{x_i - \bar{x}}{s_x}.$$

---

5 人の年収の例（表 2.6a）で考えれば，平均 340（万円），標準偏差 102（万
円）なので，各サンプルを標準化すると表 2.14 のように計算される．表 2.14
で計算すればわかるが，標準化された変数（標準得点）は平均 0，標準偏差 1

| 表 2.14 | **5 人の年収と標準得点**

id	年収	標準得点
1	200	(200 – 340)/102 = –1.37
2	300	(300 – 340)/102 = –0.39
3	300	(300 – 340)/102 = –0.39
4	400	(400 – 340)/102 = 0.59
5	500	(500 – 340)/102 = 1.57

---

31) 中央値に複数の求め方があったように，四分位範囲にも複数の求め方がある．この本で紹介
しているのは，最も簡易な方法である．

になる[32].

$$\frac{(-1.37) + (-0.39) + (-0.39) + 0.59 + 1.57}{5} = 0 \quad \textbf{平均は } 0$$

$$\sqrt{\frac{(-1.37)^2 + (-0.39)^2 + (-0.39)^2 + 0.59^2 + 1.57^2}{5}} = 1 \quad \textbf{標準偏差は } 1$$

標準得点は，ちょうど平均値をとるサンプルでは 0，平均以下の値のサンプルでは負，平均以上では正の値をとる．また，定義からわかる通り，標準得点は無単位数[33] である．これは，どんな分布間でも，標準得点を計算すれば（理論上は）比較可能であることを意味する．この特徴を応用したのが**偏差値**である．

定義 2.8 （偏差値）

標準得点 Z_i に対して，**偏差値** S_i は次で定義される．

$$S_i = 50 + 10 Z_i.$$

偏差値は，標準得点を利用して平均 50，標準偏差 10 になるように加工された変数である[34]．これにより，たとえば異なる学力テストにおいて，分布の中の相対的な位置づけ（国語が「得意」で数学が「苦手」など）を確認することができる．

---

32) 平均が 0 になるのは，偏差をすべてたすと 0 になるのと同じ理由である（分子に注目せよ）．標準偏差が 1 になるのは，以下のように分散が 1 になるためである．

$$\frac{1}{N} \sum_{i=1}^{N} Z_i^2 = \frac{1}{N} \sum_{i=1}^{N} \left(\frac{x_i - \bar{x}}{s_x} \right)^2 \quad \textbf{標準得点の定義（定義 2.7）から}$$

$$= \frac{1}{s_x^2} \left[\frac{1}{N} \sum_{i=1}^{N} (x_i - \bar{x})^2 \right] \quad \textbf{[ ] 内は分散 } s_x^2 \textbf{ である}$$

$$= \frac{1}{s_x^2} s_x^2 = 1$$

33) 分数の単位は分子の単位/分母の単位で決まる．たとえば速さは距離（km）/時間（h）から時速（km/h）と単位が定められる．標準得点の場合，年収を例にとれば，分母分子ともに「万円」が単位なので，単位がキャンセルされ無単位数である．

34) 直感的な説明は，平均 0 の Z_i に 50 たされているので，S_i の平均は 50 になり，Z_i が 10 倍されているので，散らばりも 10 倍（標準偏差が 10）になる，ということである．

| Chapter **3** |

関連を捉える
—— クロス表と相関係数 ——

　本章では，関連について学ぶ．関連とは 2 変数間の関係・傾向であり，「変数 A である値をとる人は変数 B でも特定の値をとりやすい」ということを指す．「健康志向を持つ人は，野菜を多く食べがち」というのも関連である．この場合は，「健康志向の有無」という変数と，「野菜の摂取量」という変数との間にある関連だ．

　関連を調べるアプローチは，2 変数がそれぞれ離散か連続かによって異なる．表 3.1 に変数の組み合わせによるアプローチの違いを示した[1]．離散変数どうしの関連にはクロス表を用い，連続変数どうしでは相関係数を用いる．また，離散変数と連続変数との関連は分散分析を用いて分析する．本章では，クロス表と相関係数の扱いを説明する．

3.1 ◆ 離散変数どうしの関連を調べる：クロス表

　まずは，離散変数どうしの関連を調べるために用いるクロス表を紹介する．一例として，性別と性別役割分業意識の関連を実際の社会調査データを用いて検討しよう．

表 3.1 | 変数のタイプによってアプローチが異なる

	離散	連続
離散	クロス表	分散分析
連続	——	相関係数

---

1)　この分類の仕方は西内（2013）にも示されている．

|表3.2| **1 変数の度数分布表**

(a) 性別の度数分布表

	度数
男性	2268
女性	2666
合計	4934

(b) 性別役割分業意識の度数分布表

	度数
賛成	2418
反対	2516
合計	4934

3.1.1 ◇ クロス表

2 変数の関連は（当たり前だが）それぞれの変数の度数分布表を眺めても わからない．たとえば，性別と性別役割分業意識[2]（以下，簡単に分業意識 と呼ぶ）の関連を知りたいと思って，それぞれの変数の度数分布表（表 3.2) を眺めても意味がない[3]．それは，これらの表では性別と分業意識が別々に 扱われており，一人の人間の性別と分業意識が同時に扱われていないためで ある．

クロス表は，いわば 2 変数の度 数分布表である．実物を見たほう が早いと思うので，表 3.3 を見てほ しい．表の見方として，男性かつ 分業に賛成している人は 1248 人， といった風に読む．

以下で，クロス表の使い方を具 体的に学んでいこう．

|表3.3| **性別と分業意識のクロス表**

性別	性別役割分業の賛否		合計
	賛成	反対	
男性	1248	1020	2268
女性	1170	1496	2666
合計	2418	2516	4934

---

2) 性別役割分業とは，結婚した夫婦において「妻が家庭を守り，夫が仕事で外に出る」というよ うに，性別によって家事・育児と仕事を完全に分ける役割分担を表す．性別役割分業意識は， この性別役割分業に賛成するか反対するか，という考えを指す．ここでは，「賛成」「どちら かといえば賛成」を「賛成」として，「どちらかといえば反対」「反対」を「反対」としてまと めている．

3) 表 3.2, 3.3 は，東京大学社会科学研究所附属社会調査・データアーカイブ研究センター SSJ データアーカイブのリモート集計システムを利用し，同データアーカイブが所蔵する「日本 版 General Social Surveys〈JGSS-2010〉」（大阪商業大学）の個票データを二次分析し たものである． 今回の分析も，東京大学社会科学研究所 CSRDA の Nesstar システムを用いている． https://nesstar.iss.u-tokyo.ac.jp/webview/ ただし，本書で紹介している JGSS データ（2006 年以降の調査）は，残念ながら 2021 年 6 月現在では Nesstar システムを通して分析することができなくなってしまった．

3.1.2◇周辺度数

　クロス表の各部分には，名前が
ついている（図3.1）．数値が書か
れている枠一つひとつを**セル**と呼
ぶ．変数ごとに集計した値を**周辺
度数**と呼び，周辺度数はそれぞれ
の変数の度数分布表の値と一致す
る．とくに，行の変数の合計の部
分は**行周辺度数**，列の変数の合計
部分は**列周辺度数**と呼ぶ[4]．

|図3.1| **クロス表の各部分の名称**

　クロス表は行の変数から列の変数への影響を想定して作成されることが多
い．つまり，影響を与える（と予想される）**説明変数**が行に，説明変数によっ
て値を変えうる**被説明変数**が列に入る[5]．表3.3は，性別→分業意識という
影響の向きを想定している[6]．

3.1.3◇パーセント表示

　クロス表はそのままでは，やや読みづらい面がある．そこで，各セルに割
合に関する情報をつけ加えることで，分析にも結果の提示にも役に立つ．

　クロス表の最もオーソドックスな割合の表示方法は**行パーセント表示**であ
る．説明変数の値それぞれについて，被説明変数の割合を表示する（表3.4, 図
3.2）．行パーセント表示がよく用いられるのは，説明変数によって被説明変数
の分布がどう変化するか，わかりやすいからである．たとえば，表3.4の第1
行には，性別が男性である人における分業の賛否の割合が，（55.03），（44.97）

---

[4]　ちなみに，行と列のどっちが横でどっちが縦か迷った場合には，右図のよう　$\overrightarrow{行}列\downarrow$
　　　に「行」「列」それぞれの漢字のつくり（右側）をみれば，どちらか思い出
　　　すことができる．

[5]　説明変数と被説明変数はそれぞれ**独立変数**と**従属変数**と呼ばれることがある．線形代数を学
　　　習したことのある人は，被説明変数（y）を説明変数（$x_1, x_2, \ldots, x_N$）によって表現する，
　　　というイメージを持てば，独立/従属変数という用語のほうが親しみやすいかもしれない．

$$y = \beta_1 x_1 + \beta_2 x_2 + \cdots + \beta_N x_N.$$

　　　しかし，従属・独立という言葉は混乱しやすい．このテキストでは説明変数/被説明変数とい
　　　う表現を用いる．

[6]　今回の例では，分業意識→性別という向きの影響（たとえば「男は仕事，女は家庭」と強く願
　　　うと男性になりやすい）はまったくありえないことが明らかだろう．

表3.4 | 性別と分業意識のクロス表（行パーセント表示）

性別	性別役割分業の賛否		合計
	賛成	反対	
男性	1248 (55.03)	1020 (44.97)	2268
女性	1170 (43.89)	1496 (56.11)	2666
合計	2418 (49.01)	2516 (50.99)	4934

（ ）は行パーセントを示す.

性別	性別役割分業の賛否				合計
	賛成		反対		
男性	1248	(55.03)	1020	(44.97)	2268
女性	1170	(43.89)	1496	(56.11)	2666
合計	2418	(49.01)	2516	(50.99)	4934

（ ）は行パーセントを示す.

たとえばこのセルは……
セル度数／行周辺度数＝1248/2268＝0.5503

図3.2 | 行パーセント表示の導出の仕方

のような形で示されている．これはそれぞれ男性のうち賛成が55.03%，反対が44.97%であることを表す．第1行と第2行の行パーセントを見比べることで，性別（説明変数）ごとの割合を比較することができる．第1列を見れば，男性の約55%が，女性の約44%が性別役割分業に賛成していることがわかる．

　目的によっては，別のパーセント表示を利用する．**列パーセント表示**は，列ごとの割合を示すものだ（表3.5(a)）．一方，全サンプルのうち，各セルの度数が占める割合を表示するのが，**全体パーセント表示**である（表3.5(b)）．

3.2 ◆ カイ二乗値とクラメールの V

　クロス表から，2つの変数に何かしらの関連を感じ取ることができる．実際，表3.4の行パーセントから，男性は性別役割分業に賛成しやすく，女性は反対しやすいという傾向が確認できる．この関連がどの程度強いのか，数

表 3.5 性別と分業意識のクロス表（各種パーセント表示）

(a) 列パーセント表示

| 性別 | 性別役割分業の賛否 | | 合計 |
	賛成	反対	
男性	1248 （51.61）	1020 （40.54）	2268 （45.97）
女性	1170 （48.39）	1496 （59.46）	2666 （54.03）
合計	2418 （100.00）	2516 （100.00）	4934 （100.00）

() は列パーセントを示す.

(b) 全体パーセント表示

| 性別 | 性別役割分業の賛否 | | 合計 |
	賛成	反対	
男性	1248 （25.29）	1020 （20.67）	2268 （45.97）
女性	1170 （23.71）	1496 （30.32）	2666 （54.03）
合計	2418 （49.01）	2516 （50.99）	4934 （100.00）

() は全体パーセントを示す.

字で表現できないだろうか？　本節では，クラメールの V とその計算に用いるカイ二乗値を紹介する.

3.2.1 ◇ 独立な状態のクロス表

　関連の強さを指標化する第 1 段階として，基準となる仮想的な比較対象を用意する. それは，2 変数が**独立**である場合だ. つまり，実際に観測されたクロス表が，独立な状態からどれぐらい乖離しているかによって，2 変数の関連の強さを測ろう，というアイディアである.

　独立である，とは 2 つの事象の間に関連がまったくない状態である. さいころを 2 つ投げたときに，ピンゾロ（1 と 1）が出る確率を $1/6 \times 1/6 = 1/36$ と計算するのは，高校数学で学んだだろう. このように，2 つの事象が両方生じる確率がそれぞれの事象の発生確率の積で表されるような状態を独立である，という[7].

　独立な状態のクロス表は，各セルが各周辺度数割合によって表現される.

---

7)　一般には，A, B が独立であるとは，$\Pr(A \text{ かつ } B) = \Pr(A) \times \Pr(B)$ ということである. なお，$\Pr(\cdot)$ とは () 内の事象が起こる確率を表す.
　独立でない場合について考えてみよう. さいころの例であれば，さいころ A が 1 を出したら，さいころ B が空気を読んで必ず 1 を出す，ような状態である. このようなさいころが意

性別	性別役割分業の賛否		合計	
	賛成	反対		
男性	4934 × 0.46 × 0.49	4934 × 0.46 × 0.51	2268 (45.97)	
女性	4934 × 0.54 × 0.49	4934 × 0.54 × 0.51	2666 (54.03)	
合計	2418 (49.01)	2516 (50.99)	4934	

独立な状態の期待セル度数は……
全度数×行周辺度数割合×列周辺度数割合

| 図 3.3 | 独立な状態のクロス表の期待セル度数

独立である状態のセルの期待値[8]（期待セル度数）は次式で計算される（図3.3）.

$$期待セル度数 = 全度数 \times 行周辺度数割合 \times 列周辺度数割合.$$

行周辺度数割合は，行にあたる変数（今回は性別）の確率を疑似的に表現していると捉えることができる．つまり，図3.3にあるように「男性の割合が約46％である」ということは，「標本の中からランダムに1人選んだときに，その人が男性である確率が約46％である」と読み替えられる．

行周辺度数割合×列周辺度数割合は，2変数についての確率（たとえば，「女性である確率」と「賛成である確率」）の積になっている．これは，もし2変数が独立だったときに，ある人がその回答パターン（たとえば「女性で賛成」など）を持つ確率を表現している．この計算は，ちょうど2つのさいころを投げてピンゾロ（1と1）が出る確率を $1/6 \times 1/6 = 1/36$ と求めるのと同じである．その確率に全度数（＝サンプルサイズ）を掛けることで，そのセルに入るであろう度数の期待値を計算することができる（表3.6）.

思を持つ例では，独立ではありえないので，積で表すことはできない．しかし，さいころが意思を持つことはありえないので，通常は独立であると考えてよい．
ただし，確率の議論を人に当てはめる場合には（当然ながら意思を持つので）注意が必要だ．たとえば，サンプルを有意抽出（1.7節）によって得た場合，そのサンプルは互いに独立ではない可能性が高い．具体的には，学校のクラスでアンケートを取った場合，となりの生徒や先生に影響を受け，独立でなくなる可能性がある．アンケートではないサンプルに対する推定（第5章）・検定（第6章）には，注意が必要である．

8) 期待値については7.2.2項を参照．期待値は高校数学でも登場したが，ここでは，独立な場合のセルの予測値だと思ってほしい．

表3.6 性別と分業意識が独立な状態のクロス表

性別	性別役割分業の賛否		合計
	賛成	反対	
男性	1111.48	1156.52	2268
女性	1306.52	1359.48	2666
合計	2418	2516	4934

3.2.2 ◇ カイ二乗値

観測されたクロス表が独立な状態からどれほど乖離しているかを表す指標が, **カイ二乗値** (χ^2 **値**) である.

定義 3.1 (カイ二乗値 (χ^2 値))

R 行 C 列のクロス表において, i 行 j 列のセルの, 観測されたクロス表の度数を O_{ij}, 独立な状態のクロス表の期待セル度数を E_{ij} とする. このときカイ二乗値 χ^2 は次式で定義される.

$$\chi^2 = \sum_{i=1}^{R} \sum_{j=1}^{C} \frac{(O_{ij} - E_{ij})^2}{E_{ij}}.$$

独立な状態のクロス表の期待値を「予測値」と簡単に呼べば, カイ二乗値の具体的な計算過程は以下の 3 段階である (図 3.4).

1. 独立状態のクロス表を作成 (ex. 図 3.3, 表 3.6)
2. セルごとに (実測値 − 予測値)^2/予測値 を計算
3. すべてのセルについてたす

今回の場合であれば, すでに計算してある独立状態のクロス表 (表 3.3) を用いて, カイ二乗値は次のように計算される.

$$\chi^2 = \frac{(1248 - 1111.48)^2}{1111.48} + \frac{(1020 - 1156.52)^2}{1156.52}$$

$$+ \frac{(1170 - 1306.52)^2}{1306.52} + \frac{(1496 - 1359.48)^2}{1359.48}$$

$$= 60.86$$

$\dfrac{(\text{実測値} - \text{予測値})^2}{\text{予測値}}$ を

セルごとに計算したす

(a) 実際のクロス表

	賛成	反対
男性	1248	1020
女性	1170	1496

(b) 独立状態のクロス表

	賛成	反対
男性	1111.48	1156.52
女性	1306.52	1359.48

(c) カイ二乗値の計算

	賛成	反対
男性	$\dfrac{(1248 - 1111.48)^2}{1111.48}$	$\dfrac{(1020 - 1156.52)^2}{1156.52}$
女性	$\dfrac{(1170 - 1306.52)^2}{1306.52}$	$\dfrac{(1496 - 1359.48)^2}{1359.48}$

$$\chi^2 = 60.86$$

| 図 3.4 | カイ二乗値の計算

　カイ二乗値は 2 変数の関連が強いほど大きな値をとる．しかし，サンプルサイズが増えても大きくなるし，クロス表のサイズ（行・列の数）が増えても大きくなる．カイ二乗値の欠点は，その最大値がサンプルサイズや行・列の数に依存してしまうため，異なるクロス表間での関連の強さの比較に使えない点である．

3.2.3 ◇ 関連の指標：クラメールの V

　カイ二乗値の欠点を解消した指標が，**クラメールの V（Cramer's V）**である．

定義 3.2 （クラメールの V （Cramer's V））

　R 行 C 列のクロス表について，カイ二乗値 χ^2 が得られているとき，クラメールの V は次式で計算される．ここに，N はサンプルサイズで，$\min(A, B)$ は A と B の小さいほうを返す関数である（ex. $\min(2, 3) = 2$）．

$$V = \sqrt{\frac{\chi^2}{N \times (\min(R, C) - 1)}}.$$

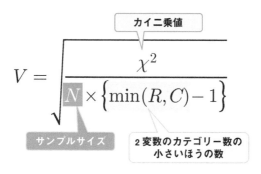

|図3.5| **クラメールの V の計算方法**

　クラメールの V の定義式は難しそうに見えるかもしれないが，図3.5 に示したように，平方根の中身は χ^2 値をサンプルサイズとクロス表のサイズ (行，列の数) で割っているだけだ．こうすることで，複数のクロス表間で関連の強さを比較できる指標になる．

　クラメールの V は 0 から 1 の値をとる指標で，1 に近いほど強い関連を持つことを意味する．クラメールの V の値から読み取れる関連の強さの目安[9] はあるにはある．しかし，一人ひとりのデータがわかる個票データを扱う分析では，クラメールの V が 0.5 を超える関連はめったに見られない．なので，個票データを扱う分析では 0.3 以上で「強い関連」とみなすこともある．分野によって慣習が異なるので，教科書や論文などを見てチェックするとよい．

　本章の性別と分業意識の関連についてクラメールの V を計算すると，以下のようになる．

$$V = \sqrt{\frac{\chi^2}{N \times (\min(R, C) - 1)}} \qquad \text{定義 3.2}$$

$$= \sqrt{\frac{60.86}{4934 \times (\min(2, 2) - 1)}} \qquad \text{データを代入}$$

$$= \sqrt{\frac{60.86}{4934 \times 1}} = 0.11.$$

---

9)　クラメールの V の関連の強さの目安は次の通り (永吉 2015: 97)．0.1〜0.2：弱い，0.2〜0.4：中程度，0.4〜0.6：強い，0.6〜1.0：とても強い．

弱いながらも，関連の存在が示唆される[10],[11].

3.3 ◆ 連続変数どうしの関連を調べる：相関係数

　次に連続変数どうしの関連を捉える方法について見ていこう．連続変数どうしの関連は，**散布図**を確認することからはじまる.

　散布図は 1 つのサンプルを 1 つの点として表し，2 変数をそれぞれ軸とする平面にプロットしたグラフを指す．たとえば，図 3.6 では，年齢と年収の散布図を示している[12]．1 つの丸（●）が 1 人のデータを表しており，座標が（年齢，年収）となっている.

3.3.1 ◇ 散布図と相関

　散布図からわかることは，2 変数の**相関**の仕方である．相関とは，連続変数どうしの関連を指す．図 3.6 の散布図からわかるのは「年収と年齢の間に，弱い**正の相関**が確認できる」ということである．つまり，年齢が上昇すれば，年収も増加するような関係が確認できる，ということである.

　相関には (1) 正か負か（向き），(2) どの程度強いか，の 2 つの要素がある.

　まずは相関の向きに関して説明しよう．先ほど登場した「正の相関」は，一方の変数が増えればもう一方の変数も増加する，という右肩上がりの関係性を表す（図 3.7(a)）．**負の相関**は，一方の変数が増えると，もう一方の変数が減少する右肩下がりの関係性である（図 3.7(c)）．そのどちらでもない関係性

---

10) まとめれば，クラメールの V から性別と分業意識の間には弱い関連が確認され，クロス表から女性が性別役割分業に反対しやすい傾向があることがわかった．当たり前，と思うかもしれないが，当たり前のことでも確認できたことは，研究の第一歩として大きいものになりうる.

11) クロス表をベースにした関連の指標として，ユールの関連係数やファイ係数という指標が存在する．詳しくは片瀬ほか（2015）を参照されたい.

12) 図 3.6 は，東京大学社会科学研究所附属社会調査・データアーカイブ研究センター SSJ データアーカイブのリモート集計システムを利用し，同データアーカイブが所蔵する「日本版 General Social Surveys〈JGSS-2010〉」（大阪商業大学）の個票データを二次分析したものである.
　この図は，東京大学社会科学研究所 CSRDA の Nesstar システムで得られたクロス表をベースに，順序変数で尋ねられた変数を連続変数にリコードしている．リコードの仕方は，変数ラベルの中間値を使う最も簡易的な方法である（最終カテゴリーは 2500 万円にした）.
　また，有職者は「先週仕事をした」と回答した人を指す.
　https://nesstar.iss.u-tokyo.ac.jp/webview/

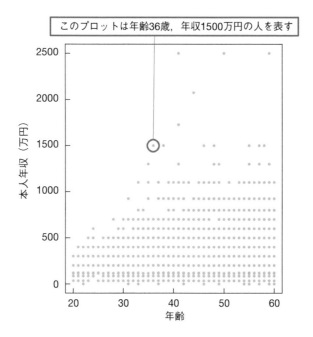

このプロットは年齢36歳，年収1500万円の人を表す

|図3.6| **年収と年齢の散布図** [20～60 歳，有職者限定，JGSS-2010 より]

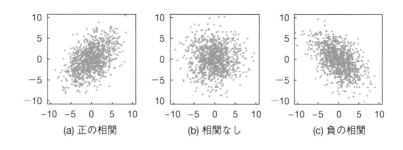

(a) 正の相関　　　　　(b) 相関なし　　　　　(c) 負の相関

|図3.7| **相関の向き**

は**相関なし**と呼ばれる（図 3.7(b)）．

　相関の強さは，向きとは無関係に決まる．散布図上で分布が直線的な関係性に近ければ近いほど，相関は強いといえる．図 3.8 では，右にある散布図ほど相関が強い．

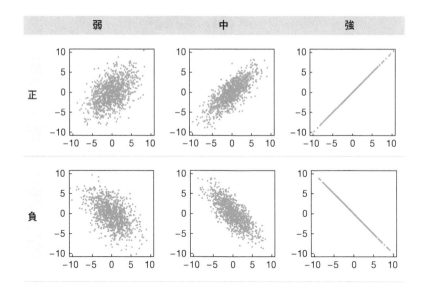

|図3.8｜ **相関の強さ**

3.3.2◇共分散

相関の向きと強さを捉える道具として，**共分散**がある．共分散は，ひと言でいえば，2 変数の偏差（2.5.1 項参照）の積の平均である．計算方法は図 3.9 を参照してほしい．

定義 3.3（共分散）

2 変数 x, y について，サンプルサイズ N のデータがあるとする．i 番目のサンプルの 2 変数の値をそれぞれ x_i, y_i と表す．また，変数 x, y の平均をそれぞれ $\bar{x}, \bar{y}$ とする．このとき，共分散 C_{xy} は次式で定義される．

$$C_{xy} = \frac{1}{N} \sum_{i=1}^{N} (x_i - \bar{x}) \times (y_i - \bar{y}).$$

共分散がなぜ相関を捉えることができるのか．その理由は，偏差の積を利用しているからである．

図 3.10 に散布図と各変数の平均（$\bar{x}, \bar{y}$ を表す赤い線），そして偏差の積の

$$C_{xy} = \frac{1}{N} \sum_{i=1}^{N} \boxed{(x_i - \bar{x}) \times (y_i - \bar{y})}$$

① 変数ごとの偏差を計算

③ 偏差の積の平均を求める

② 偏差の積を計算

|図 3.9| 共分散の計算の仕方

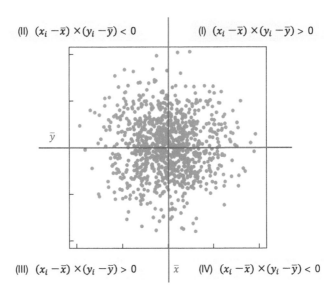

(II) $(x_i - \bar{x}) \times (y_i - \bar{y}) < 0$

(I) $(x_i - \bar{x}) \times (y_i - \bar{y}) > 0$

$\bar{y}$

(III) $(x_i - \bar{x}) \times (y_i - \bar{y}) > 0$

$\bar{x}$

(IV) $(x_i - \bar{x}) \times (y_i - \bar{y}) < 0$

|図 3.10| 共分散と散布図

正負 (I)〜(IV) を示している. 各変数の平均の交点からみて右上の領域 (I) は, どちらの変数の偏差も正なので $(x_i - \bar{x} > 0, y_i - \bar{y} > 0)$, 偏差の積 $((x_i - \bar{x}) \times (y_i - \bar{y}))$ が正になる領域である. 同様に, 左下の領域 (III) もまた, 両変数の偏差が負なので $(x_i - \bar{x} < 0, y_i - \bar{y} < 0)$, 偏差の積が正になる. 逆に, 右下と左上の領域 ((II) と (IV)) は, 偏差の正負が変数間で異なるので, 偏差の積は負になる. 共分散はこの $(x_i - \bar{x}) \times (y_i - \bar{y})$ の平均を捉えようとしている.

　正の相関がある 2 変数の散布図の場合, 右上と左下 ((I) と (III)) の領域にサンプルが集中する (図 3.11(a)). これにより, 共分散の値は正になる. 一

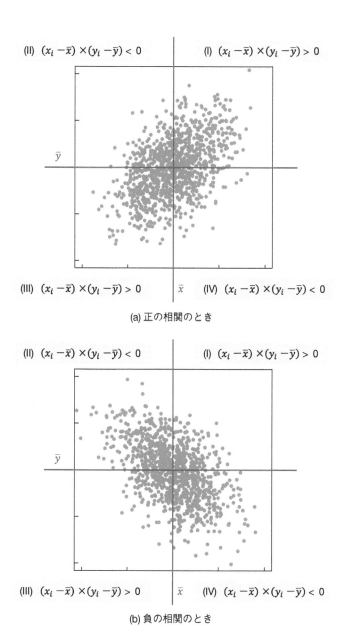

(a) 正の相関のとき

(b) 負の相関のとき

図3.11 相関の正負と共分散

069

方，負の相関がある場合，左上と右下（(II) と (IV)）の領域に集中する（図 3.11(b)）．なので，共分散は負になる．共分散はこうして相関の向きを捉えることができる．

3.3.3 ◇ 相関の指標：相関係数

　共分散は，相関の向きを捉えることはできるのだが，相関の強さを捉えることは難しい．なぜなら，共分散は同じデータであっても単位を変えるだけで大きく変化してしまうためである．たとえば，2 変数どちらの単位も「万円」だとしよう．これを「円」にしただけで，共分散の値は 1 億倍になる[13]．

　この難点を克服したのが，**相関係数**である[14]．相関係数は，共分散を各変数の標準偏差で割ったものである（図 3.12 参照）．標準偏差で割っているからこそ，相関係数は比較可能になっている[15]．

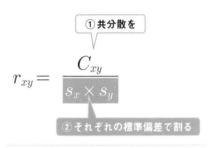

①共分散を

$$r_{xy} = \frac{C_{xy}}{s_x \times s_y}$$

②それぞれの標準偏差で割る

| 図 3.12 | **相関係数の計算方法**

定義 3.4（相関係数）

　2 変数 x, y について，標準偏差をそれぞれ s_x, s_y とする．また，共分散を C_{xy} とする．このとき，x, y の相関係数 r_{xy} は次式で定義される．

$$r_{xy} = \frac{C_{xy}}{s_x s_y}.$$

---

13) 1 万円 $= 10^4$ 円 $= 10000$ 円なので，1 万円^2 $\to 10^8$円$^2 = 100000000$ 円^2 となる．

14) ここに示している相関係数は厳密には「ピアソンの積率相関係数」と呼ばれるものである．ほかの相関係数についてはたとえば東京大学教養学部統計学教室編 (1991) を参照せよ．

15) 別の見方をすれば，標準化された変数どうしの共分散とみることもできる．以下の式を見よ．

$$r_{xy} = \frac{C_{xy}}{s_x \times s_y} = \frac{1}{N} \sum_{i=1}^{N} \frac{(x_i - \bar{x}) \times (y_i - \bar{y})}{s_x \times s_y} = \frac{1}{N} \sum_{i=1}^{N} \left(\frac{x_i - \bar{x}}{s_x} \right) \times \left(\frac{y_i - \bar{y}}{s_y} \right).$$

また，標準化された変数（無単位数）の積であるので，相関係数もまた無単位数である．この点が相関係数を比較可能なものにしている．

　相関係数 r_{xy} は -1 から 1 の値をとる指標である．r_{xy} の正負が相関の正負を表し，大きさ（$|r_{xy}|$）が相関の強さを表す．相関係数が ± 1 に近いほど，2 変数 x, y の関連が強く，0 に近ければ，x と y に関連がないことを示す．相関係数もクラメールの V（3.2.3 項）と同様，値の解釈に目安がある[16]．しかし，やはり分野によって解釈が異なることもあるので，注意が必要である[17]．本節の冒頭に登場した年収と年齢の関連（図 3.6）では，相関係数は 0.086 となり，ほとんど相関がないことが示唆される[18]．

　相関係数を用いる上で注意すべき点は，**線形の（＝ 直線的な，一次関数的な）関係しか捉えることができない**ということである．図 3.13 にあるように，二次関数的（より一般に非線形的）な関係性を持つデータに対して相関係数を計算すると，ほぼ 0 である，という結果が返ってくる．しかし，図 3.13 を見て「2 変数に関連がない」とはいえないだろう．図 3.13 の 2 変数は単に線形的な関係を持たないだけであり，なんらかのメカニズムによって 2 次関数のような関連を持つデータが得られた，と考えるべきである．このように，データの関連を探る際には，相関係数のみで判断せず散布図を確認するなど，

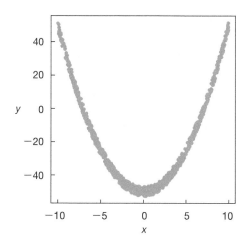

図 3.13 ｜ 二次関数的な関係を持つデータの散布図

---

16) 相関係数の関連の強さの目安は，クラメールの V と同様で次の通りである．0.1〜0.2：弱い，0.2〜0.4：中程度，0.4〜0.6：強い，0.6〜1.0：とても強い．
17) 社会学では 0.3 以上で強いとみなすこともある．
18) しかし，第 14 章で議論する通り，関連がないわけではない．

複数の方法で確認すべきである.

3.4 ♦ 簡単な例で相関係数を計算する

　本節では，簡単なデータで共分散・相関の計算を確認しよう．第2章で登場した5人の年収データを踏襲して（表2.6(a)），**教育年数**[19]）を追加したデータを考える（表3.7）．散布図は図3.14に示した．

　このデータについて，年収と教育年数の相関係数を計算してみよう．計算に先立ち，平均と標準偏差を計算しておく．年収については平均340万円（2.4.1項），標準偏差102.00万円（2.5.3項）と，すでに計算済みなので，教育年数について平均と標準偏差を算出しておこう．

| 表3.7 | **5人の年収と教育年数** |

id	年収	教育年数
1	200	9
2	300	9
3	300	12
4	400	12
5	500	16

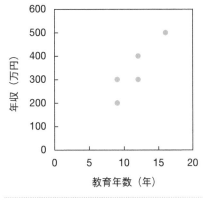

| 図3.14 | **5人の年収と教育年数** |

教育年数の平均
$$= \frac{9 + 9 + 12 + 12 + 16}{5} = 11.6.$$

教育年数の標準偏差
$$= \sqrt{\frac{(9-11.6)^2 + (9-11.6)^2 + (12-11.6)^2 + (12-11.6)^2 + (16-11.6)^2}{5}}$$
$$= 2.58.$$

---

19) 教育年数とは，学校などで教育を受けた年数である．現代の日本では，中卒で9年（小学校6年＋中学校3年），高卒で12年（中卒＋高校3年），短大・高専卒で14年（高卒＋短大2年 or 中卒＋高専5年），大卒16年（高卒＋四年制大学4年）である．

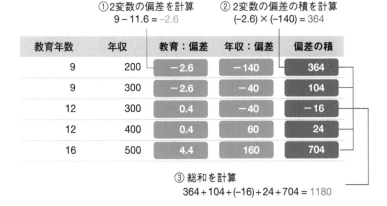

│図 3.15│ 相関の計算（途中）

　次に共分散を求める．共分散の計算をするときも，表を作成しながら進めると混乱しにくい（図 3.15）．まずは，各変数の偏差を計算する必要がある（図 3.15 の ①）．各変数の偏差を計算した上で，それらの積をサンプルごとに計算する（図 3.15 の ②）．これをすべてのサンプルについてたせば，共分散の一歩手前，偏差の積の和が得られる（図 3.15 の ③）．今回のデータでは 1180 である．

　この 1180 をサンプルサイズ 5 で割れば（偏差の平均をとれば），共分散を得る．

$$\text{共分散} = \frac{\text{偏差の積の和}}{\text{サンプルサイズ}} \qquad \textbf{共分散の定義}$$

$$= \frac{1180}{5} = 236. \qquad \textbf{データから}$$

この共分散を年収と教育年数の標準偏差で割れば，相関係数が得られる．

$$\text{相関係数} = \frac{\text{年収と教育年数の\textbf{共分散}}}{\text{年収の\textbf{標準偏差}} \times \text{教育年数の\textbf{標準偏差}}} \qquad \textbf{相関係数の定義}$$

$$= \frac{236}{102.00 \times 2.58} = 0.90. \qquad \textbf{データを代入}$$

　以上より，相関係数が 0.90 であることがわかり，年収と教育年数の間には強い関連が存在することが示唆される．

Chapter 4

関連を疑う
——疑似相関と変数の統制——

　第3章では，2変数の関連の捉え方について学んだ．その手法を使って，おもしろそうな関連がないか調べたくなるが，仮に関連が見出されたとしても，少し立ち止まって検討しなければならないことがある．たとえば，「家に灰皿がある人は，肺がんになりやすい」という関連を示すデータがあったとしよう．このとき，肺がんを減らすために灰皿を減らすことは適切だろうか？　ここまでわかりやすい例であれば，どこかおかしいことに気づくだろう．灰皿を使って喫煙をするから，肺がんを招くのである．「喫煙」という3つ目の変数を考慮に入れる必要があるのだ．

　この章では，3変数の関連のあり方を2つ紹介する．

4.1 ◆ その関連，本当にある？

　具体的な事実確認からはじめよう．朝ごはんの習慣と学力テストの成績には関連が見られ，中学生において，朝ごはんを毎日食べている人は，成績が高いことが知られている．実際のデータで確認してみよう．国立教育政策研究所がおこなった平成30年度全国学力・学習状況調査[1] に，朝食と成績（国語・数学のテストの正答率）の関連が集計されている．図4.1にその結果を示した．

4.1.1 ◇ 朝食を食べると，成績が上がる？

　この調査では「朝食を毎日食べていますか」という質問に対して，「している」「どちらかといえば，している」「あまりしていない」「全くしていない」の

---

[1]　報告書やクロス表などのデータはこちらの URL から．
　　http://www.nier.go.jp/18chousakekkahoukoku/index.html

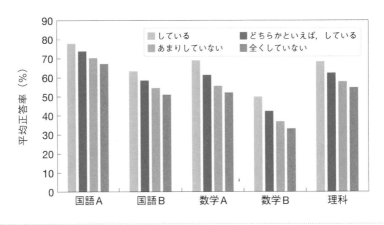

図 4.1 | 中学生の「朝食を毎日食べていますか」への回答と各教科の平均正答率

[平成 30 年度全国学力・学習状況調査（国立教育政策研究所）より作成]

4 件法[2] で尋ねている．どの教科であっても，朝食を毎日食べている層は平均正答率が高く，毎日食べていない層の正答率が最も低いことが見て取れる．

　図 4.1 で確認できるのは，朝食を食べていることと成績との間には正の関連がある，ということだ．朝ごはんの重要性は教育関連の本でもよく取り上げられているし，農林水産省のホームページでも言及されている[3]．だが，少し立ち止まって考えてみてほしい．**この事実から，「朝食を毎日食べ続ければ，成績が上がる」という結論を導いてもよいだろうか？**

　いくつかの考え方があるだろうが，ここでは 2 つ取り上げてみよう．まず 1 つ目の考え方は「朝食には成績に何かしらの効果があるだろう」というものである．朝にエネルギーを得ることで，脳の血流がよくなったり，脳に栄養がいくこと[4] で，日頃の授業を受ける効率もよくなり，成績が向上する，という説明である（図 4.2）．このような説明はある種の**因果関係**を想定している．つまり，「朝食」を原因として，「成績」が向上したという結果が得られた，ということである[5]．

---

2)　4 段階で意見を尋ねるその回答選択肢のつくり方を **4 件法**という．

3)　『めざましごはん：農林水産省』
　　https://www.maff.go.jp/j/seisan/kakou/mezamasi.html

4)　私は栄養学や脳科学の専門家ではないので，この説明が本当かどうかはわからない．

5)　もちろん，この向きの影響もありうるだろう．

図4.2 **因果関係：朝ごはんを食べれば成績が上がる？**

図中の矢印が因果関係， ＋ が正の相関を表している．

4.1.2 ◇ 第3の変数を考える

しかし，**この説明だけでは不十分だろう**．というのも，「**貧困が影響している**」という2つ目の説明がありうるからである．「貧困な家庭」を考慮に入れると，次の2つの関連が浮上する．

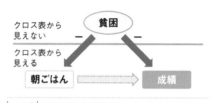

図4.3 **「貧困」が朝ごはんと成績の関連を説明する**

> 関連1 貧困であるため，朝食を用意できない
> 関連2 貧困であるため，教育投資が十分にできない

このように考えると，もともとの朝ごはんと成績との関連は，じつはデータ（図4.1の2変数）の外にある「貧困」という**第3変数**によって**説明されて**しまう可能性がある（図4.3）．つまり，貧困と朝食には負の関連があり（関連1），貧困と成績にも負の関連がある（関連2）．もとの2変数（朝食と成績）間の関連は，それらと貧困との関連によって生じている可能性があり，貧困を考慮に入れることで消えてしまう，ということである[6]．このような状況を「朝ごはんと成績の関連は**疑似相関**である可能性がある」と表現する．疑似相関は**見かけの相関**ともいう．

この章では，変数の関連のあり方をさまざまな観点から見直し，その簡単な対処法についても学ぶ．

---

6) このあたりをもっと詳しく検討したい方は，手前味噌で恐縮だが毛塚（2018）を参照してほしい．

4.2 ◆ 因果関係と呼べるとき

多くの人は，相関関係と因果関係を混同する[7]．先ほどの朝ごはんと成績の関連は，すぐに因果関係とみなしてはいけない．つまり「因果関係があるならば，相関関係（関連）がある」ということはできるが，「相関関係（関連）があるならば，因果関係がある」とは必ずしもいえない，ということだ．

社会科学において，因果関係とみなせるのは次の3つの条件を満たす場合である[8]．

基準1 関連があること
基準2 時間的な順序があること
基準3 関連が時間的に先行するほかの変数によって説明されないこと

基準1は当たり前だろう[9]．ここでは，基準2, 3について考えてみよう．基準2は，「Aが起こったら，Bが起こる」という順序があることを想定している．先ほどの朝ごはんと成績の関連の時間的順序を考えれば，朝ごはん→成績という関係は考えられるが，成績→朝ごはん（成績が上がった後に朝食を食べている）という関係は考えられない[10]（図4.4）．

基準3は，「A→Bより前に，別の要因Cがあって，それがAとBの関

図4.4 因果関係の基準2：時間的順序   図4.5 因果関係の基準3：先行する変数

7)　気をつけていても混同する．人間はそういう生き物らしい．
8)　神林・三輪（2011）参照．この条件は最も簡易な判定条件である．
9)　……と書いておいて，じつは「見かけには関連がないにもかかわらず，ほかの変数を考慮すると関連が確認できる」可能性はありうる．これを**疑似無相関**と呼ぶ．
10)　ただし一般に，因果関係を一方向に定めることは難しい．双方向に同時に影響を与える可能性があるからである．たとえば，ある地域での警官の数と犯罪の数の関連は，「警官の数を増やしたから，犯罪の数が減少した（警官→犯罪）」と，「犯罪の数が増えたから，警官の数を増やした（犯罪→警官）」という双方向の影響が考えられる．14.4.3項を参照せよ．

図4.6 変数の関連のあり方：説明と交互作用

係を説明してしまわない」ということである．先ほどの例では，貧困は朝ごはんに先立ち，成績にも先立つ（図4.5）．時間的にこの逆はありえない．しかも，貧困は朝ごはんと成績の両方に影響を与え，両者の関連を説明してしまう．なので，朝ごはんと成績の関連は因果関係として捉えることはできないのである．

第3変数の関連のあり方は1通りではない[11]．先ほどの疑似相関も「説明」という関連のあり方のひとつである．この章では，2つの関連のあり方——説明（4.3節）と交互作用（4.4節）——を紹介する（図4.6）．

4.3 ◆ アイスと溺死者の関連：説明

本節では，**説明**という関連のあり方を実際のデータを使って解説しよう[12]．第3変数を考慮することで2変数間の関連が疑似相関であることがわかった場合，この第3変数は2変数の関連を説明した，という．この節では，アイス消費額と溺死者数の関連を取り上げながら，「説明」を紹介する．

4.3.1 ◇ アイスの消費額と溺死者数の強い負の相関

まずは図4.7のグラフを見てほしい．これは，2008年のアイス消費額[13]

---

11) 本項で紹介しない関連のあり方は，片瀬ほか（2015）を参照せよ．

12) 本書では紹介しないが，説明と似たような関連のあり方に**媒介**がある．たとえば，朝ごはんと成績の例でいえば，朝ごはんが栄養状態を改善し，そのおかげで成績が向上した場合（朝ごはん→栄養状態→成績），栄養状態が朝ごはんと成績との関連を媒介している，という．この場合，栄養状態を統制すると，朝ごはんと成績の関連は消失してしまう．詳しくは片瀬ほか（2015）を参照せよ．

13) 家計調査（総務省）の全国・2人以上の世帯の月別統計において「アイスクリーム・シャーベット」の平均消費額を用いている．

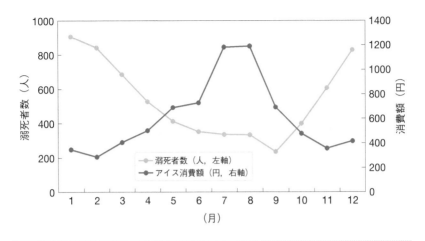

図4.7 **アイスの消費額と溺死者数の月変動**

厚生労働省「人口動態統計特殊報告・不慮の事故死亡統計」の溺死に関する月次統計を用いた.

と，溺死者数[14] の月ごとの推移をプロットしたものである.

図からわかることは，アイスの売り上げが減ると同時に溺死者が増加し，アイスの売り上げが増えると溺死者は減少している，ということである．散布図は図 4.8 のようになり，明らかに負の相関が確認できる．ちなみに，相関係数は −0.73 という強い値を示している.

この関連はどのように理解すればよいだろうか．因果関係の 3 つの基準（4.2 節）に照らし合わせつつ，考えてみよう．基準 1 はすでに満たしている．基準 2 はどうだろうか．アイスをより多く食べれば溺死者が減る（アイス→溺死）ことは考えられないし，溺死者が増えたときにはアイスを食べるのを

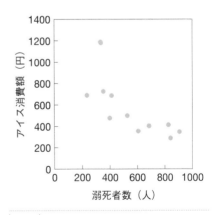

図4.8 **アイスの消費額と溺死者数の散布図**

---

14) 人口動態統計特殊報告・不慮の事故死亡統計（厚生労働省）の溺死に関する月次統計を用いている.
https://www.mhlw.go.jp/toukei/saikin/hw/jinkou/tokusyu/furyo10/03.html

控える（溺死→アイス）ということもありえない．つまり，この2変数の関連を因果関係として捉えるのは無理がある．しかし，関連があるのも事実である．この事実をどうやって理解すべきだろうか．

こういう場合，つまり2変数間に関連があるのに因果関係として捉えられない場合は，第3変数の存在を考えるべきである．**アイスの消費額と溺死者の負の相関を説明する，第3変数は何だろうか？** ここで本を閉じ，少し時間をとって考えてみてほしい．

4.3.2 ◇ 説明する第3変数は何か？

どのような第3変数を思いついただろうか．第3変数として，最も可能性の高い変数のひとつは「**気温**」である．とくに最低気温に注目してみよう[15]．図4.9に示した2つの図は，最低気温と (a) 溺死者数，(b) アイスの消費額の散布図を示している．どちらも非常に強く相関していることがわかるだろう．実際，溺死者数と最低気温の相関係数は -0.95，アイス消費額と最低気温の相関係数は 0.88 である．

(a) 溺死者数と最低気温

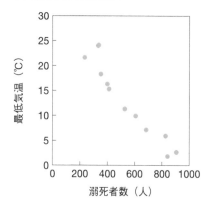

(b) アイス消費額と最低気温

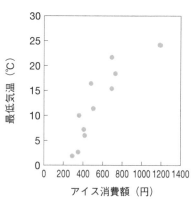

 図4.9 **最低気温と溺死者数・アイスの消費額の散布図**

---

15) 最低気温は，2008年の東京のデータを気象庁より取得した．
https://www.data.jma.go.jp/obd/stats/etrn/view/monthly_s1.php?prec_no=44&block_no=47662&year=2008&month=&day=&view=a2
ちなみに，相関係数は無単位数なので，どの地域の最低気温を使っても，基本的な気温の動き（つまり，夏に暑く冬に寒い）が同じであれば同じ傾向が確認できる．

アイスの消費額と溺死者数の散布図（図 4.7）に最低気温の情報を加えよう．最低気温の高さで色分けしたものを図 4.10 に示した．最低気温の高い順に 4 つずつ，高（青）・中（紺）・低（紫）の 3 グループに分けている．各グループのプロットが近くにまとまっており，負の相関に見えた散布図が，最低気温によって位置の異なる 3 つのかたまりと捉え直すことができるだろう．このような，第 3 変数の値

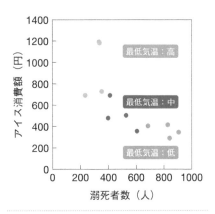

図4.10 **アイスの消費額と溺死者数と最低気温の関係**

ごとに 2 変数間の関連を確認することを，変数の**統制**という．

　しかし，なぜ最低気温と関連しているのだろうか．考えはじめると，混乱してくるのではないだろうか．

　最低気温が上がるとアイスの消費額が上がるのは，非常に理解しやすい．**暑い日に人々はアイスを求めるからである**．しかし，最低気温が上がると溺死者数が少なくなるのは，なかなか呑み込めない．暑いと人は海やプールに行くだろう．そこで不慮の事故が起こって溺死が増える，と考えるほうが自然ではないか[16]．

　この理屈を理解するためには，逆を考えると理解しやすい．**最低気温が下がると溺死者が増える理由はなんだろうか？**　少し考えると，溺死を引き起こしやすい場所が，海やプールだけではないことに気づくだろう．そう，**最低気温が下がると，風呂場で高齢者が溺死しやすいのである**．

　冬は家の中でも寒い．とりわけ，風呂場の脱衣場は体にこたえる．風呂場は暖かく，脱衣場は寒い．この寒暖差はヒートショックのリスクを高める[17]．つまり，寒暖差が心臓に負担をかけ，風呂場で気を失いやすくなる．とくに，高齢者がよくヒートショックの被害を受けやすい．よって**最低気温が下がると，風**

---

16) 実際，多くのテキストはこちらの説明をもって，アイスの売り上げと溺死者数は**正の相関が**あると指摘してきた．

17) 「ヒートショックとは - 日本医師会」
http://www.kagoshima.med.or.jp/people/topic/2010/308.htm

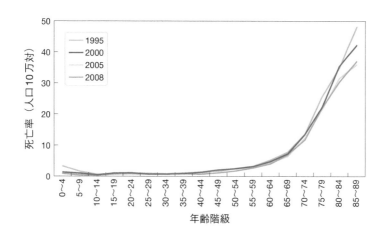

| 図 4.11 | 溺死者数の年齢内訳

[厚生労働省：平成 21 年度「不慮の事故死亡統計」概況：不慮の事故による死亡の年次推移をもとに作成]

呂場で高齢者が溺死しやすい．実際，先ほどの溺死者数の年齢別の内訳をみると，高齢者が圧倒的に多いことがわかる（図 4.11[18]）．

以上から，アイスの消費額と溺死者数の関連は，次の 2 つの関連によって，説明されると考えられる（図 4.12）．

| 図 4.12 | アイスと溺死者数を説明する気温

1. 気温が上がることで，アイスをより多く消費するようになる．
2. 気温が下がることで，ヒートショックにより高齢者が浴槽内で溺死しやすくなる．

4.4 ◆ 年齢とパソコン利用の関連：交互作用

続いて，第 3 変数のもうひとつの関連のあり方である**交互作用**を紹介しよ

---

18) 「厚生労働省:平成 21 年度「不慮の事故死亡統計」の概況：不慮の事故による死亡の年次推移」
https://www.mhlw.go.jp/toukei/saikin/hw/jinkou/tokusyu/furyo10/01.html

う．まずは，年齢とパソコン利用の関連にまつわる実際のデータからみていこう．

4.4.1 ◇ アーリーアダプターの指標としての学歴

日本で「IT 革命」が叫ばれはじめ，すでに 20 年以上経過した[19]．そろそろ万人がパソコンを活用していてもよいと思うが，まだまだほど遠いようだ．2010 年におこなわれた社会調査[20]によれば，全体の約 53% が自宅でパソコンを利用していない（表 4.1）．この表をもう少し見てみると，年齢が高いほどパソコンの自宅利用率が低いことがわかる[21]．行パーセント表示を可視化したものを図 4.13 に示したが，明らかに年齢が高くなるに従って，パソコン利用率が下がっている．

ここでひとつ，年齢とパソコン

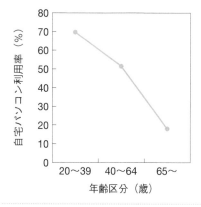

｜図 4.13｜**パソコン利用率と年齢**

｜表 4.1｜**自宅でのパソコン利用と年齢**

年齢	自宅でのパソコン利用		合計
	していない	している	
20〜39歳	191（30.22）	441（69.78）	632
40〜64歳	577（48.45）	614（51.55）	1191
65歳〜	550（81.97）	121（18.03）	671
合計	1318（52.85）	1176（47.15）	2494

()は行パーセントを示す．χ^2=367.43, クラメールの V = 0.38.

---

19) 「IT 革命」は 2000 年の流行語大賞を受賞している．
   https://www.jiyu.co.jp/singo/index.php?eid=00017
20) 表 4.1 は，東京大学社会科学研究所附属社会調査・データアーカイブ研究センター SSJ データアーカイブのリモート集計システムを利用し，同データアーカイブが所蔵する「日本版 General Social Surveys〈JGSS-2010〉」（大阪商業大学）の個票データを二次分析したものである．
   今回の分析も，東京大学社会科学研究所 CSRDA の Nesstar システムを用いている．
   https://nesstar.iss.u-tokyo.ac.jp/webview/
21) 年齢は，青年（20〜39 歳），壮中年（40〜64 歳），高年（65 歳〜）の 3 区分に分けている．

利用との関連の仕方に影響を与える要素として，学歴を考慮してみよう．学歴を「新しいものへの受容態度」として考えることはできないだろうか．つまり，より多くの教育を受けた人のほうが，より多くの情報を受けてきたため，新しいものへの対応も容易になるのではないか（マーケティングでは，新しい商品やサービスへの対応が早い人たちをアーリーアダプターと呼ぶ）．年齢とパソコン利用との2変数の関連に，学歴がどのように影響しているのか，分析によって確かめることにしよう．

4.4.2◇3重クロス表

　本章で扱うデータでは，学歴もパソコン利用も離散変数である．離散変数間の関連を統制するひとつの方法は，クロス表に層を1つ追加することである．具体的には表4.2の左に加わった学歴の部分である．このように，3つの変数の関連が示されたクロス表を **3重クロス表** という．ここでは，学歴ごとに関連が異なるのではないか，という考えを持って表を作成しているので，学歴ごとのクロス表を並べる形になっている．

　では，学歴によって年齢のパソコン利用率が具体的にどう変化しているの

表4.2	自宅でのパソコン利用と年齢・学歴			
学歴	年齢	自宅でのパソコン利用		小計
		していない	している	
中卒	20〜39	8 (53.33)	7 (46.67)	15
	40〜64	85 (88.54)	11 (11.46)	96
	65〜	264 (92.96)	20 (7.04)	284
	小計	357 (90.38)	38 (9.62)	395
高卒	20〜39	125 (44.01)	159 (55.99)	284
	40〜64	342 (57.19)	256 (42.81)	598
	65〜	224 (82.05)	49 (17.95)	273
	小計	691 (59.83)	464 (40.17)	1155
大卒	20〜39	58 (17.42)	275 (82.58)	333
	40〜64	150 (30.18)	347 (69.82)	497
	65〜	62 (54.39)	52 (45.61)	114
	小計	270 (28.60)	674 (71.40)	944

（　）は行パーセントを表す．

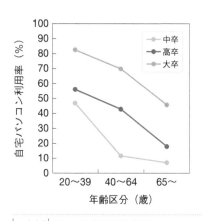

図4.14 パソコン利用率と学歴

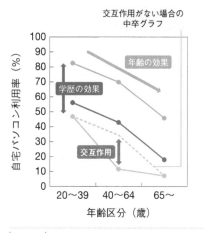

図4.15 パソコン利用率と学歴

か，3重クロス表を可視化したグラフで確認してみよう（図4.14）．高卒と大卒のグラフが平行に流れていて，切片は異なるものの，おおむね同じ変化の仕方をしている．一方，中卒のグラフはほかの学歴のグラフと比べると，大きく異なっていることがわかる．

このグラフをもう少し分解してみよう（図4.15）．いま，被説明変数は自宅でのパソコン利用であり，説明変数は年齢と学歴である．グラフ上では，年齢と学歴の影響（**効果**）がそれぞれ傾きと切片（この図では20〜39歳の値）に表れている[22]．つまり，学歴間の差（切片）が「学歴の効果」であり，年齢による増減（傾き）が「年齢の効果」である．

ここで，中卒のグラフに注目しよう．もし中卒の人が高卒・大卒の人と同様に年齢の影響を受けているのであれば，図4.15の破線のグラフのようになっていたはずだ．つまり，切片だけが違い，年齢による変化も高卒・大卒と同じぐらいだろう，という推測である．

しかし，実際のデータはそうなっていない．とくに，中卒・40〜64歳の値だけ，予想（図4.15の破線）と異なっていることがわかる．ここに**交互作**

---

[22] 分散分析（第12章）風に書けば以下のようになる．α_i が学歴 i の効果を，β_j が年齢 j の効果を表している．

$$\text{利用率 } Y_{\text{学歴}i, \text{年齢}j} = \alpha_i + \beta_j.$$

用が存在する．つまり，2変数の特定の値の組み合わせだけに，異なる効果が存在している，ということである[23]．以上から，学歴によって年齢の影響が異なること（交互作用が存在すること）が明らかになった．

　では，なぜこのような効果が確認できたのだろうか．得られた結果について考察を深める必要がある．ひとつ考えられるのは職業の影響だ．調査年が2010年であることを考えると，40〜64歳は1946〜70年生まれである．彼ら・彼女らが初職についたのはおよそ15〜20歳前後，つまり1960〜90年前後であると考えられる．また，中卒は，パソコンの普及時期（Windows 95など）とマニュアル職や農業などのパソコンを使わない仕事内容とがかみ合わなかったと考えられる．それ以前の年代は，学歴にかかわらずパソコンに触れなかったままだいぶ年をとってしまったし，それ以降の年代は，学校教育（とくに小中学校）でみなパソコンに触れている．こうした理由で，中卒・40〜64歳のみに表れたのではないか，と考えられる[24]．

---

23) 交互作用を分散分析風に書けば以下のようになる．γ_{ij} が学歴 i・年齢 j のときのみ現れる交互作用効果である．

$$利用率\ Y_{学歴i,\ 年齢j} = \alpha_i + \beta_j + \gamma_{ij}.$$

24) いやいや，そんなはずはないだろう，と思ったあなたは，ぜひ自分なりの仮説を考えて分析をしてみてほしい．

| Chapter 5 |

データから推測する
——推定——

　社会調査の枠組みまで議論を戻そう（第1章参照）．私たちは母集団からいくつかの標本を抽出して，分析をしている．第2章で学んだ記述統計学は，集めた標本のことは教えてくれるが，母集団のことについては何も言及していない．

　しかし，ふつうは母集団のことが知りたいと思って社会調査をするはずだ．手元にある標本から，母集団のことをどうにかして知ることはできないだろうか？　ここで登場するのが推測統計学である．推測統計学は確率論を援用して，母集団の性質に迫る手段だ．

5.1 ◆ 無作為抽出と推測統計学

　推測統計学とは，標本（サンプル）から母集団の性質を推測する方法である（図5.1）．そのようなことができるのは，分析対象のデータが無作為抽出によって得られた場合のみである[1]．母集団全体の平均値などを標本から**推定**したり，母集団についての**仮説**の当否を確かめたりすることができるのは，無作為抽出と確率論のおかげである[2]．推測統計学は，今日の統計学の根幹をなす概念のひとつである[3]．

---

1)　原理的には無作為抽出である場合にのみ推測統計学が適用できるのだが，この条件は少し緩められることもある．たとえば，エリアサンプリングは厳密には無作為抽出ではないが，有意抽出の中では無作為抽出に近いので，推測統計学を適用することはある．あるいは，何かしらの重みづけによる補正の下で，有意抽出によって得られたデータに対して推測統計学を適用することもある．

2)　このあたりの議論は，第1章で登場した代表性と関連してくる．心理学や医学・薬学の領域では，標本が無作為抽出されたかどうかをあまり気にしないが，その根底にあるのは「ヒト一般の性質を得るために実験をするので，ランダムサンプリングでなくとも代表性は確保されている」という理念である．しかし，社会学は「社会」のことが知りたいので，無作為抽出か否かは少なからず気にしなければならない．

3)　よく聞く「統計学的に有意」というワードは，このあたりの概念と関連している．

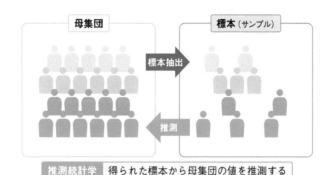

本章では，平均を例に推測統計学のコアを学んでいくことにしよう．母集団における平均値（母集団の全員に尋ねたときに得られる平均値）を**母平均**と呼ぶ．これが，私たちが本当に知りたい値である．

しかし，母集団に属する人全員に尋ねることは，たいていの場合難しい．だからこそ，多くの調査は**無作為抽出**によって調査対象者を選び，尋ねている．このとき，調査によって得られた手元の標本における平均（**標本平均**）は算出可能だ．

推測統計学は（平均を例にすれば），母平均がどのぐらいの値になるのか，標本平均から予測する領域である．推測統計学を使っても，母平均をはじめとして母集団における真の値がわかることはないが，予測の精度がわかることが非常にありがたい．

5.1.1 ◇ 押さえるべきポイント

本章（第5章）と次章（第6章）では，推測統計学，推定と検定の概念について，説明をする．この2つの章では，初見では難しいけれど非常に大事なことを扱っている．なので，**わからないから全部丸暗記しようと思わないでほしい**．「覚える」より「理解する」ほうに努力してほしい．また，第7章以降も似たようなトピックに出会うので，「こんな話題があったな」と振り返れるようにしてほしい．

この章で押さえてほしいのは，以下の3点である．

1. 平均や標準偏差にも散らばりがある
2. この散らばりは確率で計算できる
3. その計算を使って，母集団の特性を分析できる

数学が苦手な読者へ：数式が出てくるからといって，どうか逃げないでほしい．ちゃんと解説を読めば，そんなに難しいことはないはずだ．

5.2 ♦ 推定

推定とは，母集団における値を標本から推測することである．本章では，ある（架空の）村の支持率を例に考えよう．

5.2.1 ◇ ある村の村長の支持率

次の例を考えてみよう．ある村で無作為抽出により住人を 10 人選び，村長に対する支持率調査をおこなった．10 人中 6 人が支持をしたので，村長は「支持率は 60% だ！」と大喜びした．……**でも，それでよいのだろうか？**

村長は気楽に喜んでいるが，みなさんはどう考えるだろうか．おそらく，「早計なんじゃないか？」と村長に声をかけたくなるんじゃないだろうか．というのも「いくら無作為抽出とはいえ，たった 10 人を調査しただけで村全体のことがわかるの？」という疑問がわいてくるからである．

しかし，たった 10 人でもデータはデータである．この 10 人分のデータをうまく活かしつつ，村長の支持率について，何かを明らかにすることはできないだろうか？

5.2.2 ◇ 点推定と区間推定

推定には，2 つの方法がある．母平均を例にとって説明すると，母平均を 1 つの値で推定する**点推定**と，母平均が存在するであろう範囲を推定する**区間推定**（5.2.5 項）の 2 種類だ．

前項で村長が「10 人中 6 人が支持をしたから 60%（=6/10） だ」と考えたのは，点推定の一種である．つまり，支持を 1，不支持を 0 と置き換え（いわゆるダミー変数，14.3.1 項と p.33 の注 3) 参照），標本平均を計算したもの

を支持率の推定値としたわけである（p.33 の注釈 3 参照）.

村長の推定：$\dfrac{1+1+1+1+1+1+0+0+0+0}{10} = \dfrac{6}{10} = 0.6(= 60\%).$

しかし，点推定の結果が母集団における値にピッタリ一致することはない[4].

そこで登場するのが区間推定である．母集団の値が存在するであろう範囲を推定する方法である．この範囲は，確率論にもとづいて決められる.

5.2.3 ◇ 「神さま」の視点から見た社会調査

さて，先ほどの村長の支持率を「神さま」の視点に立って考えてみよう．ここでいう「神さま」の視点とは，「村人全員に支持するか否かを尋ねた場合に得られる支持率を知っている」状態である[5]．いうなれば，**母平均**を知っている状態だ.

いま，仮に**実際の支持率（母平均）が 40%**だったとしよう[6]．この母平均を知っている「神さま」の視点からは，次のような問いを立てるほうが自然だろう.

> **問い**：母集団における支持率が 40% のとき，10 人に尋ねて 6 人が「支持」と回答する**確率**はいくつだろう？

こういう状況は，大学入試の問題によく登場する（図 5.2）.

> **問いの言い換え**：袋の中には無数の玉がある．玉の色は青か紫かである．それぞれの色の玉の割合は青玉が 40%，紫玉が 60%とわかっている．袋から 10 個の玉を取り出すとき，その中に青玉が 6 個含まれている確率はいくつだろう？

こういう問いになれば，解答することはたやすいだろう[7]．具体的には，次

---

4) もう少し別のいい方をすれば，「点推定の値が母集団の値に一致する確率は 0 である」ということである．これは確率論の結果にもとづいている.
　もし，イメージがわかなければ，Excel でセルに=rand() と打つと，そのセルには 0 から 1 のランダムな数（乱数）が表示される．この数字がいくつになるか，ぜひ当ててほしい（ムリだから）.

5) きっと神さまなら村人の枕元に夜な夜な現れて「お前は村長を支持するのか？」と尋ねることぐらい朝飯前だろう.

6) そんなことも知らずに喜ぶ村長がかわいそうで仕方がない.

7) 高校数学の問題は，このようにすべて実社会に応用することができる.

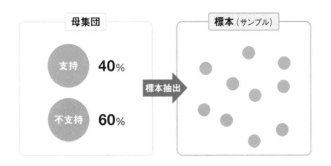

| 図5.2 | **10 人に尋ねて 6 人が「支持」と回答する確率は？**
問題をボールに置き換えて考える.

の通りである[8].

$$\binom{10}{6} \times 0.4^6 \times 0.6^4 = 0.11.$$

上の式が表すのは, 「『支持率が 60%』という結果が出る確率は 0.11 である」ということだ.

この言い回しからわかるかもしれないが, **社会調査で得られる平均値（標本平均）は, 確率的に変化するものである**. 標本平均の確率的な変化は無作為抽出によってもたらされる. 標本平均が確率的に散らばるので, 標本平均にも標準偏差が存在する（図 5.3）.

いうなれば, 社会調査をおこなうことは, 1 回分のくじ引き[9] のようなものである. 社会調査をおこなうたびに, 異なる平均値（標本平均）を得る. この平均値の得られ方には, なんらかの法則（＝確率的な法則）があることはわかっている. そこで, 社会調査 1 回分の結果[10] と確率的な法則をうまく組み合わせて, 母平均の推測をおこなうのである（図 5.3）.

無作為抽出により対象となった 10 人に調査をおこなったとき, ありうる支

---

8) $\binom{n}{k}$ は高校で習った「組み合わせ」であり, 以下の式を満たす.

$$\binom{n}{k} = {}_nC_k = \frac{n!}{k!(n-k)!}.$$

ただし, $n! = n \times (n-1) \times \cdots \times 2 \times 1$ である.

9) あるいは「ガチャ」というほうが, 最近は通りがいいかもしれない.

10) もちろん, 複数の調査を組み合わせて分析することもある. ここでは説明のため, 1 回分と述べている.

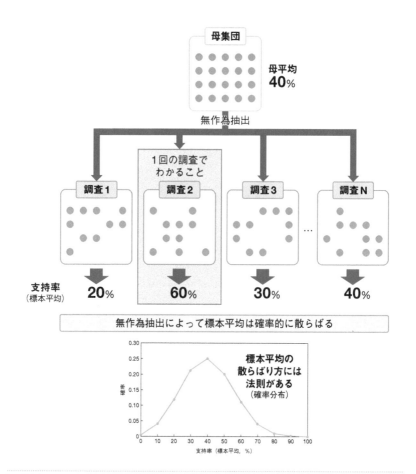

図5.3 標本平均は確率的に散らばる

散らばり方には法則がある.

持率(標本平均)は0%から100%まで(支持者0人から10人まで)の10%刻みで合計11通り存在する.そして,各結果を得る確率を計算することができる[11].11通りの結果の確率をグラフにまとめたものを図5.4に示した.横軸に支持率(標本平均),縦軸にその標本平均が得られる確率をとり,11個の

---

11) 母集団での支持率が 40% の下で, 10 人を無作為抽出して, $10 \times k\%$ $(k = 0, 1, \ldots, 10,$ 0%から 100%までの 10%刻み) の支持率を得る確率 $p(k)$ は, 次式の通り.

$$p(k) = \binom{10}{k} \times 0.4^k \times 0.6^{10-k}.$$

詳細やベースとなる確率の議論は, 第 7 章参照.

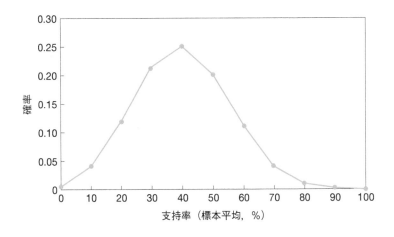

支持率（標本平均，%）

図 5.4 | 支持率の標本平均が得られる確率分布

プロットを線で結んでいる．この図はいわば標本平均の**確率分布**をグラフ化したものである．

　この確率分布の特徴は山なりになっていることである．山のてっぺんが母平均である 40% の位置に存在し，そこから裾が広がっている．標本平均が 0% や 90% といった，母平均の 40% から離れた値になる確率がかなり小さいことも確認できるだろう．ちなみに，標本平均の平均は 0.4（= 40%）[12] であり，標本平均の標準偏差は 0.155 である[13]．この標本平均の標準偏差は**標準誤差**[14] と呼ばれるものである．標準誤差の特徴は，サンプルサイズが増えると小さくなることだ．図 5.5 にサンプルサイズが 10 の場合と 100 の場合の確率分布の違いを示した．山の頂点の位置は変わらないが，分布の幅が狭

---

12)　愚直に計算するなら，注 11) の $p(k)$ を使った次式で得られる（が，もっと簡単な計算方法は第 7 章参照）．

$$\sum_{k=0}^{10} k \times 0.1 \times p(k).$$

13)　こちらは次の計算をおこなう（もっと簡単な計算は第 7 章参照）．

$$\sqrt{\sum_{k=0}^{10} (k \times 0.1 - 0.4)^2 \times p(k)}$$

14)　より一般には，平均や分散，カイ二乗値などの統計量（標本から得られる指標）の散らばりを標準誤差と呼ぶ．

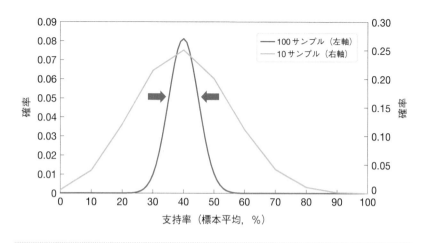

| 図 5.5 | **サンプルサイズによる標準誤差の違い**

くなったことがわかるだろう．サンプルサイズが 10 倍になったことで，標準誤差は $1/\sqrt{10}$ 倍に減少している[15]．

5.2.4 ◇ 中心極限定理

以上の議論は，**中心極限定理**という数学の定理から導かれている．

定理 5.1 （中心極限定理（の変形バージョン：比率の場合））

0,1 の 2 値の確率変数 $X_1, X_2, \ldots, X_N$ が独立に確率 p の二項分布（第 7 章参照）に従っているとする．

このとき，N が十分に大きければ，$\bar{X} = \sum_{i=1}^{N} X_i / N$ は，平均 p，標準偏差 $\sqrt{p(1-p)/N}$ の正規分布に従う．

さて，この定理は数学科に所属している/出身である人以外には，古代文字にしか見えないかもしれない．しかし，ちゃんと解読すれば，この定理が推定に必要不可欠であることがわかる．中心極限定理から社会調査語への解読の対応表は表 5.1 の通りである．

---

15) 一般に，サンプルサイズが n 倍になると，標準誤差は $\sqrt{n}$ 分の 1 になる．たとえば支持率の場合，母平均が p であれば，標準誤差が $\sqrt{p(1-p)/n}$ と表されるためである（第 7 章参照）．

表5.1 中心極限定理の解読表（比率・支持率の場合）

原文（中心極限定理）	社会調査語
2 値の確率変数 $X_1, X_2, ..., X_N (= 0, 1)$ が	N 人の支持／不支持を表す変数があって
独立に	無作為抽出の社会調査によって選ばれていて
確率 p の二項分布に従っているとする.	母集団での支持率が $p (0 \leq p \leq 1)$ だとする.
N が十分に大きければ,	サンプルサイズがだいたい100以上あれば,
$\overline{X} = \sum_{i=1}^{N} X_i / N$ は,	標本平均は,
平均 p, 標準偏差 $\sqrt{p(1-p)/N}$ の正規分布に従う.	「正規分布」を使って, 確率で散らばりを評価できる.

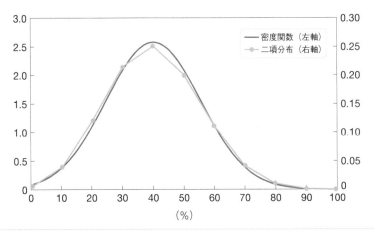

図5.6 正規分布による標本平均の近似

　表5.1 は, 中心極限定理は標本平均の散らばりに関する定理であることと, その扱い方を教えてくれる. そして中心極限定理は, 標本平均の確率分布は **正規分布**（詳細は第 8 章参照）で近似できる, ということを教えてくれる. 図 5.6 が示すように, 標本平均の確率分布が正規分布（紺色の線）で近似されていることを示している[16].

---

16) スケールが違う！ とお怒りの読者には, 積分した値を示しておこう（右図）. 平均 0.4, 標準偏差 0.155 の正規分布について $0, 0.1, 0.2, ..., 1.0$ の周辺 ± 0.5 を積分した値を並べてプロットした. よく近似できていることがわかる.

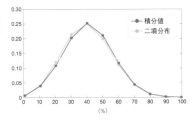

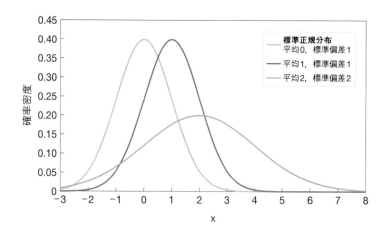

図5.7 正規分布の確率密度関数

　ここでいう分布とは，厳密には**確率密度関数**[17)]と呼ばれるもので，さしあたり離散変数の確率分布に似たものであり，その値の出やすさを表す関数だと思ってほしい．

　正規分布は山なりの分布であり，平均（山の頂点）と標準偏差（山の広がり具合）によって分布の形が定まる．とくに，平均0，標準偏差1の正規分布を**標準正規分布**という．標準正規分布を含む3つの正規分布を図5.7に示す．

　確率密度関数というものは，幅を持たせて解釈をしないと意味がない．連続的な値で確率を考える場合，ぴったりの値が出る確率は0だからである[18)]．この「幅を持たせる」は「面積で考える」ということである．

　確率密度関数は積分[19)]されて初めて確率を表現することができる．つまり，ある範囲の分布の面積が，その範囲に値が入る確率を表すことになる[20)]．

---

17)　英語で Probability Density Function と呼ばれるので pdf と略されることもある．
18)　直感的な理解は p.90 の注 4) 参照．
19)　**積分**を忘れていたり，覚えていなくても，いい思い出がなくても，ここで押さえておいてほしいのは，積分は「面積」を求める計算である，ということだ．基本的には $\int$ の下と上の値の間における「グラフと x 軸の間の面積を与える」のが積分である．だから，たとえば $\int_{-1}^{1} f(x)dx$ は，「関数 $f(x)$ と x 軸に挟まれた領域の $x = -1$ から $x = 1$ までの面積」を表す．
20)　本章では，2種類の確率表現が登場したことに注意してほしい．ひとつは離散変数に対する表現で，10 人分のサンプルの支持率を表すときに，図 5.4 のように「ある支持率が出る確率」を「グラフの高さ」で表現した．もうひとつは連続変数に対する表現で，標準正規分布において「−1.96〜1.96 の間に出る確率」を「面積」で表現している（図 5.8）．統計学に登場する確率を理解するには，離散変数か連続変数かによって確率の見方をこのように変えなければならない．離散変数については第 7 章，連続変数については第 8 章を参照せよ．

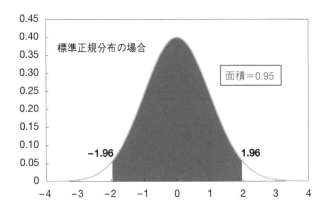

| 図5.8 | 正規分布の確率密度関数から確率を得る

たとえば，標準正規分布（確率密度関数を $f(x)$ と表しておく）に従う変数の値が -1.96〜1.96 の間に入る確率は，

$$\int_{-1.96}^{1.96} f(x)dx = 図 5.8 の紺色の領域の面積 = 0.95$$

と計算される．

5.2.5 ◇ 中心極限定理を応用した区間推定

　ここで，中心極限定理（定理 5.1）を実際に応用しようとすると，壁にぶつかる．というのも，中心極限定理は私たちが知りえない母平均を使っているためである（私たちは残念ながら神さまではない）．なので，実際には母平均の代わりに標本平均（観測された平均）を用いる[21]．

　本節の冒頭の例に戻ろう．村長の話だ．いま，10 人のうち 6 人が支持と回答した．すでに私たちは「神さま」の視点ではなく，調査者の視点に立ち返っている．このとき中心極限定理から，標本平均が従う（はずの）分布は，標本のデータを使って平均 0.6，標準偏差 $\sqrt{0.6(1-0.6)/10} = 0.155$ の正規分布で近似することができる[22]（図 5.9．また，標準偏差などの計算は第 7 章参照）．

---

21) 標本平均を母平均の代用品として利用してよいと納得するひとつの見方は，不偏性（第 9 章）があるから，という考え方である．

22) 「あれ，母平均 0.4 じゃなかったっけ」と思ったあなたは，視点が神さまから調査者のものに戻っていることを思い出そう．私たちは母平均を手元のデータから頑張って推測するしか

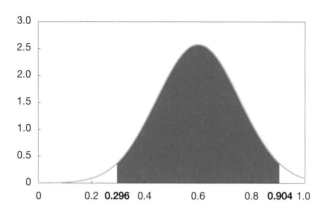

図 5.9 ある村の支持率の標本平均の分布と 95%信頼区間

　母平均は標本平均の周辺にいると考える．その上で，**母平均が 95%の確率で含まれる区間**を標本平均が従う分布を使って求めることができる（細かい理屈は 8.3.1 項で説明する）．具体的には，図 5.9 の紺色に塗られた領域である．この領域は平均 0.6 を中心に左右対称で，面積が 0.95 なので，母平均がこの範囲に含まれる確率は 95% となる．今回の場合は，0.296〜0.904 の範囲になる．この「母平均が 95%の確率で含まれる区間」は **95%信頼区間**と呼ばれる[23]．実社会の内閣支持率などは，無作為抽出による確率的な散らばりを込めて区間推定で眺め直すと，新たな発見があるかもしれない．

　ところで，しれっと 95% 信頼区間を「0.296〜0.904 の範囲」と書いたが，この 2 つの数字は，次の計算式から得られている．

$$信頼区間の下限 = 0.6 - 1.96 \times 0.155 = 0.296$$
$$信頼区間の上限 = 0.6 + 1.96 \times 0.155 = 0.904$$

　0.6 は標本平均（観測された平均）であり，0.155 は標準偏差であるが，±1.96 はどこから来たのだろうか．この数字は，図 5.8 から来ている．つまり，標準

ない．そのとき，唯一使えるのが標本平均である．だから，母平均の代わりに標本平均を使うのである．

23) より一般に，母平均が確率 α%で含まれる区間を，α%信頼区間という．ちなみに 100%信頼区間は実数全体である．就職した/入社した会社の社長に 95%信頼区間を使ってプレゼンして，「なんで 95%でやめるんだ！ 100%まで頑張れよ！」といわれたら，実数全体をプレゼントしよう．

正規分布の 0（平均）を挟んで対称となる領域で面積が 0.95 となる範囲だ[24]．なぜ標準正規分布が登場するかというと，標準化を応用しているためである（第 8 章参照）．標準化をおこなえば，どんな分布でも平均 0，標準偏差 1 に変換できる．これを応用して，母平均 μ が存在する区間を割り出している．

まとめると，支持率のような比率の場合，95% 信頼区間は以下のように求めることができる．

定理 5.2 （**95% 信頼区間（比率の場合）**）

標本平均（標本比率）$\bar{x}$，サンプルサイズ N のとき，母平均 μ の 95% 信頼区間は以下の通りになる．

$$\bar{x} - 1.96\sqrt{\frac{\bar{x}(1 - \bar{x})}{N}} \leqq \mu \leqq \bar{x} + 1.96\sqrt{\frac{\bar{x}(1 - \bar{x})}{N}}.$$

なお，信頼区間は第 8 章でも扱うので，そちらも参照してほしい．

5.3 ◆ 発展：より一般の場合の信頼区間

より一般に $x_1, x_2, \cdots, x_N$ という N 個のデータに対して，次の定理が成立する．

定理 5.3 （中心極限定理）

確率変数 $X_1, X_2, \ldots, X_N$ が平均 μ，分散 $\sigma^2 < +\infty$ を満たし，独立に同じ分布に従っているとする．

このとき，N が十分に大きければ，$\bar{X} = \sum_{i=1}^{N} X_i/N$ は，平均 μ，標準偏差 $\sqrt{\sigma^2/N}$ の正規分布に従う．

---

24) 標準正規分布において，中心から左右対称に面積が 95% となる範囲は**正規分布表**（表 A.1）を参照して得ている（詳細は第 8 章参照）．なお，この正規分布表を用いれば，1.96 の部分を変えてほかのパーセントの信頼区間を求めることができる．

これを応用して，一般の場合の 95％信頼区間は次のように求められる．

定理 5.4 （**95％ 信頼区間 （一般の場合）**）

サンプルサイズ N の標本平均 $\bar{x}$ に関して，母平均 μ の 95％信頼区間は以下の通りになる．ここに $\hat{\sigma}^2$ は不偏分散である．

$$\bar{x} - 1.96\sqrt{\frac{\hat{\sigma}^2}{N}} \leqq \mu \leqq \bar{x} + 1.96\sqrt{\frac{\hat{\sigma}^2}{N}}.$$

不偏分散は第 9 章で扱うが，さしあたり母集団推定用の分散と思ってほしい．実際には，次式で得られる．

$$\hat{\sigma}^2 = \frac{1}{N-1}\sum_{i=1}^{N}(x_i - \bar{x})^2. \qquad \textbf{不偏分散}$$

5.4 ♦ 発展：信頼区間の解釈

この章では，95％信頼区間について，**母平均が 95％の確率で含まれる区間**といういい方をした．これを間違えて，**95％の確率で母平均が入っている（入る）区間**と述べると，どこからともなく「信頼区間警察」がやってきて，「その解釈は大間違いだ！」と雷を落とされることがある．

ここでのポイントは，確率的に変化するとみなしているものは母平均なのか，区間なのか，ということである．この本で扱っている統計学は，第 15 章で扱うベイズ統計学を除いて「頻度主義」という立場を採用している．頻度主義では「ある事象 A が生じる確率は『たくさん試行をして，（A が生じた回数）÷（全試行数）』で求められる」と考える．この頻度主義にもとづいて考えれば，95％信頼区間は次のように説明できる．

まず，母平均は 1 つであり，不変である．いま，《無作為抽出によって母集団から標本を抽出し，母平均が含まれるであろう区間を導出する》を1 セットとして，これを 100 セットおこなうと，毎回サンプリングをおこなうので，毎回異なる区間が得られる．95％信頼区間とは，この 100 個の区間のうち 95 個は母平均をちゃんとその中に含んでいる，という意

味である．

　つまり，母平均は確率的に変化せず，信頼区間はランダムサンプリングによって確率的に変化するものである，と考えている（標本平均が確率的に変化することを思い出そう）．なので，ニュアンスとしては「母平均を 95％の確率で当てる区間」というのが近いかもしれない．

Chapter 6

データから確かめる
──検定──

　第5章では，標本から母集団の値を推定することを学んだが，この章では，推測統計学のもうひとつの柱である検定を学ぶ．検定は，自分の設定した仮説が母集団で成立するか否か，確かめる方法である．推定の場合と同様に，得られるサンプルが確率的に変わるので，仮説の妥当性を判断するにも確率を考慮しないといけない．

　検定は，統計学を使った学問では必ずといっていいほど用いられる．すでに検定を利用している読者もいるだろう．しかし，統計ソフトに任せっきりで，その中身をきちんと学ぶことは少ないのではないだろうか．この章の内容は，検定を学んだり利用したりしたことのある読者にとって，自らの分析を振り返るよい機会になるかもしれない．

6.1 ◆ 村長の杞憂

　前章に引き続き，自らの支持率を気にする村長に登場してもらおう．

　村長は自らの支持率を知るべく，世論調査をおこなうことにした．村民に対して無作為抽出をおこない，選ばれた10人に村長を支持するか否かを尋ねたところ，10人中6人が支持すると答えた．この結果は前章で紹介した調査と（偶然にも）同じ結果だ．

　村長は10人中6人支持の結果に，次のような懸念を示した．

　　「いちおう支持率60%だけど，これって偶然支持する人が多めのサンプルになっただけで，ひょっとして本当の支持率は50%じゃないの？　だとしたら，ちょっといやだな」

　さて，村長の懸念にどう応えてあげられるだろうか？

6.2 ◆ 検定とその流れ

村長の懸念に応答するには，**母集団において支持率が50％に等しいかどう
か，手持ちのデータから確かめる必要がある**．このように，母集団で仮説が
成立するか否か，確かめることを**検定**という．「母平均（今回であれば母集団
であるすべての村民の支持率）が0.5（50％）である」というのも仮説であり，
検定の対象になる．

検定を理解するポイントは以下の2点である．

- 仮説の当否を明確に決めることはできず，確率を考慮して決定される
- 「統計学的背理法」[1) と呼ぶべき方法を採用している

図6.1に検定の流れを示した．検定は仮説を構築することからはじまる．
今回の場合，村長の「50％だったらいやだ（50％ではない）」という概念仮説
（概念的な仮説）から，「母平均 $p \neq 0.5$」という作業仮説（具体的に検証する

| 図6.1 | **検定の流れ**

---

1) 背理法は，証明したい命題の結論を仮に否定して，仮定との矛盾を示すことで，命題を証明
する証明法である．

仮説）へと操作化をおこなう．概念仮説と作業仮説の関係は，概念的定義と操作的定義の関係（1.1.2 項）と同じである．

この操作化された仮説から，2 つの仮説を作成する．ひとつは**対立仮説**で，実際に示したいことをこちらに配置する．今回の場合「$p \neq 0.5$」は対立仮説だ．もうひとつは**帰無仮説**[2]であり，否定したいことをこちらに配置する．村長の場合は「$p = 0.5$」が帰無仮説である．

続いて背理法のように，否定したい帰無仮説が真である，つまり正しいといったん仮定する．この「**帰無仮説が正しい**」という仮定の下で，**実際のデータが「確率的にありえない状態」になっていないか確認**する．

この「確率的にありえない状態」とは，帰無仮説の下で考えれば，低い確率で起こるはずのことが，現実に観測されている状態を指す．

もし，確率的にありえない状態が起こっているのであれば，仮定がおかしい，つまり「『帰無仮説が正しい』と仮定したこと」が怪しいと考え，対立仮説が正しそうだ，と判断する[3]．この判断を，帰無仮説を**棄却**し，対立仮説を**採択**する，と表現する．逆に，確率的にありえない状態が起こっていないのであれば，「帰無仮説が正しい」ことを否定しきれないので，帰無仮説を**受容**し，対立仮説を棄却する（「受容」という言葉づかいについては，6.6 節を参照）．

6.3 ♦ 2 つの過誤

仮説の当否が確率的に決まるため，分析者である私たちが結果的に判断を誤ることもある．誤り方には 2 つのパターンがあり（表 6.1），それぞれ第 1 種の過誤，第 2 種の過誤という名前がついている．

第 1 種の過誤は，対立仮説が母集団では偽であるにもかかわらず，

表 6.1 **2 つの過誤**

母集団で 対立仮説は…	対立仮説を…	
	採択する	棄却する
真である	○	第 2 種の過誤
偽である	第 1 種の過誤	○

---

2) 「無に帰したい仮説」で帰無仮説と覚えよう．
3) ここで気づくと思うが，対立仮説は直接的に検討されることはない．

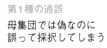

第1種の過誤
母集団では偽なのに
誤って採択してしまう

あなたは
妊娠しています

第2種の過誤
母集団では真なのに
誤って棄却してしまう

あなたは
妊娠していません

│図6.2│**2つの過誤を医師の検診にたとえると……**

採択してしまうこと（つまり，帰無仮説を誤って棄却してしまうこと）を指す．一方，**第2種の過誤**は，対立仮説が母集団では真であるにもかかわらず，棄却してしまうこと（対立仮説を誤って棄却してしまうこと）を指す[4]．

　図6.2は2つの過誤を医師の検診にたとえている[5]．男性に「妊娠している」と診断するのは第1種の過誤であり，妊婦に「妊娠していない」と診断するのは第2種の過誤である．

---

4)　2つの過誤は別のいい方として，陰性・陽性を使って以下のように表現することもある．

● 第1種の過誤：**偽陽性**
● 第2種の過誤：**偽陰性**

病気の検査にたとえるとわかりやすいかもしれない．

● 第1種の過誤（偽陽性）：本当は病気じゃないのに「病気だ（陽性）」という検査結果が出た．
● 第2種の過誤（偽陰性）：本当は病気なのに「病気ではない（陰性)」という検査結果が出た．

あるいは，裁判であれば以下のようになる．

● 第1種の過誤（冤罪）：本当は罪を犯していない人に，有罪判決を下す．
● 第2種の過誤（見逃し）：本当は罪を犯している人に，無罪判決を下す．

また，医薬品の効果を検証する場面では以下のようになる．

● 第1種の過誤（偽陽性）：本当は効果がないのに「効果がある」と結論づけた．
● 第2種の過誤（偽陰性）：本当は効果があるのに「効果がない」と結論づけた．

5)　この例は海外の教科書で有名なたとえである．

しかし，第1種の過誤を避けるために，男性に対してつねに「あなたは妊娠していません」と宣告するのは問題だ．なぜなら，映画『ジュニア』[6] でアーノルド・シュワルツェネッガーが演じた男性のように，妊娠した男性がやってくる可能性があるからだ．このとき，妊娠したシュワちゃんに「妊娠していません」というと今度は第2種の過誤を起こしてしまう．つまり，2つの過誤はトレードオフの関係にあり，一方の過誤が起こる確率を減らそうとすると，もう一方の過誤を起こす確率が増加してしまう．

そこで，検定では次のような方針が取られる（トレードオフに関する詳しい説明は，盛山（2004）を参照せよ）．

1. 第1種の過誤の可能性をある値以下に固定する．
2. 1. の下で，第2種の過誤の可能性を可能な限り減らすように検定する．

6.4 ◆ 有意水準と棄却域

上記の2つの方針の下でおこなわれる検定の手続きを，村長の例で説明しよう．検定の手続きは大まかに3ステップに分けられる．

ステップ1. 支持率が50%だと仮定し（帰無仮説），その仮定の下で支持率（標本平均）が従うはずの分布を定める．

ステップ2. ステップ1. の下で，実際に観測されたデータ（標本平均60%）が得られる確率が**ある値以下**のとき，「確率的にありえない状態」と判断する．

ステップ3. 実際に観測されたデータが「確率的にありえない状態」のとき，帰無仮説を棄却し，対立仮説を採択する．

では，各ステップを詳しく見ていこう．

---

6)　映画『ジュニア』は，シュワちゃん演じる医学者が開発した妊娠を促進する薬を利用して自ら妊娠し（！），検証するコメディ映画である．とってもおもしろいのでおすすめする．

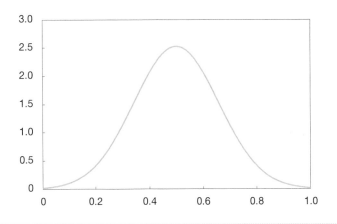

|図6.3| 帰無仮説の下での標本平均が満たす確率分布（正規分布の確率密度関数）

ステップ 1. 支持率が 50%だと仮定し（帰無仮説），支持率（標本平均）が従うはずの分布を定める.

　検定のスタート地点は，帰無仮説をいったん受け入れることである．今回の帰無仮説は「母平均 $p = 0.5$」なので，これを受け入れて進める．支持率が従うはずの分布に対して，母平均を $p = 0.5$ として中心極限定理を応用する（定理5.1参照）．つまり，**標本平均が，平均 0.5, 標準偏差** $\sqrt{0.5(1 - 0.5)/10} = 0.158$[7]**の正規分布（図 6.3）に従う，と仮定する.**

ステップ 2. ステップ 1. の下で，実際に観測されたデータ（標本平均 60%）が得られる確率がある値以下のとき，「確率的にありえない状態」と判断する.

　帰無仮説の下で，実際の平均値（＝標本平均）がどのぐらい「ありえない」かを考える．このとき，「確率的にありえない状態」とみなす「ある値」のことを**有意水準**と呼ぶ．有意水準には慣例として 1%, 5%, 10% が用いられることが多い．

　このとき，ステップ 1. で仮定した正規分布をもとに考えると，「めったに起こらない」状態は，帰無仮説で設定した母平均から大きく外れた領域に設定される．なぜなら，この外れた領域は正規分布上ではめったに出ないから

---

7)　導出は第 7 章を参照せよ.

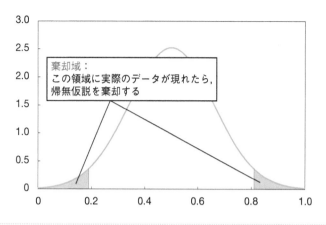

棄却域：
この領域に実際のデータが現れたら，
帰無仮説を棄却する

図 6.4 **棄却域（有意水準 5%のとき）**

だ[8]．この領域を**棄却域**と呼ぶ．たとえば，有意水準が 5%の場合，平均（山の頂点）から離れた分布の端，上下[9]2.5%ずつが棄却域になる（図 6.4 の青い部分）．

棄却域の計算方法は信頼区間と同じである．有意水準が 5%の場合，棄却域以外の領域は 95%なので，平均 0.5，標準偏差 $\sqrt{0.5(1-0.5)/10} = 0.158$ のときの 95%信頼区間（第 5 章）を求めれば，

$$棄却域の下側端点：0.50 - 1.96 \times 0.158 = 0.190$$

$$棄却域の上側端点：0.50 + 1.96 \times 0.158 = 0.810$$

と端点が求められる．

ステップ 3. 実際に観測されたデータが「確率的にありえない状態」のとき，帰無仮説を棄却し，対立仮説を採択する．

実際に観測されたデータが「確率的にありえない状態」のとき，つまり棄却域内に現れた場合，帰無仮説を棄却する．

今回の例では，実際に観測された標本平均は 60%であるので，棄却域内に

---

8) その証拠に，確率密度関数（図 6.3）は母平均周りでは高い（値が出やすい）が，外側では低い（値が出にくい）．

9) 図の中では左右に位置するが，値でみれば上下なので，上下と表現する．

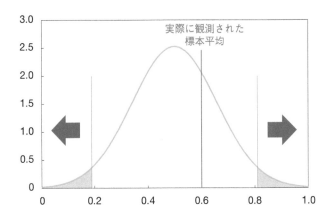

実際に観測された
標本平均

図 6.5 棄却域（青い領域）と観測された標本平均（赤い線）

は存在しない（図 6.5）．よって，まとめると以下の結論を得ることになる．

帰無仮説：$p = 0.5$ としたとき，標本平均は 0.6 であり，棄却域には存在しない．よって，有意水準 5%で帰無仮説を受容し，母平均は 0.5 であるという可能性を否定しない[10]．

以上が検定の流れである．統計学では，この検定がさまざまな場面で使われているが，基本的な考え方は同じである．

ステップ 1. 帰無仮説を設定し，帰無仮説の下で対象となる統計量（標本平均など）が従う分布を求める．

ステップ 2. 対立仮説に従い，棄却域を設定する．

ステップ 3. 観測された統計量が棄却域に存在するか，確認する．

- 棄却域にあれば，帰無仮説を棄却し，対立仮説を採択する．
- 棄却域になければ，帰無仮説を受容し，対立仮説を棄却する．

このような検定の流れは，第 III 部で再び登場する．検定の考え方がわからなくなったら，またこの章へ戻って理解を再確認してほしい．

---

10) ここでのポイントは「母平均が 0.5 である」のは確実ではない，ということである．6.3 節で述べた通り，誤った判断を下す確率は 0 ではない．

6.5 ◆ 発展：片側検定

前節の分析では，棄却域が上下両方に設定されていた．棄却域を上下両方に設定する検定を**両側検定**と呼ぶ．このような棄却域の設定の仕方は，たとえば「$p \neq 0.5$」のように，対立仮説が $A \neq B$ の形に対応している．

前節では「支持率が50％ではないか？」という村長の疑念から検定がはじまった．しかし，村長が「支持率が半数以下なのではないか？」という別の疑念を抱くこともありうるだろう．この場合，帰無仮説と対立仮説は以下のようになる．

帰無仮説： $p = 0.5$
対立仮説： $p < 0.5$

このとき，棄却域は下から5％の面積となる領域に設定される（図6.6）．というのも，「標本平均が0.5より平均が小さい可能性がめったにない」ということを確かめなければならないからだ．逆に，0.5より大きい分には，いくら大きくてもかまわない．このように，対立仮説が $A < B$ の形になっており，棄却域を一方に寄せて設定する検定を**片側検定**という．

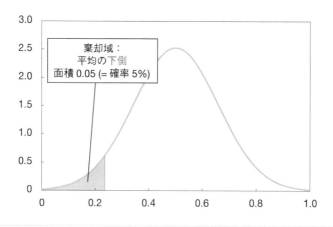

|図6.6| **片側検定の一例**

110

6.6 ◆ 付記：「帰無仮説を受容する」という言い回し

「対立仮説を棄却し，帰無仮説を〇〇する」というとき，本書では「受容」という言葉を用いた．この「帰無仮説を〇〇する」という言い回しについて，現在大きく3つの表現が流通していることが確認できた．

1. 帰無仮説を採択する（東京大学教養学部統計学教室 1991: 235，表 12-3）．
2. 帰無仮説を受容する（谷口 2005）．
3. 帰無仮説を棄却しない（蓑谷 1994）．

言い回しは異なるが，通底する考え方がある．それは「**帰無仮説を積極的に"正しい"と考えない**」ということである．

帰無仮説を積極的に"正しい"と考えない，とはどういうことか．今回の村人の例では，帰無仮説「母平均が0.5である」が採択された．これをもって「じゃあ母集団での支持率は50%なんだな！」と断定しない，ということである．ニュアンスとしては「50%でないとはいえないことがわかったから，だいたいこのあたりかね，知らんけど」という立場に近い．すなわち，帰無仮説の中身を積極的に肯定せず，否定もせず，判断材料のひとつとして捉える，ということである．これは，統計学を使う上で重要な姿勢であるので，ここで会得しておこう．

An Introduction to
Statistics for Social Sciences

Part **II** | 理論

Chapter 7

コイントスで社会を見る
──離散変数と二項分布──

　この章では確率に触れる．なぜ統計学の本には確率が登場するのか？それは，多くの統計手法のベースには，現実のデータ・対象を確率の観点から捉えたモデル（現象を簡易に表現した一連の枠組み）があるからである．

　このモデルは，すでに第5・6章で中心極限定理として触れている．その際，標準偏差を $\sqrt{p(1-p)/N}$ と表現したが，この式は確率のモデルからやってきているのである．

　この章では，推定や検定のベースにある確率のモデルのひとつで，離散変数を扱うモデルを取り扱う．その根底にあるのは，最もシンプルな確率的事象であるコイントスだ．

7.1 ◆ なぜコイントスに着目するのか

　最も簡単な現象から話をはじめよう．**コイントス**は，コインを投げて表が出るか，裏が出るか，言い換えれば，表か裏の2値のいずれかの結果が得られる試行である．この「表か裏が出る」という一見単純な現象が，じつは奥深いのだ．というのも，社会科学への応用がたくさん考えられるからである．

　社会における人々の行動（あるいは選択，状態）には，2値で表現できるものがたくさんある．

- 大学に**進学する**/進学しない
- 内閣を**支持する**/支持しない
- 選挙で**投票する**/投票しない
- ある職業に**就く**/就かない
- **貧困である**/ない

● ある制度を**利用する**/利用しない

コイントスはこれらの行動・選択・状態，あるいはその集積を表現する力を持っている．この章では，コイントスを通して，人の行動を確率的なできごととして捉える道具を整える．

7.2 ◆ 1枚のコイントス

7.2.1 ◇ コイントスを確率変数で表現する

コイントスは表か裏か2通りの結果が確率的に得られる試行である．確率的試行なので，表が出る確率を p $(0 \leqq p \leqq 1)$，裏が出る確率を $1-p$ と置いておく（図7.1）．

このとき，コイントスの結果を数字で表すことを考えてみよう．つまり「表が出た」ことを1，「裏が出た」ことを0というように表現するのである．このように，結果に対して数字を対応づけるものを**確率変数**と呼ぶ．

このような確率変数のありがたみは，数字に代えることで，確率的なものごとを計算できるようになることである．たとえば，複数枚のコインを投げたときの表の総枚数を簡単に表現できる．

確率変数は大文字のアルファベットで表現されることが多い．今回のコイントスの結果は X と表現することにしよう（表7.1）．

試行	結果	確率
	表	p
	裏	$1-p$

図7.1 コイントスの結果と確率

表7.1 コイントスの結果と確率・確率変数

結果	確率変数 X	確率
表	1	p
裏	0	$1-p$

7.2.2 ◇ 確率変数の期待値・分散・標準偏差

このコイントスの結果の**期待値**を計算することができる．期待値自体は高校数学で学んだものと同じであるが，念のため説明しておこう．

確率変数は確率的に値が変わる変数である．たとえば，コイントスの結果を確率変数として表した X であれば（表7.1），1か0のどちらの値が得られるか，確実にわかることはない．だから，コイントスに関して平均的に得られる X の値がわかるとうれしい．それを与えてくれるのが期待値である．期待値は，確率変数の値を，その値が出る確率で重みをつけて平均をとったものである[1]．期待値は平均（ないし平均値）と呼ばれることもある．

定義 7.1 （期待値 $E()$ （確率変数の平均））

確率変数 X の期待値 $E(X)$ は次式で定義される．

$$E(X) = \sum_x x \Pr(X = x).$$

定義 7.1 を理解するにあたって，いくつか説明が必要だろう（図7.2）．$\Pr()$ は**確率関数**であり，（）内の事象が起こる確率を表すことができる．図中の $\Pr(X = x)$ は，「確率変数 X が x になる確率」を表す．このとき，x は確率変数 X の**実現値**と呼ばれる．

今回のコイントスの場合は，以下のように計算できるだろう．確率 p で表が出たら $X = 1$ になり，確率 $1 - p$ で裏が出たら $X = 0$ になるように確率変数 X を定義した[2]ので，期待値は，確率と実現値の積を合計して次のよう

---

[1] 定義 2.1 に示した記述統計学における「平均」は，すべてのサンプルが等確率 $1/N$ で得られたときの期待値としてみることができる．

[2] 確率関数を使えば，以下のように表現できる．

$$\Pr(X = 1) = p, \ \Pr(X = 0) = 1 - p.$$

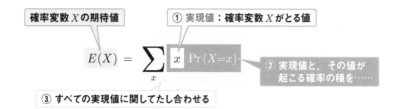

確率変数 X の期待値

① 実現値：確率変数 X がとる値

$$E(X) = \sum_x x \, \mathrm{Pr}(X=x)$$

② 実現値と，その値が起こる確率の積を……

③ すべての実現値に関してたし合わせる

図7.2 | 期待値の式の意味

に計算できる[3].

$$期待値：1 \times p + 0 \times (1-p) = p.$$

この期待値の解釈は，「コインを1回投げると，平均して p 回表が出る」ということだ．p は1より小さいので，回数が小数になるってどういうこと？と思われるかもしれない．期待値は平均なので1より小さいこともあるし，整数の値にならないこともある．ただ，コインの枚数やトスの回数が増えると，期待値がより実質的な意味を帯びてくる．

さて，平均が定義されたので，確率変数 X に対して分散や標準偏差も定義することができる．確率変数に対する分散は定義2.3のように，偏差の2乗（**偏差平方**）の期待値で定義される．定義7.2は一見すると難しいかもしれないが，図7.3に細かい説明を示した．図7.2と図7.3を比較すれば，期待値を偏差平方 $(X - E(X))^2$ に適用していることがわかる．

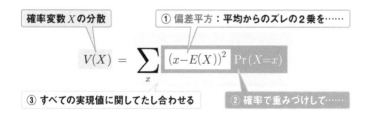

確率変数 X の分散

① 偏差平方：平均からのズレの2乗を……

$$V(X) = \sum_x (x-E(X))^2 \, \mathrm{Pr}(X=x)$$

③ すべての実現値に関してたし合わせる

② 確率で重みづけして……

図7.3 | 分散の式の意味

---

3) もう少し具体的に計算してみよう．たとえば，表裏が同じ確率 $1/2 (= p = 1-p)$ で出る，ゆがみのないコインを1回投げる．このとき，期待値は次のように計算される．

$$ゆがみのないコインの期待値：1 \times \frac{1}{2} + 0 \times \frac{1}{2} = \frac{1}{2}.$$

確率変数 X の分散 $V(X)$ は次式で定義される.

$$V(X) = E\left((X - E(X))^2\right)$$
$$= \sum_x (x - E(X))^2 \Pr(X = x).$$

今回のコイントスの場合, 分散は以下のように計算される（表 7.2 も参照せよ）.

$$V(X) = (1-p)^2 \times p + (0-p)^2 \times (1-p) \qquad \textbf{定義 7.2 から}$$
$$= p(1-p)^2 + p^2(1-p) \qquad\qquad \textbf{式を整理}$$
$$= p(1-p)(p + (1-p)) \qquad\qquad p(1-p) \textbf{ でくくる}$$
$$= p(1-p).$$

コイントスの分散 $p(1-p)$ は, 表が出る確率 p の二次関数になっている. 図 7.4 に, 分散 $V(X) = p(1-p)$（縦軸）が p（横軸）によってどのように変化するかを示した. 図 7.4 を見ればわかるように, $p = 1/2$ のとき分散の値が最大になる. 裏表が等確率で出る状況（$p = 1/2$）が, 表が裏より出やすい状況（たとえば $p = 9/10$）よりも散らばりが大きいことは, 直感的に理解できるだろう.

分散が定義されれば, 確率変数に対しても標準偏差を定義することができる. 定義 2.4 と同様に, 分散の平方根をとることで得られる.

表 7.2 コイントスの結果と確率・確率変数・偏差

結果	確率変数 X	偏差	偏差の2乗	確率
表	1	$1-p$	$(1-p)^2$	p
裏	0	$0-p$	$(0-p)^2$	$1-p$

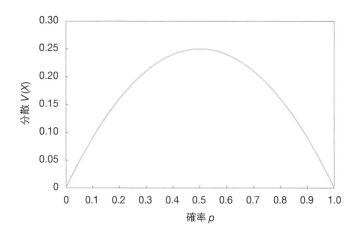

図 7.4 | **コイントスの表が出る確率 _p_ と分散**

定義 7.3 （確率変数の標準偏差 $\sigma()$）

確率変数 X の標準偏差 $\sigma(X)$ は次式で定義される.

$$\sigma(X) = \sqrt{V(X)}.$$

コイントスの場合，標準偏差は $\sigma(X) = \sqrt{V(X)} = \sqrt{p(1-p)}$ になる.

以上から，表 7.1 における確率変数 X の期待値，分散，標準偏差が得られた（表 7.3）.

表 7.3 | **コイントスの確率変数 _X_ の期待値・分散・標準偏差**

期待値	$E(X) = p$
分散	$V(X) = p(1-p)$
標準偏差	$\sigma(X) = \sqrt{p(1-p)}$

7.3 ♦ たくさんのコイントス

7.3.1 ◇ 二項分布

次に，$N(\geqq 2)$ 枚のコイントス，もっとラフにいえば，たくさんの枚数の
コイントスを考えてみよう．N 枚のコインはいずれも表が出る確率が p であ
り，互いに独立であるとする．「互いに独立」とは，あるコイントスの結果
（表か裏か）が，別のコイントスの結果に影響を与えない，ということである．
いま，X_i が i 番目のコイントスの結果（表 $X_i = 1$ か裏 $X_i = 0$ か）を表す
とき，$X_i(i = 1 \sim N)$ の総和である S_N を考える．

$$S_N = \sum_{i=1}^{N} X_i = X_1 + X_2 + \cdots + X_N. \qquad \textbf{N 枚のコイントスの結果の和}$$

S_N は，N 枚のコインのうち表が出たコインの枚数を表現している．各 X_i
は表が出れば1，裏が出れば0になるので，それらの合計は1となった X_i の
数，すなわち表が出たコインの枚数である．1枚のコインが1人の支持/不支
持を表すと考えれば，N 枚のコイントスは，N 人のうち何人支持したか，す
なわち支持者数を表現することができる．

N 枚のコイントスの結果，表が出る枚数 S_N は**二項分布**に従う[4]．なお
$X \sim$ 分布 A は，「確率変数 X は分布 A に従う」ということを表す．

定義 7.4 （二項分布 $Bi(N, p)$）

確率変数 X が以下のような確率分布を持つとき，X は二項分布に従
う（X は $Bi(N, p)$ に従う，$X \sim Bi(N, p)$）という．

$$\Pr(X = k) = \binom{N}{k} p^k (1-p)^{N-k}.$$

なお，$\binom{N}{k}$ は次式で定義される二項係数である．

$$\binom{N}{k} = \frac{N!}{k!(N-k)!}.$$

---

[4] この状況は「神さまの視点」（5.2.3 項）と同じ状況である．

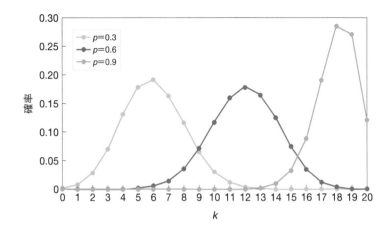

図7.5 | 二項分布 *Bi*(20, *p*) の確率分布

　二項分布の確率分布は図7.5のようなグラフになる．グラフには20枚のコインを投げたときの表の枚数を表す二項分布を，pの値を変えて3パターン示した．コイントス1枚分の平均はpであるため，pが増加することによって，山（確率的に最も高い表のコインの枚数）も右側へシフトしていることがわかるだろう．

7.3.2 ◇ 二項分布の期待値・分散・標準偏差

　N枚のコイントスの総和$S_N = \sum_{i=1}^{N} X_i$の期待値を求めるには，期待値$E()$に関する以下の性質を利用する．

定理 7.1 （期待値の性質）

　確率変数X, Yおよび定数aについて，次の2つの関係が成立する．

$$1) \quad E(X + Y) = E(X) + E(Y)$$

$$2) \quad E(aX) = aE(X)$$

　$S_N = \sum_{i=1}^{N} X_i$の期待値$E(S_N)$は，定理7.1の1) を用いれば計算することができる．

$$E(S_N) = E(X_1 + X_2 + \cdots + X_N) \qquad S_N = \sum_{i=1}^{N} X_i \text{ の期待値}$$

$$= E(X_1) + E(X_2 + \cdots + X_N)$$

$$\qquad\qquad X = X_1, Y = X_2 + \cdots + X_N \text{ として定理 7.1 の 1) を応用}$$

$$= \cdots \qquad\qquad\qquad \text{定理 7.1 の 1) を繰り返し応用}$$

$$= E(X_1) + E(X_2) + \cdots + E(X_N)$$

$$= p + p + \cdots + p = Np. \qquad E(X_i) = p \text{ から}$$

よって，$E(S_N) = Np$ となる．これは，N 枚のコイントスをおこなうと，1 回当たり平均的に Np 枚のコインが表になる，ということである．

もう少し直感的に考えてみよう．表裏が等確率で出る（$p = 1/2$）コインを 100 枚投げると，表が出るのはだいたい何枚ぐらいだろうか？ 確率が半々だからざっと 50 枚ぐらいじゃないか，と考えたのではないだろうか．この考え方は，直感的に $100 \times 1/2$ を計算したからにほかならない．そして，これが二項分布の期待値（$N = 100, p = 1/2, Np = 50$）の計算である．

分散も，次に示す $V()$ の性質を用いれば計算することができる．

定理 7.2（分散の性質）

独立な確率変数 X, Y，および定数 a について，次の 2 つの関係が成立する．

$$\text{1)} \qquad V(X + Y) = V(X) + V(Y)$$

$$\text{2)} \qquad V(aX) = a^2 V(X)$$

X_i は互いに独立[5]なので，期待値と同様に定理 7.2 の性質 1) を繰り返し応用すれば $V(S_N)$ を求めることができる[6]．

---

[5]　2 つの確率変数 X, Y が**独立**であるということを，きちんと書けば，すべての実現値 x, y について確率関数が次のように積で表すことができる，ということである．

$$\Pr(X = x, Y = y) = \Pr(X = x)\Pr(Y = y).$$

[6]　2 つの確率変数 X, Y が独立でない場合，定理 7.2 の 1) の性質は成立しない．独立でない場合，$V(X + Y)$ は，次のように表現される．

$$V(X + Y) = V(X) + V(Y) + 2C(X, Y).$$

表7.4 | **N 枚のコイントスの確率変数 S_N の期待値・分散・標準偏差**

期待値	$E(S_N) = Np$
分散	$V(S_N) = Np(1-p)$
標準偏差	$\sigma(S_N) = \sqrt{Np(1-p)}$

$$V(S_N) = V(X_1 + X_2 + \cdots + X_N) \qquad S_N = \sum_{i=1}^{N} X_i \text{ の分散}$$

$$= V(X_1) + V(X_2 + \cdots + X_N)$$

$X = X_1, Y = X_2 + \cdots + X_N$ として定理 7.2 の 1) を応用

$$= \cdots \qquad\qquad \text{定理 7.2 の 1) を繰り返し応用}$$

$$= V(X_1) + V(X_2) + \cdots + V(X_N)$$

$$= p(1-p) + p(1-p) + \cdots + p(1-p) \quad V(X_i) = p(1-p) \text{ から}$$

$$= Np(1-p).$$

この分散を使って，標準偏差 $\sigma(S_N) = \sqrt{V(S_N)}$ も求めることができる．

$$\sigma(S_N) = \sqrt{V(S_N)} = \sqrt{Np(1-p)}.$$

S_N に関する期待値・分散・標準偏差を表 7.4 にまとめた．

7.4 ♦ たくさんのコイントスの標本平均

最後に，N 枚のコイントスの結果 X_i の平均 $\bar{X}_N$ を考える．

$$\bar{X}_N = \frac{S_N}{N} = \frac{1}{N} \sum_{i=1}^{N} X_i = \frac{X_1 + X_2 + \cdots + X_N}{N}. \qquad \text{標本平均}$$

ここに，$C(X, Y)$ は確率変数に対する共分散であり，次式で定義される．これは偏差の積の期待値と言い換えることができる．

$$C(X, Y) = E((X - E(X))(Y - E(Y))).$$

これは実際の調査データでは標本平均にあたる．7.1 節で紹介した「2 値で表現できること」（進学/支持/投票/職業/貧困/利用）のそれぞれに対して，平均 $\bar{X}_N$ は「〇〇率」（進学率/支持率/投票率/階層到達率/貧困率/利用率）に相当する．よって，この $\bar{X}$ が比率や平均の推定や検定を考えるベースになる．

7.4.1 ◇ 標本平均の期待値・分散・標準偏差

標本平均 $\bar{X}_N$ の期待値 $E(\bar{X}_N)$ は，期待値の性質（定理 7.1）を応用すれば求められる．

$$
\begin{aligned}
E(\bar{X}_N) &= E\left(\frac{S_N}{N}\right) &&\quad \bar{X}_N = S_N/N \text{ の期待値}\\
&= \frac{1}{N}E(S_N) &&\quad \text{定理 7.1 の 2) を応用}\\
&= \frac{1}{N}Np = p. &&\quad E(S_N) = Np \text{ から}
\end{aligned}
$$

標本平均 $\bar{X}_N$ の分散 $V(\bar{X}_N)$ は，定理 7.2 を用いて以下のように計算できる．

$$
\begin{aligned}
V(\bar{X}_N) &= V\left(\frac{S_N}{N}\right) &&\quad \bar{X}_N = S_N/N \text{ の分散}\\
&= \frac{1}{N^2}V(S_N) &&\quad \text{定理 7.2 の 2) を応用}\\
&= \frac{1}{N^2}Np(1-p) = \frac{p(1-p)}{N}. &&\quad V(S_N) = Np(1-p) \text{ から}
\end{aligned}
$$

ここから，標準偏差 $\sigma(\bar{X}_N)$ も簡単に求めることができる．

$$
\sigma(\bar{X}_N) = \sqrt{V(\bar{X}_N)} = \sqrt{\frac{p(1-p)}{N}}.
$$

以上の結果をまとめると，表 7.5 のようになる．

この標準偏差の形 $\sqrt{p(1-p)/N}$ は，推定・検定（第 5・6 章）ですでに登場している．村長の支持率を区間推定した際（5.2 節参照）には，標本平均 $\bar{x} = 0.6$ の場合に，標準誤差を $\sqrt{0.6(1-0.6)/10} = 0.155$ と計算した．この計算の背景には，本章で示した $\bar{X}_N$ に関する確率モデル（と中心極限定理）があったのである（図 7.6）．

推測統計学では，実際のデータに対して，確率モデルを援用して推定・検定

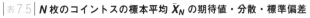

表7.5 ｜ **N 枚のコイントスの標本平均 $\overline{X}_N$ の期待値・分散・標準偏差**

期待値	$E(\overline{X}_N) = p$
分散	$V(\overline{X}_N) = \dfrac{p(1-p)}{N}$
標準偏差	$\sigma(\overline{X}_N) = \sqrt{\dfrac{p(1-p)}{N}}$

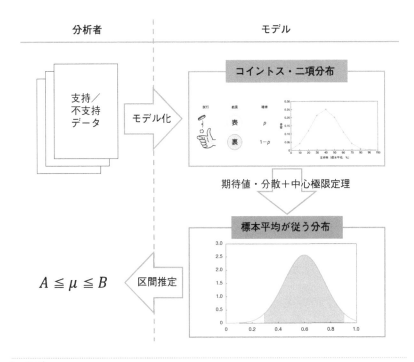

図7.6 ｜ **分析者とモデル：支持率の場合**

をおこなう．第5章で議論した支持率の場合は，本章で示したコイントスと二項分布，そして中心極限定理にもとづく確率モデルと定理たちである．これらのモデルに対して，実際のデータの値（標本平均など）をあてはめることで，推定や検定をおこなうことができる．

ほかの推定・検定にも同じようなことがいえる．事象を表現した確率モデルを経由して推定・検定をおこなうことができる．分析者は，手元にあるデータから推定・検定をおこなうときには，そのデータが推定方法や検定手法の

背景にあるモデルと適合的かを考えなければならない.

7.5 ◆ 発展：ポアソン分布

コイントスから導かれるほかの分布を紹介しよう.

コイントスを，何かをカウントすることに応用しよう．いま，一人の人生をたくさんの小さい時間（短い単位時間）に区切ったとしよう（たとえば1日など）．このひと区切りごとに「ある事象が起こったか否か」を考える（図7.7）.

たとえば，「子どもが生まれる」という事象を考えよう．第 i 番目の区切りに子どもが生まれたかを X_i という2値の確率変数（子どもが生まれたときだけ1をとり，それ以外は0をとる）で表す．このとき，ほとんどの区切りでは0だが，ごくまれに1になるだろう．つまり，単位時間ごとに事象が起こる確率 p はとても小さいと考えることができる.

このとき， $S = X_1 + X_2 + \cdots + X_N + \cdots (= \sum_{i=1}^{\infty} X_i)$ を考える[7]．各 X_i は子どもが生まれたか否かを表すので，その和である S は人生において生まれた子どもの総数を表す.

このような状況設定において， S が従う分布は二項分布ではなく，**ポアソン分布**である[8].

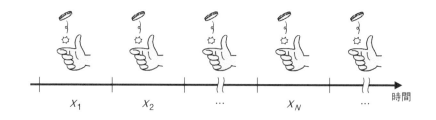

| 図7.7 | コイントスでカウントするイメージ

---

7) X_i の i が無限大までたされているのは，便宜上「たくさんの時間」を表しているからと考えてほしい．あるいは，区切りを○○秒と限りなく細かくしていった，と考えるとよい．決して，無限の時間を生きることを想定しているわけではない.

8) 二項分布からポアソン分布を導くプロセスは，**ポアソンの小数の法則**として知られている．具体的に学びたい人は東京大学教養学部統計学教室（1991: 114）を参照せよ.

定義 7.5 （ポアソン分布 $Po(\lambda)$）

　確率変数 X が以下のような確率分布を持つとき，X はポアソン分布に従う（X は $Po(\lambda)$ に従う，$X \sim Po(\lambda)$）という．

$$\Pr(X = k) = \frac{\lambda^k}{k!} e^{-\lambda}.$$

　ポアソン分布は図 7.8 のような確率分布で，離散変数をモデル化するときによく用いられる．特徴として，平均と分散が一致することが挙げられる．

$$S \sim Po(\lambda) \implies E(S) = V(S) = \lambda.$$

パラメータ λ がそのまま平均と分散を表す[9]．

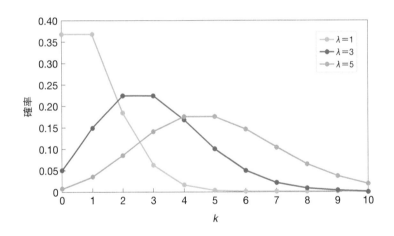

|図7.8| **ポアソン分布 Po(λ) の確率分布**

---

9)　確率変数 X がポアソン分布 $Po(\lambda)$ に従うとき，X の期待値は定義式から以下のように計算される．

$$E(X) = \sum_{k=0}^{\infty} k \Pr(X = k) = \sum_{k=0}^{\infty} k \cdot \frac{\lambda^k}{k!} e^{-\lambda}.$$

この $E(X)$ が λ に一致する．細かい計算は省略するが，$e^{-\lambda} = 1/e^{\lambda}$ であること，e^{λ} が次式で表されることを用いる（マクローリン展開）．
なお e はネイピア数と呼ばれる定数であり，$e^x = \exp(x)$ と表すこともある．

7.6 ♦ 発展：負の二項分布

ポアソン分布は平均と分散が一致するが，実際の数え上げデータではそうはならない．たいていの場合，平均と分散は一致しないのである．この場合には，平均と分散で異なる値をとる**負の二項分布**（確率分布は図 7.9）を用いる．

定義 7.6 （負の二項分布 $NB(k, p)$）
　確率変数 X が以下のような確率分布を持つとき，X は負の二項分布に従う（X は $NB(k, p)$ に従う，$X \sim NB(k, p)$）という．

$$\Pr(X = x) = \binom{x-1}{k-1} p^k (1-p)^{x-k}.$$

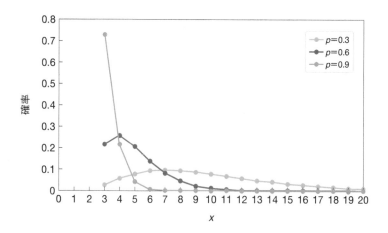

|図7.9| 負の二項分布 **NB(3, p)** の確率分布

$$e^\lambda = \sum_{k=0}^{\infty} \frac{\lambda^k}{k!} = 1 + \lambda + \frac{\lambda^2}{2!} + \frac{\lambda^3}{3!} + \cdots.$$

分散に関しても同じように定義から計算すれば，$V(X) = \lambda$ を得る．

$$V(X) = \sum_{k=0}^{\infty} (k-\lambda)^2 \Pr(X = k) = \sum_{k=0}^{\infty} (k-\lambda)^2 \cdot \frac{\lambda^k}{k!} e^{-\lambda} = \lambda.$$

　負の二項分布は「表が k 回出るまで，コイントスを x 回おこなう確率」として表現することができる．確率変数 X が負の二項分布に従うとき，平均 $E(X)$ と分散 $V(X)$ は以下の通りになる．

$$E(X) = \frac{k}{p}, V(X) = \frac{k(1-p)}{p^2}.$$

　平均と分散で異なる値をとることができ（$p = 1/2$ のとき，2 つの値が一致する），より幅広い数え上げデータに対して柔軟に適用することができる．

Chapter **8**

集まったデータを表現する
――連続変数と正規分布――

　第5章で，推定や検定の肝として，中心極限定理（定理 5.1）を取り上げた．2値の確率変数を支持に読み替え，その平均（支持率）の分布は正規分布に従い，サンプルサイズが大きいほど，標準誤差は小さくなるということを確認した．正規分布は，推定・検定に登場する最も基本的な分布のひとつである．

　また第7章では，離散変数を用いて○○率をモデル化する方法を学んだが，もともと○○率は連続変数である．本章では，連続変数の確率変数の扱い方と，正規分布の分布表の使い方を学ぶ．

8.1 ◆ 連続変数の確率変数

　連続変数の確率変数は，離散変数の場合とは扱いが微妙に異なる．それは，連続変数の確率変数が持つ「特定の1つの値の出る確率が 0 である $(\Pr(X = a) = 0)$」という特徴による部分が大きい[1]．なので，連続変数の確率変数は幅（区間）を持たせて捉えることが前提になっている．そしてその場合に最も基本的な幅は，「ある値以下が出る確率」であろう．これが**分布関数**[2] の基本的な考えである．

---

[1]　繰り返しになるが，直感的には第5章の注 4) 参照．
[2]　この分布関数は，**累積密度関数**とも呼ばれている．なお，本章の議論は離散変数の確率変数にも拡張できる．

定義 8.1 （分布関数（累積密度関数））

　確率変数 X に対して，**分布関数（累積密度関数）** $F(x)$ は次で定義される．

$$F(x) = \Pr(X \leqq x).$$

　分布関数 $F(x)$ は，x 以下の値が出る確率を表している．定義 8.1 の中に，登場する 2 つの「エックス（X と x）」は，それぞれ意味が異なることに注意が必要だ．X は確率変数である．一方，x は実現値であり，私たちが値を代入して計算する対象である．たとえば $F(1)$ は $F(1) = \Pr(X \leqq 1)$ なので，確率変数 X の実現値が 1 以下の値となる確率を示す（図 8.2 も参照せよ）．

　分布関数を用いると，確率変数の実現値がある範囲に収まる確率を求めることができる．確率変数 X の実現値がある値 a から $b(> a)$ の間に入る確率 $\Pr(a < X \leqq b)$ は，以下のように計算できる[3]．

$$\Pr(a < X \leqq b) = \Pr(X \leqq b) - \Pr(X \leqq a)$$

$X \leqq b$ **から** $X \leqq a$ **を取り除けば** $a < X \leqq b$

$$= F(b) - F(a)$$ **分布関数で置き換え**

　このように，確率変数の実現値がある範囲に収まる確率は，その範囲の両端における分布関数の差 $F(b) - F(a)$ によって表現される．このような関係は，高校数学の積分でじつは登場している．つまり分布関数は何かしらの関数の**原始関数**である[4]，ということである．換言するならば，積分を使って

---

[3]　ちなみに，範囲に等号が含まれるか否かは多くの場合において重要ではない．なぜなら，連続変数の確率変数において $\Pr(X = a) = 0$ であるため，$\Pr(a \leq X \leq b) = \Pr(a < X \leq b) + \Pr(X = a) = \Pr(a < X \leq b)$ と計算できるからだ．ただし，質量関数のように，連続変数であっても一点で確率を持つ（$\Pr(X = a) \neq 0$）場合もあるので，注意しよう．

[4]　忘れている人は次の説明を見て思い出すか，高校時代の「数学 II」の教科書を引っ張り出して復習してほしい．

$G(x)$ が $g(x)$ の原始関数であるとは，以下のような関係にある場合である（a, C は定数）．

$$G(x) + C = \int_a^x g(u)du.$$

この $G(x)$ を使えば，積分を次のように表現できる（b は定数）．

$$\int_a^b g(u)du = G(b) - G(a).$$

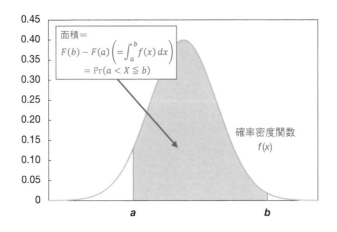

図 8.1 確率 **Pr(a < X ≦ b)** と確率密度関数 **f(x)** との関係

表現されるような，次の関係を満たす関数 $f(x)$ が存在する（図 8.1）．

$$\Pr(a < X \leqq b) = F(b) - F(a) = \int_a^b f(x)dx.$$

この $f(x)$ を**確率密度関数**と呼ぶ．確率密度関数は積分すると分布関数になるので，分布関数に対して積分の逆の操作，つまり微分することによって確率密度関数は得られる．

定義 8.2（確率密度関数）

確率変数 X に対して，**確率密度関数** $f(x)$ は次で定義される．ここに $F(x)$ は分布関数である．

$$f(x) = \frac{dF(x)}{dx}.$$

$g(x)$ とその原始関数 $G(x)$ との関係は，次のように微分で表現することもできる．

$$g(x) = \frac{dG(x)}{dx}.$$

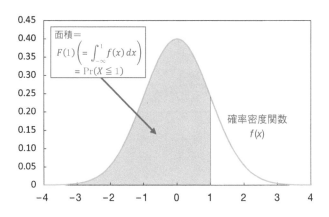

図8.2 | **標準正規分布から見る確率密度関数 *f(x)* と分布関数の値 *F(1)* の関係**

確率密度関数は確率を表さない. 積分することで初めて確率を表すことができる. つまり, 面積を求めることで初めて確率を求めることができる (図8.2). なので, 確率密度関数は x の出やすさの目安と捉えるとよいだろう.

確率密度関数の当たり前だけれど確認しておくべき性質は, $f(x)$ を $-\infty$ から $+\infty$, つまり実数全体で積分すると必ず1になる, ということである. これがなぜ当たり前かといえば, X は必ず実数のどこかの値をとるので, いずれかの事象が起こる確率 $(\Pr(-\infty < X < \infty) = \int_{-\infty}^{\infty} f(x)dx)$ は必ず1になる, ということだ[5].

定理 8.1 （確率密度関数の性質）

確率変数 X の確率密度関数を $f(x)$ とすると, 次が成立する.

$$\int_{-\infty}^{\infty} f(x)dx = 1.$$

これまでの議論を踏まえて, 次節以降, 第5章で登場した正規分布を見直してみよう.

---

5) 離散変数の確率変数でもまったく同じである. 確率関数 $p(x)$ について, とりうる値をすべてたすと1になる. たとえば, ポアソン分布の確率関数を $p(k)(k = 0, 1, 2, \ldots)$ とすれば $\sum_{k=0}^{\infty} p(k) = 1$ となる.

8.2 ◆ 正規分布

正規分布は次の定義 8.3 によって表現される.

> 定義 8.3 （正規分布 $N(\mu, \sigma^2)$）
>
> 　確率変数 X の確率密度関数が次式で表されるとき，X は平均 μ，標準偏差 σ の正規分布に従う（X は $N(\mu, \sigma^2)$ に従う，$X \sim N(\mu, \sigma^2)$）という.
>
> $$f(x; \mu, \sigma) = \frac{1}{\sqrt{2\pi}\sigma} \exp\left(-\frac{(x-\mu)^2}{2\sigma^2}\right).$$

　まず，この $f(x; \mu, \sigma)$ の後ろの μ, σ は，分布の平均 μ，標準偏差 σ を表している[6]. 図 8.3 には，$f(x; 0, 1)$（青い線，平均 0，標準偏差 1），$f(x; 1, 1)$（紺色の線，平均 1，標準偏差 1），$f(x; 2, 2)$（紫色の線，平均 2，標準偏差 2）の 3 つの正規分布を示した. それぞれ，平均と標準偏差の組み合わせが異なっている. 平均が分布の山の中心の位置を決定し，標準偏差が分布の広がりの大きさを決定していることがわかるだろう. なお，平均 0，標準偏差

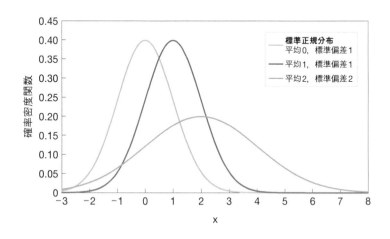

| 図 8.3 | 正規分布の確率密度関数（再掲）

---

6)　このように，確率密度関数の形や位置などを特定する変数を**パラメータ**という.

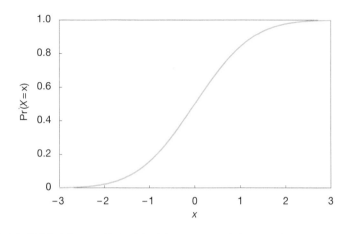

標準正規分布の分布関数

1 の正規分布を特別に**標準正規分布**と呼ぶ.

前節で述べた通り,確率密度関数自体は確率を表さない.たとえば,標準正規分布のグラフ(図 8.3 の青い線)の $x = 0$(平均)のところを見ると,縦軸の値は 0.4 を指しているが,これは「0 が出る確率が 0.4」を意味しない.ただ,確率密度関数 $f(x)$ の大きさはその値 x 近辺の出やすさを教えてくれる[7].なので,グラフからわかるのは,正規分布に従う確率変数では,平均近くの値が出やすい,ということである.

正規分布の分布関数 $F(x; \mu, \sigma)$ はなめらかな S 字型を描く(図 8.4 は $F(x; 0, 1)$).このような形のグラフを**シグモイド曲線**と呼ぶ[8].

分布関数は x 以下の確率($\Pr(X \leqq x)$)を与えるもので,定義自体はシンプルだが,正規分布の分布関数については,少し扱いがややこしい.というのも,分布関数を解析的に与えることはできない[9].必ず,積分を含む形になる.

---

7) たとえば,確率変数 X の実現値が a の周りに入る確率 $\Pr(a - h/2 < X < a + h/2)$ $(h > 0)$ は,$\Pr(a - h/2 < X < a + h/2) = \int_{a-h/2}^{a+h/2} f(x) dx \fallingdotseq f(a)h$ と計算できる.ここからも,確率密度関数の大きさが「確率」ではなく「近辺の出やすさ」を示していることがわかる.

8) このような曲線の形を持つ関数(シグモイド関数)は機械学習にも登場する.

9) ここで「解析的に」とは,確率密度関数 $f(x; \mu, \sigma) = \frac{1}{\sqrt{2\pi}\sigma} \exp\left(-\frac{(x-\mu)^2}{2\sigma^2}\right)$ のように,閉じた式(x だけの式)として与えることができない,ということを意味している.これは,$\exp(-x^2/2)$ の原始関数が解析的に求めることができないためである.

$$F(x; \mu, \sigma) = \int_{-\infty}^{x} f(u; \mu, \sigma) du = \int_{-\infty}^{x} \frac{1}{\sqrt{2\pi}\sigma} \exp\left(-\frac{(u-\mu)^2}{2\sigma^2}\right) du.$$

この正規分布の分布関数 $F(x)$ は，計算機による数値計算でしか求めることができない．この $F(x)$ の値をまとめたのが，次節で紹介する正規分布表である．

8.3 ◆ 正規分布表と標準化

正規分布表とは，標準正規分布について，原点 0 から端点 x までの面積（$Z \sim N(0,1)$ の下で $\Pr(0 \le Z \le x)$ の値）を示した表である[10]．具体的には表 A.1 に示している．

正規分布表の行の値が端点の小数点第 1 位までの値を，列の値が端点の小数第 2 位までの値を示す．たとえば，中央から端点 1.50 までの面積を求める場合には，行の値が「1.5」，列の値が「0.00」となるセルを参照すればよい（図 8.5）．

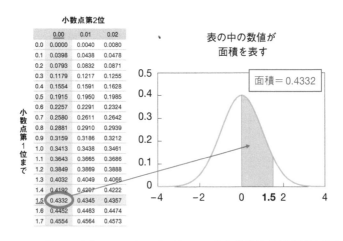

| 図 8.5 | **正規分布表の読み方**

---

10) 統計学の本の後ろには必ずついているあの表である．ただし，本によってどの面積の数字が示されているか異なることがあるので，注意が必要である．ちなみに，本書の正規分布表はエクセルの NORM.S.DIST 関数を用いてつくっている．

正規分布表自体の使い方は 2 通りある．それぞれ，具体的なシーンに応じた使い方を説明する．

8.3.1 ◇ 推定する：確率から数値を求める

5.2 節で扱った村長の支持率の例を考えてみよう．10 人中 6 人が支持と答えたので，この支持率 $\bar{X}$ の平均値の点推定は 0.6，標準誤差が $\sqrt{0.6 \times 0.4/10} = 0.155$，さらに中心極限定理から $\bar{X}$ は平均 0.6，標準偏差 0.155 の正規分布におおむね従っていることがわかっている．このとき，母平均 p の 95％信頼区間を求めるには，どうすればよいだろうか．

ここで助けになるのは**標準化**である．標準化をおこなうことで，どのような平均・標準偏差を持つ正規分布であっても，扱いやすい標準正規分布の議論に落とし込める（表 8.1）．

標本平均 $\bar{X}$ を標準化することで，$\dfrac{\bar{X} - p}{\sqrt{p(1-p)/N}}$ を標準正規分布に従う確率変数とみなせる．ただし，母平均 p は推定時にはわからないので，分母の標準偏差の母平均 p の代わりに標本平均 $\bar{X}$ を代入して，推定を進めることができる．

$\dfrac{\bar{X} - p}{\sqrt{\bar{X}(1-\bar{X})/N}}$ の 95％信頼区間は標準正規分布の $x = 0$ の周り，左右対称に 95％の面積となる領域にあることがわかる（図 8.6）．正規分布表は，中央からある値までの面積をリストアップしている．これを踏まえると，信頼区間が表すような領域は，山の中央からの面積が 47.5％（$= 0.475 = 0.950/2$）となる部分だろう．

では，正規分布表（表 A.1）から，中央からの面積が 0.475 となる領域の

表 8.1 | 標準化と標本平均

	標準化前		標準化後
標本平均	$\bar{X}$	$\longrightarrow$	$\dfrac{\bar{X} - p}{\sqrt{p(1-p)/N}}$
平均	p	$\longrightarrow$	0
標準偏差	$\sqrt{p(1-p)/N}$	$\longrightarrow$	1

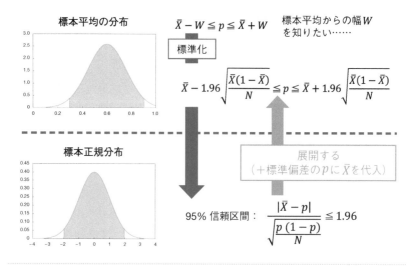

$$\bar{X} - W \leqq p \leqq \bar{X} + W \qquad \text{標本平均からの幅}W\\ \text{を知りたい……}$$

標準化

$$\bar{X} - 1.96\sqrt{\frac{\bar{X}(1 - \bar{X})}{N}} \leqq p \leqq \bar{X} + 1.96\sqrt{\frac{\bar{X}(1 - \bar{X})}{N}}$$

展開する
（＋標準偏差のpに$\bar{X}$を代入）

$$95\%\text{ 信頼区間：}\frac{|\bar{X} - p|}{\sqrt{\dfrac{p(1 - p)}{N}}} \leqq 1.96$$

|図 8.6| 標準化と区間推定の関係（母平均 **p**，標本平均 **X**，比率の場合）

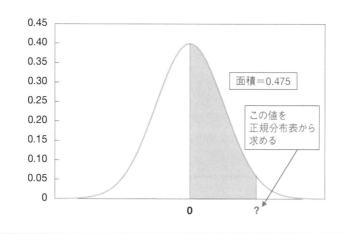

面積＝0.475

この値を
正規分布表から
求める

|図 8.7| 推定のときに調べたい値

端点を探してみることにしよう（図 8.7）．まず，**正規分布表から 0.475 とい**
う値が記されているセルを探す．分布表から "0.4750" のセルを見つけたら，
その**行と列の頭を確認する**（図 8.8）．行の頭は 1.9，列の頭は 0.06 なので，
真ん中から積み上げた面積が 0.4750 となる端点は 1.96 になる．よって，標
準正規分布において，−1.96〜1.96 の領域の面積は 0.95（＝ 0.4750 × 2）と

	0.00	0.01	0.02	0.03	0.04	0.05	0.06	0.07	0.08	0.09
0.0	0.0000	0.0040	0.0080	0.0120	0.0160	0.0199	0.0239	0.0279	0.0319	0.0359
0.1	0.0398	0.0438	0.0478	0.0517	0.0557	0.0596	0.0636	0.0675	0.0714	0.0753
0.2	0.0793	0.0832	0.0871	0.0910	0.0948	0.0987	0.1026	0.1064	0.1103	0.1141
0.3	0.1179	0.1217	0.1255	0.1293	0.1331	0.1368	0.1406	0.1443	0.1480	0.1517
1.6	0.4452	0.4463	0.4474	0.4484	0.4495	0.4505	0.4515	0.4525	0.4535	0.4545
1.7	0.4554	0.4564	0.4573	0.4582	0.4591	0.4599	0.4608	0.4616	0.4625	0.4633
1.8	0.4641	0.4649	0.4656	0.4664	0.4671	0.4678	0.4686	0.4693	0.4699	0.4706
1.9	0.4713	0.4719	0.4726	0.4732	0.4738	0.4744	0.4750	0.4756	0.4761	0.4767
2.0	0.4772	0.4778	0.4783	0.4788	0.4793	0.4798	0.4803	0.4808	0.4812	0.4817

図 8.8 正規分布表を使って端の値を探す

なる.

この 1.96 という値を使えば, 母平均 p の 95% 信頼区間を求めることができる.

$$-1.96 \leq \frac{\bar{X} - p}{\sqrt{\frac{\bar{X}(1-\bar{X})}{N}}} \leq 1.96 \qquad \text{標準正規分布での信頼区間}$$

$$-1.96 \leq \frac{0.6 - p}{\sqrt{\frac{0.6(1-0.6)}{10}}} \leq 1.96 \qquad \bar{X} \text{ に観測された標本平均を代入}$$

$$\Leftrightarrow 0.6 - 1.96 \times 0.155 \leq p \leq 0.6 + 1.96 \times 0.155 \qquad \text{展開する}$$

$$0.296 \leq p \leq 0.904. \qquad \text{計算する}$$

上記の計算方法を第 5 章での結果と見比べてみてほしい. 99%, 90% 信頼区間を計算する場合には, 1.96 に代わる端点の値を正規分布表(表 A.1)から探さなければならない[11].

8.3.2 ◇ 検定する:得られた値以下の確率を求める

再度, 村長の例を考えよう. 村長は支持率が 50% と同じかどうか, 気にしていた(6.1 節).「支持率が 50% ではない」ことを確かめるために, 検定をおこなったのであった. 帰無仮説「$p = 0.5$」をベースにして, 標本平均 0.6 が「確率的にありえない」のか, 検討しなければならない.

---

11) 読者のみんなは実際に探してみたかな? 90% は 1.65, 99% は 2.58 を使うとできる.

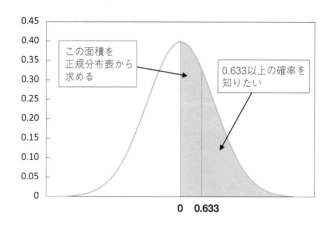

図 8.9 | 検定のときに調べたい値

　このとき，帰無仮説「$p = 0.5$」が正しいと仮定すれば，標本平均は平均 0.5，標準偏差 $\sqrt{0.5(1 - 0.5)/10} = 0.158$ の正規分布に近似的に従う．しかし，正規分布を決めただけでは，実際に観測された標本平均 0.6 がどれだけ「確率的にありえない」か，わからない．

　そこで再び標準化の力を借りよう．繰り返しになるが，標準化をおこなえば，標準正規分布の議論に落とし込むことができる．標本平均 0.6 に対して標準化をおこなえば，$(0.6 - 0.5)/\sqrt{0.5(1 - 0.5)/10} = 0.633$ という値が得られる．この値 0.633 は，標準正規分布にもとづいて得られた実現値とみなすことができる．よって，分布表を用いれば，この値がどれだけ「確率的にありえない」か，明らかにすることができる．

　いま，有意水準を 5% に設定しよう．このとき，棄却域は中心から両端合計 5%，片側 2.5% ずつになる．ここで探すべきは，0.633 が棄却域と比べて分布のどのあたりに位置するか，である．

　そのためには，**値から確率を把握する必要がある**．つまり，**帰無仮説の下で標準化された標本平均 0.633（以上）がどのぐらいの確率で現れるか分布表で確認すればよい**（図 8.9）．そこで，端点が 0.633，正規分布表で確認できる最も近い値の 0.63 を目安に探すことにしよう．正規分布表の中から，端点が 0.63 となるときの面積を 0.6 の行と 0.03 の列が交わるセルを参照して調べよう（図 8.10）．すると，"0.2357" という値が書かれたセルを見つける

	0.00	0.01	0.02	0.03	0.04	0.05	0.06	0.07	0.08	0.09
0.0	0.0000	0.0040	0.0080	0.0120	0.0160	0.0199	0.0239	0.0279	0.0319	0.0359
0.1	0.0398	0.0438	0.0478	0.0517	0.0557	0.0596	0.0636	0.0675	0.0714	0.0753
0.2	0.0793	0.0832	0.0871	0.0910	0.0948	0.0987	0.1026	0.1064	0.1103	0.1141
0.3	0.1179	0.1217	0.1255	0.1293	0.1331	0.1368	0.1406	0.1443	0.1480	0.1517
0.4	0.1554	0.1591	0.1628	0.1664	0.1700	0.1736	0.1772	0.1808	0.1844	0.1879
0.5	0.1915	0.1950	0.1985	0.2019	0.2054	0.2088	0.2123	0.2157	0.2190	0.2224
0.6	0.2257	0.2291	0.2324	0.2357	0.2389	0.2422	0.2454	0.2486	0.2517	0.2549
0.7	0.2580	0.2611	0.2642	0.2673	0.2704	0.2734	0.2764	0.2794	0.2823	0.2852
0.8	0.2881	0.2910	0.2939	0.2967	0.2995	0.3023	0.3051	0.3078	0.3106	0.3133

|図 8.10 | 正規分布表を使って確率を探す

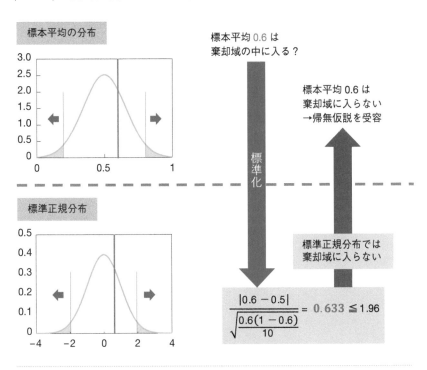

|図 8.11 | 標準化して端点を比較して検定をおこなう

ことができる. これは, 標準正規分布上で 0 から 0.63 までの値が得られる確率が 0.2357 であるという意味だ. 逆にいえば, 0.63 より上側 (図 8.9 で濃い青の部分) の面積は 0.5 − 0.2357 = 0.2643 となる. よって, 棄却域 0.025 よりはるかに大きいため, 帰無仮説は棄却されず受容されることになる.

上記の分析は，棄却域を考慮した方法であるが，より簡易的で実践的な方法もある（図 8.11）．**標準正規分布での上側 2.5% の端点 1.96** と，**帰無仮説の下で標準化された標本平均 0.633 を直接比較すればよい**．このとき，標本平均が端点より小さければ帰無仮説を受容，標本平均が端点より大きければ帰無仮説を棄却することになる．今回の場合は，

$$\frac{0.6 - 0.5}{\sqrt{0.5(1 - 0.5)/10}} = 0.633 \leqq 1.96 \longrightarrow 帰無仮説を受容$$

と検定することができる．1.96 の部分を変えることで，異なる有意水準でも分析可能だ．

このように（正規分布に従うであろう値を）標準化した値（標準得点）をとくに検定の場面では **Z 値**と呼ぶ．Z 値を用いた検定は，正規分布を用いた検定によく使われる手法である．まとめると，次のように表すことができる．

■ Z 値を用いた検定（有意水準 5%）

比率について，標本平均 $\bar{x}$，サンプルサイズ N であるとする．帰無仮説 $\bar{x} = \pi$，対立仮説 $\bar{x} \neq \pi$ となる検定を有意水準 5% でおこなうとする．このとき，帰無仮説を棄却する条件は以下の通りである．

$$|Z| = \frac{|\bar{x} - \pi|}{\sqrt{\dfrac{\pi(1 - \pi)}{N}}} \begin{cases} \leqq 1.96 & \text{帰無仮説を受容，対立仮説を棄却} \\ > 1.96 & \text{帰無仮説を棄却，対立仮説を採択} \end{cases}$$

Chapter 9

推定が満たすべき条件
──不偏性とバイアス──

　推定が適切であるためには，統計学はもちろん，社会調査や分析対象
に対する理解が必要になる.

　推定には満たすべき条件がいくつかあるが，この章では，とくに大事
な条件である不偏性を重点的に学ぶ. 不偏性は計量経済学ではとくに重
要視されており，因果推論には欠かせない概念となっている. 本章では，
社会調査を例に，不偏性を体得しよう.

9.1 ◆ 推定量が満たすべき性質

　一般に，母集団での値を推定するために，標本のデータから計算する指標
（ないしその手続き）を**推定量**という. たとえば，母平均を推定するための統
計量のひとつは標本平均である[1].

　推定量が満たすべき性質は 3 つ存在する.

1. 一致性
2. 不偏性
3. 有効性

　本章では，標本平均と母平均の関係をベースに，このうち 2 つ──一致性
と不偏性──について議論しよう[2].

---

[1] 　ちなみに，推定量自体は分析者が自由に設定することができる. たとえば平均値の推定量と
　　して，中央値や 10 番目のサンプルの値を無理やり用いることができる. しかし，このよう
　　な適当に思いついた推定量はたいてい，本節で紹介する 3 つの条件を満たさない. この章を
　　読んで，なぜだめなのか考えてみるとよい.

[2] 　議論しなかった**有効性**についてひと言だけ述べておくと，推定量の分散が理論的にとりうる下
　　限（クラメール・ラオの下限）に一致していれば，有効性を持つという. 詳細は竹村（2020）
　　を参照せよ.

9.2 ◆ 一致性

一致性はサンプルサイズに関連する．ざっくり述べれば，一致性は「サンプルサイズを増やせば，推定量が母集団での値に近づく」という性質を意味している[3]．

直感的に理解しようとすれば，図 9.1 がわかりやすいだろう．図 9.1 はコイントスの試行回数を横軸にとり，表が出た回数の割合[4]（要するに標本平均）で「表の出る確率」を推定したときの図である．なお，コインの表が出る確率を 0.5 と設定している．図を見ればわかる通り，試行回数を増やすほど，推定された「表が出る確率」が真の値（0.5）に近づいていく．言い換え

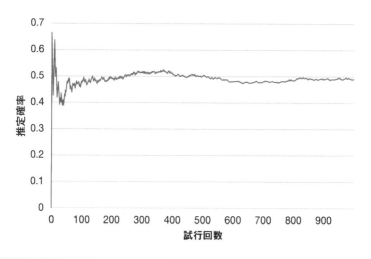

図 9.1 コイントスの結果が表になる確率を推定する

---

3) たとえば標本平均の一致性についてきちんと書くと，次式のようになる．

$$\forall \varepsilon > 0, \lim_{N \to \infty} \Pr(|\bar{X}_N - \mu| < \varepsilon) = 1.$$

ちなみに，標本平均に関していえば，上式は**大数の法則**と同じである．大数の法則とは，標本平均はサンプルサイズを大きくすると母平均に近づく，ということを意味する（ちゃんと理解したい場合は，手前味噌だが毛塚（2019）を参照してほしい）．ただし，コーシー分布など標本平均を持たない分布に対しては，大数の法則は成立しない．

4) きちんと書くと，$\dfrac{\text{表が出た試行回数}}{\text{全試行回数}}$ ということである．

れば，図 9.1 は，サンプルサイズを増やせば増やすほど，標本平均が母平均に近づく様子を示している．これが，一致性の直感的な理解である．

9.3 ◆ 不偏性

標本平均 $\bar{X}_N$ の期待値の議論（7.4 節）から，**標本平均 $\bar{X}_N$ の期待値は母平均 p に一致する**ことがわかった．この性質が**不偏性**である．標本平均と母平均の関係として改めて表現すれば，

$$E(\bar{X}_N) = p \qquad E(\text{標本平均}) = \text{母平均}$$

となる．

この不偏性は「**推定値が的を外していないこと**」を表す．不偏性は推定量にとって，最も重要な特徴だ．なんらかの値を推定する上では，推定量が不偏性を満たしていなければ，的外れな推定をおこなっていることになるからである．

より一般には，**母数**[5]θ に対して，θ の推定量 T が不偏性を持つとは，以下を満たす状態である．

$$E(T) = \theta.$$

9.3.1 ◇ 体感する不偏性

細かい定義とか数式が面倒に感じる方のために，実際に不偏性を体験してみることにしよう．

いま，年収が 200 万円の住人と 400 万円の住人が半数ずつ住む町を考えよう（表 9.1）．この町の住人の年収の母平均は次の計算の通り 300 万円である．

表 9.1 | **年収が 2 種類の町**

年収（万円）	比率
200	$\frac{1}{2}$ = 0.5
400	$\frac{1}{2}$ = 0.5

$$\text{町の年収の母平均：} \quad 200 \times \frac{1}{2} + 400 \times \frac{1}{2} = 300.$$

---

5) 母数（パラメータ）とは，母集団での値を指す．よく「母集団の総数」や「標本数」という意味で用いられるが，これらは誤用である．

表 9.2 標本平均とその期待値

年収	年収の度数		標本平均	確率
	200	400		
パターン1	2	0	200	1/4
パターン2	0	2	400	1/4
パターン3	1	1	300	1/2
		期待値	300	

　この町からランダムに 2 人をサンプリングして，その標本平均から母平均を推定することを考えよう．この場合，サンプルとしてありうるパターンは以下の 3 通りである．

- パターン 1：どちらも年収 200 万円の場合
- パターン 2：どちらも年収 400 万円の場合
- パターン 3：一方が年収 200 万円で，もう一方が年収 400 万円の場合

　私たちは，調査をおこなうことで，このうちの 1 つのパターンだけを知ることになる．

　ここで神さまの視点に再び立つことにしよう．つまりすべてのパターンを俯瞰し，「各パターンが得られる確率」を求めることで，「標本平均の期待値」を計算してみよう．各パターンの得られる確率と標本平均は表 9.2 のようにまとめることができる[6]．

　この表 9.2 をもとに，標本平均の期待値を計算しよう．社会調査の結果（標本平均）はそれぞれ 200, 300, 400 の 3 パターンなので，対応する確率を用いれば，期待値は以下のように計算される．

$$200 \times \frac{1}{4} + 300 \times \frac{1}{2} + 400 \times \frac{1}{4} = 300 \text{ (万円)}.$$

　この計算結果は以下のことを示している．

$$E(標本平均) = 母平均.$$

---

6) 　各パターンが得られる確率は，高校数学で習ったときと同じように，二項定理を使えば以下のように求められる．なお，$k(= 0, 1, 2)$ は年収 200 万円の人の数である．

$$\binom{2}{k}\frac{1}{4} = \frac{1}{2} \times \frac{1}{k! \times (2-k)!}.$$

つまり，標本平均は不偏性を満たす，ということだ．

表 9.2 で確認した通り（あるいは第 5 章で確認した通り），調査の結果として得られる標本平均は確率的に変化する．自分がどの結果を引いたかは知りえないが，その結果が平均的には母平均に一致するのであれば，安心して結果を解釈することができる．「この結果はそんなに外れていないだろう」と考えられるからである．

9.3.2 ◇ 不偏性が崩れるとき

この不偏性は，非常に重要である．なぜなら，不偏性が満たされない場合，その推定は何かしら母集団からズレているからである．このズレは**バイアス**と呼ばれている．バイアスの生じ方を，引き続き町民の年収の例を用いて考えてみよう．

計算がおかしい場合

9.3.1 項で例に出した町を考えよう．今度は町民の年収の分散を推定することを考える．母集団での分散を母分散と呼ぶ．神さまの視点に立てば（表 9.2），母分散は母平均 300 万円からの偏差平方の期待値を計算することで得られ（定義 7.2），次式の計算から 10000 である．

$$(200 - 300)^2 \times \frac{1}{2} + (400 - 300)^2 \times \frac{1}{2} = 10000. \quad \textbf{母分散}$$

さて，母分散の値を手元の標本から推定するために，すでに勉強した分散の式（定義 2.3），つまり偏差平方の本平均を用いることは自然だろう．定義 2.3 で示された分散は**標本分散**と呼ばれることもある．今回，サンプルは 2 人分なので，標本分散は次式のように計算できる．

$$標本分散：\frac{(サンプル 1 - 標本平均)^2 + (サンプル 2 - 標本平均)^2}{2}.$$

では，この標本分散は不偏性を満たすだろうか，つまり標本分散の期待値は母分散に一致するだろうか？　神さまの視点に立って，先ほどの標本平均を同じように検討してみよう．といっても計算は簡単である．パターン 1 と 2 では，散らばりがない（2 つのサンプルが同じ値をとる）ため，標本分散は 0 になる．よって，パターン 3 のみ次の計算をおこなえばよい．

表9.3 標本分散とその期待値

年収	年収の度数		標本平均	標本分散	確率
	200	400			
パターン1	2	0	200	0	1/4
パターン2	0	2	400	0	1/4
パターン3	1	1	300	10000	1/2
			期待値	5000	

パターン3の標本分散：$\dfrac{(200-300)^2 + (400-300)^2}{2} = 10000.$

表9.3に結果をまとめた．標本分散の期待値は次式の通りである．

$$0 \times \frac{1}{4} + 0 \times \frac{1}{4} + 10000 \times \frac{1}{2} = 5000.$$

さて，ここで思い出してほしいのは母分散である．母分散は10000であった．しかし，今計算した標本分散の期待値は5000であり，母分散と一致しない．以上よりわかることは，**標本分散は母分散の不偏推定量ではない**，ということだ．不偏性の定義に即して書けば，以下の通りになる．

$$E(標本分散) \neq 母分散.$$

この結果は，手元の標本から母分散を推定するために，計算式を工夫しなければならないことを意味している．では，たとえば次のような計算式を用いるのはどうだろうか？　次式は，偏差平方和を2で割らない計算式である．

新計算式：$(サンプル1 - 標本平均)^2 + (サンプル2 - 標本平均)^2.$

新計算式にもとづいて表9.3を書き直すと，表9.4になる．この新計算式で得られる値は，**不偏分散**と呼ばれている．

定義9.1（不偏分散）

　N 人のデータ $x_1, x_2, \ldots, x_N$，その平均を $\bar{x}$ とする．このとき，不偏分散 $\hat{s}_x^2$ は次のように定義される．

$$\hat{s}_x^2 = \frac{1}{N-1} \sum_{i=1}^{N} (x_i - \bar{x})^2.$$

表9.4 | **不偏分散とその期待値**

年収	年収の度数		標本平均	新計算式 不偏分散	確率
	200	400			
パターン1	2	0	200	0	1/4
パターン2	0	2	400	0	1/4
パターン3	1	1	300	20000	1/2
			期待値	10000	

表 9.4 において，パターン 3 の不偏分散は次のように計算できる．

パターン 3 の不偏分散：$(200 - 300)^2 + (400 - 300)^2 = 20000.$

不偏分散の期待値を計算すれば，

$$0 \times \frac{1}{4} + 0 \times \frac{1}{4} + 20000 \times \frac{1}{2} = 10000$$

となり，母分散に一致する．

$$E(\text{不偏分散}) = \text{母分散}.$$

この計算から，不偏分散には不偏性があることが確認できた．

不偏分散と標本分散，この両者の分散の違いは，何を明らかにするか，ということである（表9.5）．標本分散にはなくて，不偏分散にあるものは不偏性である．そのため，母集団の分散を知りたいのであれば不偏分散を用い，標本の分散のみを知りたい場合には，標本分散を用いる．

表9.5 | **2 つの分散：標本分散と不偏分散**

	式	不偏性	用途
標本分散	$\frac{1}{N}\sum_{i=1}^{N}(x_i - \bar{x})^2$	×	標本の分散を知りたい
不偏分散	$\frac{1}{N-1}\sum_{i=1}^{N}(x_i - \bar{x})^2$	○	母集団の分散を知りたい

セレクションバイアス

　不偏性を崩すもうひとつのバイアスは，サンプリングによって生じる．いま，9.3.1 項と同じ町において，年収 200 万円の人が自分の低収入を恥じて調査に協力してくれない[7],[8]，という状況を考えてみよう．この状況下では，パターン 1 と 3 は起こりえず，パターン 2 しか生じない．パターン 2 は 2 人とも年収が 400 万円の場合であるため，標本平均は 400 万円になる．標本平均の期待値も同じ値である．

$$200 \times 0 + 300 \times 0 + 400 \times 1 = 400.$$

状況を表 9.6 にまとめた．

　この状況は明らかに不偏性を満たしておらず，バイアスが生じている．原因は，**知りたい変数である年収にもとづいて，サンプルが限定されてしまったためである**．このようなバイアスは**セレクションバイアス**と呼ばれる．もう少し一般化すれば，被説明変数によってサンプルが限定されるようなことがあれば，不偏性に疑いを持ったほうがよい．

　セレクションバイアスが生じるような状況は，年収をはじめ，プライバシー

---

[7]　このような「自分の低収入を恥じて調査に協力してくれない」と同様の状況は，現実にも生じる．第 1 章で扱った「社会的望ましさバイアス」（p.24）を思い出してほしい．

[8]　このように，調査に対する拒否，あるいは特定の質問項目への無回答によって生じるバイアスを特別に**無回答バイアス**と呼ぶ．

表 9.6 | **標本平均と標本平均の期待値：サンプルが 400 万円のみの場合**

年収	年収の度数		標本平均	確率
	200	400		
パターン1	2	0	200	0
パターン2	0	2	400	1
パターン3	1	1	300	0
	期待値		400	

に関連するセンシティブな質問など，社会調査によって引き起こされることがある．しかし，分析者の操作によってもセレクションバイアスが生じることがある．たとえば，年収を高い層と低い層にサンプルを分けた上で，年収を被説明変数にした分析をおこなうと，被説明変数によってサンプルを分けることになるので，セレクションバイアスが生じる[9]．

9.4 ◆ 発展：疑似相関と不偏性

不偏性が損なわれる場合のひとつに，疑似相関的な状況（第 4 章）を挙げることができる．再び，朝食と成績の関係について考えてみよう．

いま，架空データとして，150 人の中学生に朝食の有無と成績のよし悪しを尋ね，表 9.7 の結果を手にしたとしよう．

表 9.7 の行パーセントに注目すると，朝食を食べたほうが，成績がよいよ

表 9.7 | **150 人の中学生の朝食と成績の関係（架空データ）**

朝食	成績		合計
	よい	悪い	
食べた	66 （73.33）	24 （26.67）	90
食べていない	24 （40.00）	36 （60.00）	60
合計	90 （60.00）	60 （40.00）	150

() 内は行パーセントを表す．

---

9) 詳しくは Hernán and Robins (2020) を参照せよ．

表9.8 **150 人の中学生の朝食と成績と家庭環境の関係（架空データ）**

家庭環境	朝食	成績		小計
		よい	悪い	
よい	食べた	64 (80.00)	16 (20.00)	80
	食べていない	16 (80.00)	4 (20.00)	20
小計		80 (80.00)	20 (20.00)	100
	朝食	よい	悪い	小計
悪い	食べた	2 (20.00)	8 (80.00)	10
	食べていない	8 (20.00)	32 (80.00)	40
小計		10 (20.00)	40 (80.00)	50

() 内は行パーセントを表す.

うに見える．実際，オッズ比（定義 11.5 を参照）は 4.125 であり，朝食を食べている生徒は，朝食を食べていない生徒に比べて 4.125 倍「成績がよい」状態になりやすいことがわかる．しかし，第 4 章で指摘した通り，家庭環境のよし悪しが成績と朝食の両方に影響を与えている可能性がある．今回の架空データでは，家庭環境のよし悪しを含めた 3 重クロス表は表 9.8 のようになった．

　表 9.8 の行パーセント表示に注目しよう．朝食の有無によって，成績のよし悪しが変わっていない．家庭環境ごとのオッズ比も 1 倍であり，朝食の有無と成績の間には関連がないことを示唆している．つまり，このデータ上では，「朝食は成績に効果はない」ということがわかった．

　最初の表 9.7 では，朝食に成績向上の効果があるように見えたが，表 9.8 では，家庭環境が朝食の有無と成績のよし悪しに影響を与えており，朝食の（成績におよぼす）効果が疑似相関であることがわかった．つまり，表 9.7 で確認された朝食の効果は，第 3 変数（家庭環境）によってバイアスが生じており，第 3 変数を統制した結果，表 9.8 で見たようにバイアスがなくなった，ということである．ここから，表 9.7 にもとづく朝食の効果の推定は，不偏性を損なっていたことがわかる．

　このように，第 3 変数を統制しないと，推定結果にバイアスを生じさせることがある．この点は，とくに回帰分析（第 14 章）における変数選択において重要になってくる．

An Introduction to
Statistics for Social Sciences

Part III | 手法

Chapter **10**

社会の下流化は起こっているか
──平均・比率の差の検定──

　三浦展著『下流社会』（三浦 2005）は，消費社会の観点から人々の生活の変化を論じる新書である．この本で述べられている「下流（化）」とは，意欲の問題であった．つまり，消費において安いもの（100 均ショップやファストフードなど）を求めるようになり，高いものを志向することがなくなった，ということである．

　この本は 2005 年に書かれたが，最近の状況はどうなっているのだろうか？　この章では，2000 年と 2012 年の社会調査データを比較することで，この問いを検討する．その手法として，2 集団の平均・比率の差を検定する方法を学ぶ．この手法は，いままでの検定の議論を応用すれば理解はたやすい．

10.1 ◆ 社会の下流化と階層帰属意識の変化

　三浦展は『下流社会』（三浦 2005）の第 1 章で，「すでに人々は自分を中流だと思ってはいない」という旨を述べている．

> 　しかし、2005 年以降のわが国の社会は、おそらくもうあまり成長はしない。（中略）そしてそんな中では、皆が中流であることを目指すことに価値はなく、むしろ自分にとって最適な生活、最適な消費、暮らしを求めるようになっているようにも見える。（三浦 2005:28）

　すなわち，自らを「社会の中の下流」と社会的に位置づけ，そこからの上昇移動を目指さない人たちのことを，三浦は取り上げているのである．

10.1.1 ◇ 階層帰属意識

ここで三浦は，階層帰属意識をベースに議論している．**階層帰属意識**とはひと言でいえば，社会の中の自分の位置づけに関する認識である．階層帰属意識は，具体的には次のような質問で測定される[1]．

かりに現在の日本の社会全体を，以下の5つの層に分けるとすれば，あなた自身は，どれに入ると思いますか．
回答選択肢：上 / 中の上 / 中の中 / 中の下 / 下

階層帰属意識は，人々が抱く「社会のイメージ」を反映している．人々は社会の正確な状況を知ることはできないので，自分の中で「社会」を思い描き，その中の位置づけを回答している，と考えることができる．『下流社会』の議論にもとづけば，多くの人は自らを「下」である，逆にいえば，自分以外の人々は相対的に「中以上」である，と考えていることになる．

10.1.2 ◇ 『下流社会』からの問い

ここで『下流社会』の議論から，次のような問いが浮かび上がる．

問い： 階層帰属意識において，下流化は起こっているのか？

この問いを検討するには，階層帰属意識を尋ねた2時点の調査を比較すれば，何かわかりそうな気がする．そこで，実際の社会調査の結果を眺めてみよう．

表 10.1 | **JGSS-2000, 2012 における階層帰属意識**

回答	2000年	2012年
上	18	36
中の上	287	525
中の中	1481	1997
中の下	878	1645
下	197	427
合計	2861	4630

---

1) この質問文は日本版総合社会調査（JGSS）で用いられている．

表10.1に2000年と2012年の社会調査（日本版総合社会調査[2]）における階層帰属意識の結果を示した[3]．図10.1に割合を図示したが，「中の下」や「下」が増加しているように見える．この変化が母集団（日本人全体）でも起こっていることを確認するには，どのような検定をおこなえばよいだろうか．

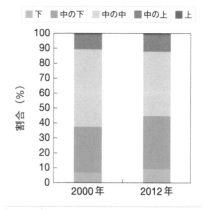

図10.1 JGSS-2000, 2012 における階層帰属意識（比率）

今回のような分析には，2つの社会調査とそれぞれの散らばりを考慮する検定が必要である．分析の仕方はいくつか考えられるが，本章では次の2つの分析を検討する．

1. 階層帰属意識の項目に得点を割り当てて，平均値の差を検定する
2. 「中の下」「下」の比率の差を検定する

10.2 ◆ 分析1：平均の差を検定する

まずは「階層帰属意識の項目に得点を割り当てて，平均値の差を検定する」方法で検討しよう．この方法では，回答選択肢に得点を割り振り，その平均値を比較する．

10.2.1 ◇ 階層帰属意識を得点化する

階層帰属意識を得点化することからはじめよう．ここでは簡単に，「上=5」「中の上=4」「中の中=3」「中の下=2」「下=1」という得点を割り当てることにする（リコード）．

---

2) 20歳から89歳の日本に住む男女を対象にしている．
3) この結果は，東京大学社会科学研究所附属社会調査・データアーカイブ研究センター SSJ データアーカイブのリモート集計システムを利用し，同データアーカイブが所蔵する「日本版 General Social Surveys〈JGSS-2000〉」「日本版 General Social Surveys〈JGSS-2012〉」（大阪商業大学）の個票データを二次分析したものである．

表 10.2 | **JGSS-2000, 2012 における階層帰属意識** (得点)

得点	回答	2000年	2012年
5	上	18	36
4	中の上	287	525
3	中の中	1481	1997
2	中の下	878	1645
1	下	197	427
	合計	2861	4630

表 10.3 | **得点化した階層帰属意識の平均と不偏分散**

	2000年	2012年
平均	2.67	2.59
不偏分散	0.60	0.70

　表 10.2 のようにリコードすれば，2.6 節で解説したテクニックを用いて平均と不偏分散を計算することができる[4]．実際に計算してみると，平均と不偏分散[5] は表 10.3 のようになる．

　得点化した階層帰属意識の平均を見ると，2000 年から 2012 年にかけてわずかに（0.08 だけ）下がっていることが確認できる．この平均値の下降は，**サンプリングにより偶然生じたものなのか，「下がった」と明確にいえるものなのか**，検定をおこなって確かめよう．

10.2.2 ◇ 「平均の差」をモデル化する

「平均の差」を確率で評価し，検定をおこなうためには，次の 2 点を理解する必要がある．

1. 標本平均の確率は正規分布で表現できる（中心極限定理：5.2.4 項）．
2. 正規分布に従う確率変数の和，差もまた正規分布に従う（正規分布の**再生性**[6]）．

---

[4] 階層帰属意識は本来は順序尺度であるが，得点化することで間隔尺度とみなして分析をしようとしている．このような作業は（もちろんケースバイケースであるが）社会学や経済学，心理学ではしばしばおこなわれている．

[5] ここで不偏分散を用いているのは，母集団での分散が気になるからである（9.3 節参照）．

[6] 別の表現をすれば，次のように示すことができる．

いま，2000 年の標本平均を $\bar{X}$，2012 年の標本平均を $\bar{Y}$ としよう．各時点の母平均を $\mu_X (= E(\bar{X})), \mu_Y (= E(\bar{Y}))$ と置く．また，母分散は $\sigma_{\bar{X}}^2 = \sigma_X^2/N (= V(\bar{X})), \sigma_{\bar{Y}}^2 = \sigma_Y^2/M (= V(\bar{Y}))$ と表す．σ_X^2, σ_Y^2 は階層帰属意識の分散[7]，N, M はそれぞれの調査のサンプルサイズを表す．なんでサンプルサイズで割っているの？　と思ったら，標本平均のモデル化の話を思い出そう．

中心極限定理から $\bar{X}, \bar{Y}$ はともに正規分布に従っている．よって，標本平均 $\bar{X}$ は平均 μ_X，分散 σ_X^2/N の正規分布に従っている（$\bar{X} \sim N(\mu_X, \sigma_X^2/N)$）．標本平均 $\bar{Y}$ も同様である（$\bar{Y} \sim N(\mu_Y, \sigma_Y^2/M)$）．このとき，平均の差 $\bar{X} - \bar{Y}$ がどのような確率分布に従うか，検定をおこなうために明らかにする必要がある．

$\bar{X}, \bar{Y}$ が正規分布に従うので正規分布の再生性から[8]，$\bar{X} - \bar{Y}$ は正規分布に従うことがわかる[9]．その平均は，期待値や分散に関する性質（定理 7.1，定理 7.2 参照）を応用すれば求めることができる．

$$\begin{aligned} E(\bar{X} - \bar{Y}) &= E(\bar{X}) - E(\bar{Y}) \qquad \textbf{期待値の性質（定理 7.1）より} \\ &= \mu_X - \mu_Y. \\ V(\bar{X} - \bar{Y}) &= V(\bar{X} + (-\bar{Y})) \\ &= V(\bar{X}) + V(-\bar{Y}) \qquad \textbf{分散の性質（定理 7.2）より} \\ &= V(\bar{X}) + (-1)^2 V(\bar{Y}) \qquad \textbf{分散の性質（定理 7.2）より} \\ &= V(\bar{X}) + V(\bar{Y}) \\ &= \frac{\sigma_X^2}{N} + \frac{\sigma_Y^2}{M}. \end{aligned}$$

ここからわかることは，標本平均の差 $\bar{X} - \bar{Y}$ は「母平均の差の値 $(\mu_X - \mu_Y)$」を平均に持ち，「母分散の和 $(\sigma_X^2/N + \sigma_Y^2/M)$」を分散に持つ正規分布に従う．つまり，次式のように表すことができる．

$X \sim N(\mu_X, \sigma_X^2), \ Y \sim N(\mu_Y, \sigma_Y^2) \Rightarrow X + Y \sim N(\mu_X + \mu_Y, \sigma_X^2 + \sigma_Y^2).$

7) 少しテクニカルなことをいえば，回答者の階層帰属意識は独立同分布に従っていると仮定している．
8) 独立した調査なので，それぞれの標本平均も独立に得られたと仮定する．
9) 再生性は和（＋）にしか言及していないが，$-\bar{Y} = U \sim N(-\mu_Y, \sigma_Y^2/M)$ と確率変数 U を再定義すれば，$\bar{X} - \bar{Y} = \bar{X} + U$ となり，差（−）の議論を和の議論に変換できる．

$$\bar{X} - \bar{Y} \sim N\left(\mu_X - \mu_Y, \frac{\sigma_X^2}{N} + \frac{\sigma_Y^2}{M}\right).$$

この式が教えてくれるのは，標本平均の差は正規分布に従うので，標準化を使った検定（Z 値，8.3.2 項）を使うことができるということである．

10.2.3 ◇ 帰無仮説と対立仮説

ここで，「2 つの平均値に差があるかどうか」という仮説を検定したい．このとき，帰無仮説は「2 つの平均値に差がない」，つまり $\mu_X = \mu_Y$ である（表10.4）．逆に，対立仮説は「2 つの平均値に差がある」，つまり $\mu_X \neq \mu_Y$ である．

帰無仮説（$\mu_X - \mu_Y = 0$）の下で，$\bar{X} - \bar{Y}$ は，平均が 0 の正規分布に従う．

帰無仮説の下で：$\bar{X} - \bar{Y} \sim N\left(0, \frac{\sigma_X^2}{N} + \frac{\sigma_Y^2}{M}\right).$

なので，次式の標準偏差 $\sigma(\bar{X} - \bar{Y})$ で $\bar{X} - \bar{Y}$ を割れば標準化される．

標準偏差：$\sigma(\bar{X} - \bar{Y}) = \sqrt{V(\bar{X} - \bar{Y})} = \sqrt{\frac{\sigma_X^2}{N} + \frac{\sigma_Y^2}{M}}.$

帰無仮説の下で標準化：$Z = \dfrac{\bar{X} - \bar{Y}}{\sqrt{\dfrac{\sigma_X^2}{N} + \dfrac{\sigma_Y^2}{M}}} \sim N(0,1).$

この Z は標準正規分布に従うので，正規分布表を使って検定することができる．たとえば有意水準5％である場合には，標準正規分布での棄却域（両端5％部分）は $|Z| > 1.96$ であった（8.3.2 項参照）．なので，今回もこの棄却域を用いよう．

表10.4 **2 集団の平均値の差に関する検定：帰無仮説と対立仮説**

帰無仮説	2つの平均値に差がない	$\mu_X = \mu_Y$
対立仮説	2つの平均値に差がある	$\mu_X \neq \mu_Y$

10.2.4 ◇ 階層帰属意識は下流化したか：その1

実際のデータを当てはめて分析してみよう．まずは Z 値を求めると，以下の通りになる．

$$Z = \frac{\bar{X} - \bar{Y}}{\sqrt{\dfrac{\sigma_X^2}{N} + \dfrac{\sigma_Y^2}{M}}} \qquad \text{平均の差を検定する } Z \text{ 値}$$

$$= \frac{2.67 - 2.59}{\sqrt{\dfrac{0.60}{2861} + \dfrac{0.70}{4630}}} = 4.21. \qquad \text{実際のデータを代入}$$

この Z 値の絶対値は，1.96 より明らかに大きい．つまり，$|Z| = 4.21 > 1.96$ なので，帰無仮説を棄却し，対立仮説を採択する．

$$|Z| = 4.21 > 1.96 \implies \text{帰無仮説を棄却}.$$

よって，以下のように結論づけることができる．

結論 1：2000 年と 2012 年の調査で得られた階層帰属意識の平均値は異なる．

10.3 ◆ 分析 2：比率の差を検定する

次は「中の下」「下」の比率の差を検定する方法で検討する．この方法では，「中の下」以下の比率に注目して，その比率を比較する．下流意識を「中の下」「下」の回答比率と操作化し，分析をおこなうことにしよう．

10.3.1 ◇ 階層帰属意識を比率にする

表 10.5 は，表 10.1 を「中の中以上」（「上」「中の上」「中の中」）と「中の下以下」（「中の下」「下」）のクロス表に書き直したものである．（）内に列パー

| 表 10.5 | 「中の中以上」と「中の下以下」の度数と比率

回答	調査年		合計
	2000年	2012年	
中の中以上	1786 (62.43)	2558 (55.25)	4344 (57.99)
中の下以下	1075 (37.57)	2072 (44.75)	3147 (42.01)
合計	2861 (100.00)	4630 (100.00)	7491 (100.00)

（）内は列パーセントを表す．

セント，つまり，同じ調査年内での比率が書かれている．列パーセントを見ると，たしかに「中の下以下」の比率が約 7 ポイント上昇していることがわかる（37.57% → 44.75%）．

この上昇はサンプリングによる偶然のものか，それとも，自分を社会で「中の下以下だ」と規定する人が実際に増えた結果だろうか．「比率の差」を検定することで明らかにしよう．

10.3.2◇「比率の差」をモデル化する

いま，2000 年調査における「中の下以下」の比率を P_X，2012 年調査における比率を P_Y としよう．中心極限定理から，P_X, P_Y は正規分布に従う．P_X, P_Y の平均（期待値）を π_X, π_Y とする．比率の場合，この平均 π から分散を $\pi(1-\pi)/N$ と計算できるので（7.4.1 項参照），それぞれ $\pi_X(1-\pi_X)/N, \pi_Y(1-\pi_Y)/M$ となる（N, M は 10.2.1 項と同じく，それぞれの調査のサンプルサイズを表す）．ここまで定まれば，比率の差 $(P_X - P_Y)$ は 10.2 節で検討した平均の差と同じように，正規分布を用いてモデル化できる．

$$P_X - P_Y \sim N\left(\pi_X - \pi_Y, \frac{\pi_X(1-\pi_X)}{N} + \frac{\pi_Y(1-\pi_Y)}{M}\right).$$

10.3.3◇帰無仮説と対立仮説

ここで「『中の下以下』の比率に差があるか」という仮説を検定することにしよう．すると帰無仮説は「『中の下以下』の比率に差がない」になる（表10.6）．帰無仮説の下では，両年とも「中の下以下」の比率が同じ π_0 であり，実際に得られた標本比率は π_0 からの確率的なブレである，という見方をする．つまり帰無仮説は $\pi_X = \pi_Y = \pi_0$ と表現できる．この π_0 は，両調査年のデータを合併したときの「中の下以下」の比率が当てはめられる．つまり，

表 10.6	**2 集団の比率の差に関する検定：帰無仮説と対立仮説**	
帰無仮説	「中の下以下」の比率に差がない	$\pi_X = \pi_Y = \pi_0$
対立仮説	「中の下以下」の比率に差がある	$\pi_X \neq \pi_Y$

今回の場合は $42.01\%(=3147/7491)$ である[10].

この帰無仮説の下では, 分散は次のように計算することができる.

$$V(P_X - P_Y) = \frac{\pi_X(1-\pi_X)}{N} + \frac{\pi_Y(1-\pi_Y)}{M} \qquad \textbf{比率の差の分散}$$

$$= \frac{\pi_0(1-\pi_0)}{N} + \frac{\pi_0(1-\pi_0)}{M} \qquad \textbf{帰無仮説を当てはめる}$$

$$= \pi_0(1-\pi_0)\left(\frac{1}{N} + \frac{1}{M}\right). \qquad \boldsymbol{\pi_0(1-\pi_0)} \textbf{ でくくる}$$

以上をまとめれば, 帰無仮説の下で, 比率の差は以下のようにモデル化できる.

帰無仮説の下で:$P_X - P_Y \sim N\left(0, \pi_0(1-\pi_0)\left(\frac{1}{N} + \frac{1}{M}\right)\right)$.

よって, 標準化をすれば――標準偏差 $\sqrt{\pi_0(1-\pi_0)(1/N + 1/M)}$ で割れば, 得られる Z 値は標準正規分布に従う.

帰無仮説の下で:$Z = \dfrac{P_X - P_Y}{\sqrt{\pi_0(1-\pi_0)\left(\dfrac{1}{N} + \dfrac{1}{M}\right)}} \sim N(0,1)$.

10.3.4 ◇ 階層帰属意識は下流化したか:その 2

実際のデータを使って, 2000 年と 2012 年との間で「中の下以下」の比率が変わったか, 明らかにしよう. 帰無仮説下の比率は前項で求めた通り, $\pi_0 = 0.4201$ である. これと観測されたほかの値を前項で示した Z 値の式に当てはめれば, 以下のようになる.

$$Z = \dfrac{P_X - P_Y}{\sqrt{\pi_0(1-\pi_0)\left(\dfrac{1}{N} + \dfrac{1}{M}\right)}} \qquad \textbf{比率の差を検定する } Z \textbf{ 値}$$

---

10) なお, この比率は次のようにも計算できる (p_X, p_Y は観測された比率である).

$$\pi_0 = \frac{Np_X + Mp_Y}{N + M}.$$

なので, 今回の場合は次のような計算となる.

$$\pi_0 = \frac{2861 \times 0.3757 + 4630 \times 0.4475}{2861 + 4630} = 0.4201.$$

$$= \cfrac{0.3757 - 0.4475}{\sqrt{0.4201(1 - 0.4201)\left(\cfrac{1}{2861} + \cfrac{1}{4630}\right)}} \qquad \text{実際のデータを代入}$$

$$= -6.12.$$

この Z 値の絶対値もまた，1.96 より明らかに大きい．つまり，$|Z| = 6.12 > 1.96$ なので，帰無仮説を棄却し，対立仮説を採択する．

$$|Z| = 6.12 > 1.96 \implies \text{帰無仮説を棄却}.$$

以上より，平均の差の検定と同じような帰結を得る．

結論 2：2000 年と 2012 年の調査を比較して，階層帰属意識の「中の下」以下の比率は異なる．

10.4 ♦ 検定の結果を解釈する

さて，10.2 節と 10.3 節で 2 つの分析をおこなったが，どちらも下流化を示唆する結果となった．しかし，この結果をどのように解釈するべきか，注意深い検討が必要だ．

10.4.1 ◇ その差には意味があるのか？

たとえば，分析 1（10.2 節）では得点化した平均の差を検定し，たしかに有意な差を確認した．しかし，その差はというと 0.08 しかない．この 0.08 に**実質的な意味があるのだろうか？** つまり，統計学的には有意な差があるとはいえ，たったの 0.08 だからほとんど変わらないといってもよいかもしれない．

その一方で分析 2（10.3 節）では比率の差を検定し，有意な差を確認した．その差は約 7 ポイントである．こう見ると，実質的にも無視できない差であろうように思われる．

分析に用いる指標とその結果のよし悪しは「どのような観点から分析をおこなうか」を明確にして初めてわかる．闇雲に検定をおこなってもただ「有

意差があります」としかいえなくなってしまう．その差にはいったいどのような意味があるのか，仮説とその背景にある理論から検討しなければ，統計分析の結果に対して適切な解釈をおこなうことはできない．

10.4.2 ◇ 記述的な問いと説明的な問い

今回のそもそもの問いを振り返ろう．

問い：階層帰属意識において，下流化が起こっているのか？

今回の問いは「起こっているのか否か」という**記述的な問い**であった．1.2 節で示した 2 つの問いと関連づけて話せば，"How" の問いに当たる．つまり，分布の違いさえわかれば，答えられる問いである．この問いに対して，今回の分析から検定によって「下流化が起こっていそうだ」という示唆が得られた．この結果を受けて，次のようなさらなる問いが考えられるだろう．

さらなる問い：なぜ，下流化が起こったのだろうか？

このような「さらなる問い」が思いつくのは自然だし，重要なことだろう．この「さらなる問い」は**説明的な問い**である．1.2 節での議論と対応させれば，"Why" の問いになる．つまり，「なぜそのような分布が得られたのか」というメカニズムを問うている．この場合は，回帰分析など別の分析手法を検討したほうがよいだろう．

自分自身が向き合っている問いがどちらのタイプの問いなのか，意識して分析手法を選ぶ必要がある．

10.5 ◆ 片側検定

本章で検討した問いは「下流化が起こっているか」であった．ただ，10.2 節と 10.3 節でおこなった検定の対立仮説を思い出せば，今回の分析で検討したことは「2000 年と 2012 年で平均・比率が同じか否か」である．たしかに下流化を検討してはいるが，どこか遠回りをしていないだろうか？　つまり，対立仮説として次のような仮説は置けないだろうか？

$$\text{対立仮説}:\mu_X > \mu_Y.$$

平均値の例（2000 年の平均 μ_X，2012 年の平均 μ_Y）をもとに，下流化を直接検討する対立仮説を考えた．このような対立仮説を検討することは可能である．つまり同じか否か（$\neq$）だけでなく，棄却域を工夫することで大小関係（$>, <$）も検定の俎上に載せることができる．

10.5.1 ◇ 棄却域を寄せる

日本の下流化を引き続き検討しよう．そのために，概念仮説から考え直してみよう．

概念仮説：日本は下流化している．

これを作業仮説に落とし込むと，次のように表現できる．

作業仮説：階層帰属意識は 2000 年より 2012 年のほうが低い．

観測された標本平均（2000 年は $\bar{X}$，2012 年は $\bar{Y}$）を使って作業仮説を書き直せば，次のようになるだろう．

作業仮説 2：$\bar{X} > \bar{Y}.$

作業仮説 2 を少し書き換えれば，次の不等式で表現できる．

作業仮説 3：$\bar{X} - \bar{Y} > 0.$

ここで，10.2 節の検定のときに使った Z 値と作業仮説 3 を見比べてみよう（表 10.7）．Z 値の分母 $\sqrt{\sigma_X^2/N + \sigma_Y^2/M}$ は正なので，作業仮説 3 から導き出されるのは，**概念仮説が正しければ，Z 値は正だろう**，という予測である．

表 10.7	作業仮説と Z 値	
作業仮説 3	**Z 値**
$\bar{X} - \bar{Y} > 0$	$\dfrac{\bar{X} - \bar{Y}}{\sqrt{\dfrac{\sigma_X^2}{N} + \dfrac{\sigma_Y^2}{M}}}$

概念仮説が正しい ⟩ 作業仮説 3：$\bar{X} - \bar{Y} > 0$ ⟩ Z 値 > 0.

なので，下流化が起こったことを検定するには，**Z 値がありえないぐらい**

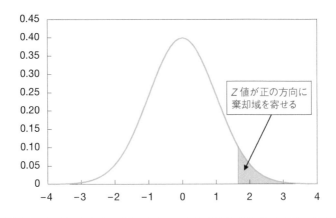

図 10.2 の中のラベル：Z 値が正の方向に棄却域を寄せる

図 10.2　**片側検定：検討する仮説に合わせて，棄却域を寄せる**（上側，有意水準 5%の場合）

に大きい正の値かどうか，を確かめればよい．逆にいえば，Z 値が負になるかどうかは考えなくていい．この「Z 値がありえないぐらいに大きい正の値かどうかだけ（負になることは考えなくてよい）」を検討するには，正の方向に棄却域を寄せればよさそうだ．このような検定を**片側検定**という．

図 10.2 に，Z 値を用いて「下流化」を検定するときの棄却域を示した．正の方向に 5% の面積で寄っている．ちなみに，棄却域の左端の値は 1.65 である[11]．このように棄却域全体を正の方向にまとめた片側検定を**上側検定**という．

この上側検定によって下流化を捉えることができるが，Z 値自体の計算方法は変わらないことに注意しよう．

$$Z = \frac{\bar{X} - \bar{Y}}{\sqrt{\dfrac{\sigma_X^2}{N} + \dfrac{\sigma_Y^2}{M}}} = \frac{2.67 - 2.59}{\sqrt{\dfrac{0.60}{2861} + \dfrac{0.70}{4630}}} = 4.21.$$

両側検定と片側検定とで変わるのは棄却域であり，Z 値と比較する値である．じつは帰無仮説も変わっていない．端点は 1.65 なので，$Z = 4.21 > 1.65$ となり，帰無仮説は棄却される．

---

11)　この 1.65 をどう求めるか，分布表から求めてもかまわないし，有意水準 10%の両側検定の棄却域の片方と考えれば，納得いくかもしれない．

10.5.2 ◇ 片側検定の使いどころ

ただし，ここで気づくかもしれないが，棄却域の端点が小さいので，片側検定のほうが緩いように感じるだろう．実際，「統計学的に有意」を引き出すためにわざわざ片側検定をする研究者もいる[12]．なので，片側検定を用いるのは，理論的に統計量が確実に一方向しか考えられない場合に限定すべきだろう．のちにカイ二乗検定（第 11 章）や F 検定（第 12 章）でこのような状況を扱う．

---

12) このように，結果をよく見せるためにあの手この手で「統計的に有意」を引き出すことは p 値**ハッキング**と呼ばれ，しばしば非難される．具体的には，片側検定に切り替えることや，不必要にサンプルサイズを増やすことなどである．p 値ハッキングに注力しないためには，10.4 節で見たように，もともと考えていた仮説と照らし合わせて，実質的な意味を問い直すとよいだろう．

| Chapter **11** |

継承される格差を検討する
──移動表とカイ二乗検定──

　日本における格差社会の議論は 2000 年代初頭から積極的になされる
ようになった．この際，世代内の格差だけでなく，世代をまたいで継承
される格差も注目された．世代間の格差継承の議論でよく取り上げられ
る文献は，佐藤俊樹の『不平等社会日本』である（佐藤 2000）．この本
で佐藤は，親子間の学歴や職業の結びつきが弱まっておらず，現在にお
いても存在することをデータから示した．

　この章では，クロス表という最もシンプルな道具を応用して，格差を
捉える方法を学ぶ．その過程で，2 変数の独立性を検討するカイ二乗検
定も学ぶ．

11.1 ◆ 社会階層という視点

　格差社会といわれて久しい．格差を捉えるひとつの視座が**社会階層論**であ
る．社会階層とは，さしあたり「職業や学歴など社会経済的地位によってま
とめられる層」と理解してよい．

　階層の変化は**社会移動**と呼ばれる．個人が転職することも社会移動のひと
つだが，社会階層論で注目されるのは世代間の社会移動であり，これは**世代
間移動**と呼ばれる[1]．たとえば学歴の世代間移動は，父親が高卒でその息子
が大卒になる，といった事象を指す．

　世代間移動で注目されるのは，じつは移動した部分ではなく，移動しなかっ
た部分である．世代間移動が起こらなかったということは，親子の階層が一
致することを意味する．このような状況を**再生産**と呼ぶ．

　こう考えると，気になってくるのは，親の社会階層が子の社会階層にどの

---

　1)　一方，ある個人の職業や収入の変化を捉える視点を，世代内移動と呼ぶ．

程度影響しているか，である．さしあたり読者に身近であろう最終学歴（中卒・高卒・大卒）に注目してみよう[2]．この章では，次のような問いを考えることにする．

　　問い：親子の社会階層，とくに学歴の結びつきはどの程度強いのだろうか？

　この問いに対して，互いに相反する仮説・理屈を示すこともできるだろう．結びつきが強いことを示す仮説としては，親の教育に対する熱心さの違いが挙げられる．大卒の親は教育熱心だから，きっと子どもにも多くの教育投資をするだろう，と考えられるからである．

　あるいは，逆に結びつきが弱いのではないか，とも考えられるかもしれない．大学の入学定員はすでに志望者と同じかそれ以上になったので，もはや親の学歴がどうであれ，希望すれば誰でも大学に入れるのではないか，という仮説である[3]．

　では，実際にはどうなっているだろうか．親子間の学歴の結びつきを確かめてみよう．

11.2 ◆ 移動表

　親子の学歴の関係性を捉える上で最も基本的な道具はなんだろうか．それは第3章で扱った**クロス表**であろう．離散的な2変数の関連を捉える基本的な道具だ．親子の社会階層を捉えるクロス表はとくに**移動表**と呼ばれている．本章では，95年のSSM調査[4]で得られた父子間の学歴[5]について，表11.1（吉川 2006: 141）を用いて分析しよう[6]．

---

2)　なお，この本では短大・高専卒も大卒に含めることにする．
3)　そのためには，時間的な変化を見ないといけないが，この本ではそこまで扱わない．
4)　社会階層と社会移動全国調査（Social Stratification and Social Mobility Survey; 通称「SSM調査」）は，1955年から10年ごとにおこなわれている，社会階層に重点が置かれた社会調査である．95年調査はランダムサンプリングによって選ばれた20〜69歳の有権者が対象である．
5)　階層論からみれば，子どもの階層が父親の階層によってどの程度規定されるか，が関心事となる．すなわち「子どもの階層」が被説明変数であり，「父親の階層」が説明変数である．また，父−息子間の関連を分析することが，階層研究におけるスタンダードのひとつであるが，近年はその限りではない．実際，この表の「子」には娘も含まれている．
6)　この移動表は吉川（2006）でより詳細に検討されている．

表11.1 **親子の学歴に関する移動表**

[95 年 SSM 調査より，吉川 2006:141]

父学歴	子学歴			合計
	中卒	高卒	大卒	
中卒	821	1441	365	2627
高卒	83	585	426	1094
大卒	24	195	433	652
合計	928	2221	1224	4373

　移動表は社会階層の変化を教えてくれる．通常，親の階層を**出身階層**と呼び，子の階層を**到達階層**と呼ぶ．さて，「社会階層の変化」とは，次のようなことを指す．

11.2.1 ◇ 流入と流出

　まず移動表からわかることは，各階層についてどれぐらいの人が出入りしているか，である．社会移動によってある階層から人が出ていくことを**流出**，逆にある階層に人が入ってくることを**流入**という（図11.1）．

　流入の割合を表す**流入率**は，移動表に列パーセント表示をすることで得られる（表11.2(a) 参照）．もともとのクロス表（表11.1）における列は，子どもの学歴の割合を表していた．よって列パーセントは，子世代の学歴（到達階層）それぞれについて，親の学歴はなんだったのか（＝どの到達階層からやっ

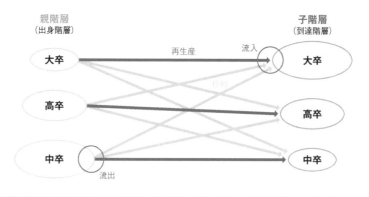

|図11.1| **社会移動のイメージ**

表11.2 **親子の学歴に関する移動表**（パーセント表示）

(a) 流入率（列パーセント表示）

父学歴	子学歴			合計
	中卒	高卒	大卒	
中卒	821 (88.5)	1441 (64.9)	365 (29.8)	2627 (60.1)
高卒	83 (8.9)	585 (26.3)	426 (34.8)	1094 (25.0)
大卒	24 (2.6)	195 (8.8)	433 (35.4)	652 (14.9)
合計	928	2221	1224	4373

(b) 流出率（行パーセント表示）

父学歴	子学歴			合計
	中卒	高卒	大卒	
中卒	821 (31.3)	1441 (54.9)	365 (13.9)	2627
高卒	83 (7.6)	585 (53.5)	426 (38.9)	1094
大卒	24 (3.7)	195 (29.9)	433 (66.4)	652
合計	928 (21.2)	2221 (50.8)	1224 (28.0)	4373

てきたのか）を分布の形で表している．たとえば表 11.2(a) において，父親高卒–子大卒の列パーセントは 34.8% である．これは，子世代の大卒のうち，34.8% は父親が高卒であったことを表している．流入率は到達階層から見た出身階層の割合，つまりどの階層から来たかの内訳を表しているといえる．

一方，流出の割合を表す**流出率**は行パーセント表示によって得られる（表11.2(b)）．行は父親の学歴を表している．したがって，行パーセントが親世代において，子はどの階層へ行ったのか（＝子の学歴はどうなったのか）を分布の形で表している．たとえば，表 11.2(b) の父親高卒–子大卒の行パーセントは 38.9% である．これは，高卒の父親の子どもの 38.9% は，大卒になった（親世代から見て高卒を始点として 38.9% は大卒へ行った）ことを表している．流出率は，出身階層から見た到達階層の割合，つまりどこへ行ったかの内訳を表している．

11.2.2 ◇ 再生産

移動表によって，階層の再生産を捉えることもできる．移動表の対角セル[7]，つまり親子で階層が変わらなかった部分に注目すればよい．表 11.2(b) の対角セルを見れば，親から見て何%の子どもが同じ階層へ行ったのかがわかる．実際，流出率から見れば，大卒の間で最も大きな再生産が起こっていること

---

[7] 対角線上にあるセルなので，対角セルと呼ぶ．個々のセルを「i 行 j 列のセル」と呼ぶこともある．行は横方向，列は縦方向であることを思い出してほしい．たとえば上から 2 行目，左から 3 列目のセルを「2 行 3 列目のセル」（父高卒・子大卒の部分）と呼ぶ．この呼び方では，対角セルは「i 行 i 列のセル」といえる．

がわかる[8].

11.2.3 ◇ 世代間の状況の違い

日本では，教育拡大（大学定員が拡大したこと）によって，希望すれば大学に全員入れるようになった．格差を考える上でも，社会的な変動として考慮に入れなければならないだろう．移動表は，このような要請にも対応できる．

世代間の違いは，親子それぞれの分布，移動表（クロス表）では周辺度数（3.1 節）に表れている．この周辺度数を用いて，社会全体の移動の内訳をみることができる．

まず，社会全体の移動は度数分布表の違いとして現れる．これを**粗移動率**と呼ぶ．粗移動率は次のように表現される[9].

定義 11.1 （粗移動率）

M 行 M 列の移動表において，i 行 j 列のセルの度数を n_{ij} と表す．また，サンプルサイズを $N(= \sum_{i=1}^{M} \sum_{j=1}^{M} n_{ij})$ とする．このとき，粗移動率は次式で与えられる．

$$\frac{N - \sum_{i=1}^{M} n_{ii}}{N}.$$

定義 11.1 の n_{ii} は，移動表の対角セルを表す．対角セルは親子の社会階層が同じ層，言い換えれば世代間移動を経験していない親子の数である．

一方，非対角セル（対角セル以外のセル）は，親子間でなんらかの社会移動が起こった人たちの数を表す．粗移動率は，そのような（世代間移動を経験した）人々がどの程度の割合で存在するかを示している．

---

8)　一方，流入率（表 11.2(a)）の対角セルは，到達階層からみたときの出身階層の（非）多様性を表している．実際，流入率から見たときの再生産では，中卒の割合が最も高く，高卒が最も低い．これは，次の 2 点を表している：(1) 中卒に結果的になった子どものほとんどは，親も中卒である，(2) 高卒で教育を終えた親の子どもが，高卒であることは少ない．

9)　粗移動率は以下のようにも表現できる．

$$\frac{\text{サンプルサイズ} - \text{対角セルの度数の和}}{\text{サンプルサイズ}}.$$

父学歴	本人学歴			計
	中卒	高卒	大卒	
中卒	821	1441	365	2627
高卒	83	585	426	1094
大卒	24	195	433	652
計	928	2221	1224	4373

粗移動率：■の部分／**サンプルサイズ**

$$\frac{\{4373 - (821 + 585 + 433)\}}{4373} = 0.58$$

| 図11.2 | **粗移動率**

今回の移動表（表11.1）では，粗移動率は次のように計算できる（図11.2）.

$$\frac{4373 - (821 + 585 + 433)}{4373} = 0.58.$$

粗移動率で測定される社会移動は，社会構造の変動によるものと自発的な移動によるものの2種類に分解できる．社会構造の変動による社会移動を**構造移動**といい，自発的な移動にもとづく社会移動を**循環移動**という．この分解は周辺度数を用いておこなう．

周辺度数は父世代と子世代，それぞれの世代における社会の受け皿を表す，と考えることができる．たとえば大卒に注目してみよう．周辺度数を見ると，

父学歴	本人学歴			計
	中卒	高卒	大卒	
中卒	821	1441	365	2627
高卒	83	585	426	1094
大卒	24	195	433	652
計	928	2221	1224	4373

父世代には大卒が少なかったが，
教育拡大によってほかの階層から大卒になった人が増えた

| 図11.3 | **構造移動**

173

大卒は父世代では652，子世代では1224となっている．この周辺度数の変化は，父世代から子世代にかけて社会構造的な変化によってもたらされたと考える（図11.3）．今回の学歴の場合，父世代に比べて子世代では大学定員が増えたことで，ほかの階層（中卒や高卒）から流入する受け皿が拡大し，移動が引き起こされたものだと考えられる[10]．

以上の議論から，構造移動は周辺度数の差として捉えることができる．これを割合として捉えたものが**構造移動率**である．

定義 11.2 （構造移動率）

構造移動率は次式で与えられる．

$$\text{構造移動率} = \frac{\sum_{i=1}^{M} |n_{\cdot i} - n_{i \cdot}|}{2N}.$$

なお記号は定義 11.1 と同じだが，$n_{\cdot j}(= \sum_{i=1}^{M} n_{ij})$ は列周辺度数を，$n_{i \cdot}(= \sum_{j=1}^{M} n_{ij})$ は行周辺度数を表す．

今回のクロス表（表11.1）では，構造移動率は次のように計算される．

$$\frac{|2627 - 928| + |1094 - 2221| + |652 - 1224|}{2 \times 4373} = 0.39.$$

粗移動率から構造移動率を差し引いたものを**循環移動率**という．

定義 11.3 （循環移動率）

循環移動率は次式で与えられる．

$$\text{循環移動率} = \text{粗移動率} - \text{構造移動率}.$$

今回の分析では，次の計算から循環移動率が計算される．

$$\text{粗移動率} - \text{構造移動率} = 0.58 - 0.39 = 0.19.$$

---

10) 次のように考えることもできるだろう：社会において「中卒・高卒ではたりない」という規範にもとづいて人々が進学決定をおこない，企業も採用活動をおこなうので，結果的に社会における中高卒の受け皿が減少し，構造移動が生じている．

移動率からみれば，粗移動率のうち約 67%（0.39/0.58）が構造移動であり，残りの約 33%（0.19/0.58）が循環移動である．構造移動率が相対的に高く，学歴の世代間移動の多くは社会構造によって引き起こされたと見ることができる（11.5 節も参照）.

11.3 ◆ オッズとオッズ比

移動表（表 11.1）を少し計算し直して，大卒/非大卒だけを扱う表に変換したのが表 11.3 だ．この単純な表を示したのは，**オッズ**を得るためである[11]．オッズとは，ある事象の起こりやすさを表す指標であり，以下のように計算される．

定義 11.4（オッズ）

　ある事象 A が起こるオッズは次式で計算される．

$$\text{事象 } A \text{ が起こるオッズ} = \frac{\text{事象 } A \text{ が起こった数}}{\text{事象 } A \text{ が起こらなかった数}}.$$

オッズは 0 に近いほど起こりにくく，大きいほど起こりやすい．また「オッズが 1 である」とは，起こる/起こらないが同数であることを示す．

| 表 11.3 | **大卒／非大卒に注目した移動表**

父学歴	子学歴		合計
	非大卒	大卒	
非大卒	2930	791	3721
大卒	219	433	652
合計	3149	1224	4373

---

11) 定義 11.4 について，分母分子をそれぞれサンプルサイズで割れば，割合にも拡張できる

$$\text{オッズ} = \frac{\text{事象 A が起こった割合}}{\text{事象 A が起こらなかった割合}}.$$

ここでは，子が大卒になることのオッズに着目してみよう．親が非大卒である場合，子が大卒になるオッズは以下のように計算される．

$$父非大卒 \rightarrow 子大卒のオッズ：\frac{791}{2930} = 0.27.$$

一方，父が大卒である場合のオッズは，次の通りである．

$$父大卒 \rightarrow 子大卒のオッズ：\frac{433}{219} = 1.98.$$

では，父が大卒の場合と非大卒の場合では，「子が大卒になる」という事象の起こりやすさは，どのぐらい違うのだろうか．それを計算するのが**オッズ比**である．オッズ比は，ある事象が要因の違いによって何倍起こりやすいか，明らかにしてくれる．

定義 11.5 （オッズ比）

　事象 B によって生じる「事象 A の起こりやすさ」の違いを表すオッズ比は，次式で計算される．

$$\left(\begin{array}{l} 事象 B の有無による \\ 事象 A のオッズ比 \end{array} \right) = \frac{事象 B 有り：事象 A のオッズ}{事象 B 無し：事象 A のオッズ}.$$

父の学歴の違いによる，子が大卒になることのオッズ比は，

$$\frac{父大卒の場合のオッズ}{父非大卒の場合のオッズ} = \frac{1.98}{0.27} = 7.32.$$

と計算される[12]．これは，父が非大卒である場合に比べて，父が大卒である場合，子どもは約 7.32 倍大卒になりやすい，ということを表す．

---

12) 計算自体はクロス表のセルからでも得られる．

$$\frac{\frac{433}{219}}{\frac{791}{2930}} = \frac{2930 \times 433}{791 \times 219} = 7.32.$$

11.4 ◆ カイ二乗分布とカイ二乗検定

11.4.1 ◇ 世代間移動の開放性

次に世代間移動の開放性について考えてみよう．世代間移動が**開放的**であるとは，親の階層と子の階層の間の関連性が薄いことを指す．つまり，生まれや出自に関係なく，人々がさまざまな学歴や職業を得ている状況が，開放的な社会である[13]．これは，次のようにも表現できないだろうか．

> 世代間移動に関して，開放的な社会とは親の階層と子の階層が**独立**な社会である．

独立は 3.2.1 項でも扱ったが，今回の文脈でいえば，出身階層と到達階層の間にまったく関連がないことを指す．つまり，子の学歴や職業などが，親のそれとは無関係に決まることである[14]．この開放性の視点に立てば，次のような問いが生起する．

> **問い**：親子の学歴の関連は本当にあるのだろうか（独立ではないか）．

11.4.2 ◇ カイ二乗値とカイ二乗分布

ここで思い出してほしいのは，カイ二乗値を導出したときの議論（3.2 節）である．

---

13) 逆に閉鎖的社会とは，学歴や職業が生まれ（出身階層）によって大きく狭められている社会である（11.5 項参照）．典型的な例は，江戸時代の日本である．

14) 今回の議論を確率的に表せば，次のようになる．「子どもが大卒である」という事象を A，「親が大卒である」という事象を B と表す．このとき，親子の学歴が独立である，とは次の状況を指す．
$$\Pr(A \text{ かつ } B) = \Pr(A) \times \Pr(B).$$
つまり，親と子がともに大卒である確率は，それぞれが大卒である確率の積に等しい，ということだ．この独立は，**条件付き確率**（第 15 章参照）を用いて次のように表現することもできる．
$$\Pr(A|B) = \Pr(A).$$
これは，子が大卒である確率は，親が大卒かどうかによって条件づけても変わらないことを意味する．

R 行 C 列のクロス表について，i 行 j 列のセルについて，観測された
クロス表の度数を O_{ij}，独立な状態のクロス表の期待セル度数を E_{ij} と
する．このときカイ二乗値 χ^2 は以下で定義される．

$$\chi^2 = \sum_{i=1}^{R} \sum_{j=1}^{C} \frac{(O_{ij} - E_{ij})^2}{E_{ij}}.$$

カイ二乗値は，**独立な状態のクロス表からの乖離**を捉える指標であった．
つまり，カイ二乗値は最初から検定の枠組みがベースになっており，帰無仮
説に「独立な状態」を想定していると捉えられる．これがカイ二乗値を用い
た検定を理解する足がかりになる．というのも，この「独立な状態」を帰無
仮説のように仮想的に想定した上で，そこからのズレを見ているからである．
　カイ二乗値は帰無仮説で「2 変数が独立な状態」を想定しているが，その
検定に用いる分布は正規分布ではない．帰無仮説の下でカイ二乗値が従う分
布を特定しておく必要がある．

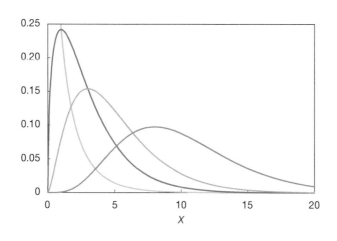

図 11.4 **カイ二乗分布の確率密度関数**（青：自由度 1，紺：自由度 3，紫：自由度 5，グレー：自由
度 10)

カイ二乗値は**カイ二乗分布**に従う[15]．このカイ二乗分布を用いた検定を**カイ二乗検定**という．分布のグラフは図 11.4 に示した．

カイ二乗分布は，**自由度**というパラメータによって形が異なる．図 11.4 には自由度が異なるカイ二乗分布が示されている．自由度は，クロス表の独立性検定においては，クロス表のサイズによって決定される．クロス表のサイズが $m \times n$，つまり m 行 n 列であれば，自由度は $(m-1) \times (n-1)$ で与えられる[16]．

11.4.3 ◇ カイ二乗検定の手続き

分布が特定されたところで，クロス表の独立性を検定する枠組みを考えよう．クロス表の 2 変数が独立である場合，カイ二乗値は 0 になる．これが帰無仮説にあたる．

逆に，独立な状態から離れるほど，カイ二乗値は大きくなる．よって，帰無仮説と対立仮説は，表 11.4 のように設定できるだろう．

帰無仮説を棄却し，対立仮説を採択するのは，カイ二乗分布からみて，有意水準より低い確率で生じるはずの「確率的にありえない状態」が実際に観測された場合である．カイ二乗値でいえば，帰無仮説 $\chi^2 = 0$ を考えると，あり

| 表 11.4 | **カイ二乗検定の帰無仮説・対立仮説**

	概念仮説	作業仮説
帰無仮説	2 変数は独立である	$\chi^2 = 0$
対立仮説	2 変数は独立ではない	$\chi^2 > 0$

---

15) 自由度 k のカイ二乗分布に従う確率変数 χ_k^2 は，標準正規分布に従う k 個の確率変数 $Z_i \sim N(0,1)(i=1,2,\ldots,k)$ を使って，次のように表される．

$$\chi_k^2 = Z_1^2 + Z_2^2 + \cdots + Z_k^2.$$

16) これは，「周辺度数が与えられたとき，自由に分析者が設定できるセルの数」に一致する．たとえば表 11.1 の第 1 行（父学歴：中卒）を見れば，子中卒・子高卒のセル度数まで分析者が決めると，子大卒のセル度数は周辺度数 −（子中卒 ＋ 子高卒）によって自動的に決まる．よって，第 1 行の 3 つのセルのうち，自由に決められるのは 2 つだけである．同じように第 2 行も 2 つだけ決められる．しかし，第 3 行はすべて分析者が決めることができない．なぜなら，列から見れば周辺度数から決まっているからである．なので，クロス表全体で自由に決められるのは合計 4 つ（＝ $(3-1) \times (3-1)$）であり，これが自由度になる．
ただし，自由度というキーワードはほかの分析にも出てくるし，つねに上記のような意味合いであるとは限らないので，パラメータのひとつだと割り切るのも，実践上はかまわないだろう．

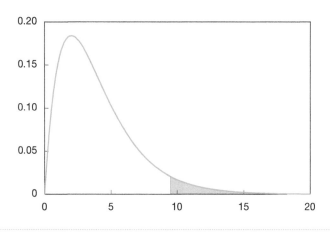

図 11.5 カイ二乗分布の上側 5 パーセント領域

えないぐらい大きい数（$\chi^2 > 0$）になっている，という状態を指す．χ^2 は 0 より小さくはならないので（負にならないので），棄却域は上側（正に大きい部分）に設定する必要がある（図 11.5）．そのため，検定には片側検定（10.5 節）を用いる．

棄却域の端点，つまり上側領域の下限は正規分布表のように「カイ二乗分布表」としてまとめられている（表 A.3）．カイ二乗分布表から棄却域の端点を探し，実際のカイ二乗値が大きいか否かを確認することになる．

クロス表の独立性を検定する手続きをまとめよう．

■カイ二乗検定の手続き

1. 有意水準を決定しておく．
2. クロス表からカイ二乗値を計算する．
3. 帰無仮説・対立仮説を確認する．

   - 帰無仮説：$\chi^2 = 0$
   - 対立仮説：$\chi^2 > 0$

4. 自由度 $(m-1) \times (n-1)$ の棄却域の端点 χ_0^2 と比較する．

   - $\chi^2 \leq \chi_0^2 \implies$ 帰無仮説を受容，対立仮説を棄却．

- $\chi^2 > \chi_0^2 \implies$ 帰無仮説を棄却，対立仮説を採択．

この手続きに沿って，表11.1 の親子のつながりを検討してみよう．今回は有意水準5%で検定する．まず，表11.1からカイ二乗値を計算すると $\chi^2 = 958.22$ を得る．

次に見るのはカイ二乗分布表（表 A.3）である．クロス表（表 11.1）のサイズは 3×3 なので，見るべき自由度は $\nu = (3 - 1) \times (3 - 1) = 4$ である．なので，表 A.3 の自由度 4，有意水準 0.05 のセルを確認すれば，「9.49」と書かれている．これが棄却域の端点である．

最後に，この棄却域の下限とクロス表から得られたカイ二乗値とを比較する．今回は，$\chi^2 = 958.22 > 9.49$ なので，帰無仮説は棄却され，対立仮説が採択される．帰無仮説は $\chi^2 = 0$ であり，2 変数（今回の場合は親学歴と子学歴）が独立であることを表していたことを思い出せば，この検定の結果は，親子の学歴は独立ではないこと（＝対立仮説）を有意水準5%で採択した，ことになる．

11.4.4 ◇ カイ二乗検定の解釈と注意

カイ二乗検定の結果「親子の学歴は独立ではない」という対立仮説が採択された．この結果からたしかに，学歴に関する親子の結びつきはありそうだ．しかし，**カイ二乗検定は「関連がある」ことを教えてくれるが，「どのような関連があるのか」は教えてくれない**[17]．

また，サンプルサイズが大きいとカイ二乗検定はほとんど機能しないことがある．カイ二乗値には，サンプルサイズが大きいと値が大きくなる特徴があった（3.2.2 項参照）．サンプルサイズが大きいデータを用いてカイ二乗検定をおこなう場合，たとえ関連がなくても，カイ二乗値が大きくなり，帰無仮説が棄却されやすくなってしまう．検定が実質的な意味をなさなくなってしまうのである．

カイ二乗検定に実質的な意味を持たせるには，ほかの分析と組み合わせないといけない．

たとえば，追加的にカイ二乗値を応用してクラメールの V（3.2.3 項）の値

---

17) 3.2.2 項で説明したように，カイ二乗値の大きさは関連の強さを表さない．

を求めることで，カイ二乗検定ではわからない関連の強さを推し量ることができる．実際，移動表（表11.1）のクラメールの V を計算すると，$V = 0.331$ という結果を得る．この結果は，親子の学歴の間に無視できない関連が存在することを示唆する．

11.5 ♦ 移動表からわかること

これまで，表11.1をいろいろいじって，さまざまな情報を引き出してきた．これらの情報を少しまとめてみよう（表11.5）．

一連の分析が示唆するのは，学歴の世代間移動は閉鎖的であるかもしれない，ということである．世代間移動が**閉鎖的**であるとは，到達階層（子世代の社会階層）が出身階層（親世代の社会階層）に強く影響を受けている状態を指す．たとえば，流出率（表11.2(b)）から見た大卒の再生産率は最も高い．オッズ比からも，親が大卒であることが，子どもが大卒になることに非常に有利に働いていることがうかがえる．

表 11.5 **移動表からわかったこと**

	何を表しているか	数値と読み取れること
流出率（行%）	出身階層からどこへ向かうか	大卒→大卒が最大
流入率（列%）	どの出身階層から来たか	中卒に到達する人のほとんどが中卒出身
粗移動率	社会全体で世代間移動が起こった割合	0.58
構造移動率	社会の構造変化によって起こった移動の割合	0.39（粗移動率の67%）
循環移動率	構造移動以外で起こった移動の割合	0.19（粗移動率の33%）
オッズ	ある事象の起こりやすさ	非大卒→大卒：0.27，大卒→大卒：1.98
オッズ比	ある事象が何倍起こりやすいか	父大卒 vs 父非大卒：7.32 倍
カイ二乗検定	出身階層と到達階層が独立か	有意水準5%で対立仮説（＝独立でない）を採択
クラメールの V	出身階層と到達階層の関連の強さ	$V = 0.331$

　しかし，一方で教育拡大の効果の大きさも指摘することができる．全体の移動のうち，6割超が構造移動によるものであった．これは，教育拡大が学歴という社会階層の**流動性**を上昇させた，という見方ができるかもしれない．

Chapter **12**

世界の男性の家事事情
——分散分析——

　夫婦関係の良好さを左右する要因のひとつは家事分担だろう．実際，家事分担のあり方は，夫婦関係満足度に影響を与えることが知られている（李 2008）．しかし，日本の男性はあまり家事をしない印象があるのではないか．実際，ほかの国の男性と比べて家事をしていないのだろうか？

　本章では，世界各国の男性の家事事情を検討するために，国際比較をおこなう上で最も欠かせない分散分析を学ぶ．分散分析は，平均の違いを分散から明らかにする手法である．手続きは少し複雑かもしれないが，応用範囲は広い．

12.1 ◆ 夫は家事をしないもの？

　まずは図 12.1 のデータを見てほしい．これは，NHK 放送文化研究所が 2015 年におこなった「国民生活時間調査」の報告書からの引用である（NHK 放送文化研究所 2016: 45）．

　図 12.1 から，全体として男性が家事をしていないことが見て取れる．成人男性の平日 1 日の家事時間は，1970 年から一貫して 1 時間未満である．これは，成人女性の 4 時間以上と比べてはるかに少ない．この結果は，ある意味では世間のイメージ通りかもしれない．『サザエさん』（マスオさんと波平）でも，『ちびまる子ちゃん』（ヒロシ）でも，『クレヨンしんちゃん』（野原ひろし）でも，夫はあまり家事をしていない傾向にある[1]．

　ここで，視野を少し広げてみよう．男性の家事時間はほかの国でも少ないのだろうか？　本章では，日本のほかにアメリカとフランス，そしてスウェー

---

1)　しかも妻はもれなく専業主婦である．

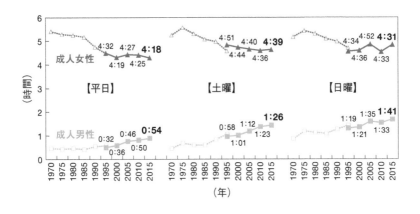

│図 12.1│ **日本における家事時間の時系列変化**
[NHK 放送文化研究所 2016: 45 をもとに作成]

デン[2) を取り上げて，男性の家事事情を比較していこう[3).

12.2 ◆ 日米仏瑞における夫の家事時間を比較する

　ここでは 2002 年 ISSP データの "Family and Changing Gender Roles" を
用いて確認してみよう (ISSP Research Group 2013)．ISSP(International
Social Survey Programme) は国際比較を主眼に置いた社会調査プログラム
で，20 以上の国が参加し，いずれの国でもほぼ同一の質問内容を尋ねている．
今回用いるのは，家族やジェンダー役割に関する質問が中心に尋ねられた年
の調査データを用いる．

　男性 20〜40 歳の既婚男性について，育児などのケアを除いて，家事を週
にどのぐらいの時間おこなっているか，表 12.1 と図 12.2 に示した．図表か
らわかることは，4 ヵ国で見ても日本の男性の家事時間は少ない，というこ
とである．平均の大きな順で並べるとアメリカ＞スウェーデン＞フランス＞
日本となる．

　しかし，平均と同時に散らばりも考慮しなければならない．標準偏差はア

---

2)　スウェーデンは漢字では「瑞典」と書く．
3)　本章の内容は永吉（2016）を踏襲している．

表12.1 **日米仏瑞の男性（20〜40 歳，既婚）の週当たり家事時間**
[ISSP2002 より]

国	日本	アメリカ	フランス	スウェーデン
平均	2.24	9.76	3.35	6.57
標準偏差	3.42	12.02	2.70	3.88
サンプルサイズ	82	86	85	103

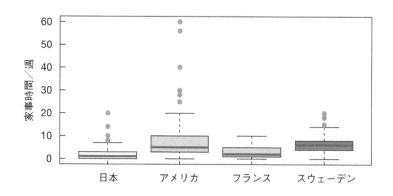

図12.2 **日米仏瑞の男性（20〜40 歳，既婚）の週当たり家事時間**
[ISSP2002 より]

メリカが一番大きく，フランスが一番小さい．実際，図 12.2 の箱ひげ図[4]でもアメリカは外れ値が多く，日本とスウェーデンにも外れ値が確認できる．散らばりが大きいということは，家事をまったくしない男性もいれば，専業主夫として一日の大部分を家事している男性もいることを示唆する．

　ここで気になるのは，「4 ヵ国間の差は統計学的に有意なのか（ランダムサンプリングの偶然によって生じたものではないか）」ということである．さて，ここまで読んできた読者は，第 10 章で学んだ「2 集団の平均値の差を検定する」方法を応用できるのではないか，と考えるかもしれない．

　つまり，アイディアはこうだ．4 ヵ国のうち 2 ヵ国ずつ取り出して，日米，日仏，日瑞，米仏，米瑞，仏瑞の 6 パターン分について，検定をおこなう．そして，すべての場合に有意な差があれば「4 ヵ国で差がある」といえるので

---

4)　箱ひげ図の「箱」は四分位範囲（第 1 四分位点から第 3 四分位点までの範囲）を表す．「ひげ」は ±1.5 四分位範囲を表す（統計ソフト R の場合）．

はないか．

　しかし，この考えはあまり適切ではない．というのも，有意水準が想定よりも大きいものになってしまうからである．有意水準とは何かを思い出せば，「第1種の過誤（たとえば表 6.1 参照）を犯す確率」である．

　2ヵ国の組み合わせ 6 パターン分を別々に検定をおこなうならば，各検定において第1種の過誤を犯す確率が，有意水準以下に収まっているはずである．たとえば有意水準を 5%（0.05）としよう．

$$\Pr(\text{日米：第 1 種の過誤}) < 0.05,$$

$$\Pr(\text{日仏：第 1 種の過誤}) < 0.05,$$

$$\vdots$$

$$\Pr(\text{仏瑞：第 1 種の過誤}) < 0.05.$$

　いま，日米仏瑞の差を，2ヵ国の検定 × 6 パターンで見たとしよう．このとき，全体として第1種の過誤を犯す確率は，「どれか 1ヵ所でも第1種の過誤が起こる確率」に等しい．この確率は次のように計算できる．

$\Pr(\text{日米仏瑞：第一種の過誤})$

$$= \Pr \begin{pmatrix} \text{日米：第 1 種の過誤　または} \\ \text{日仏：第 1 種の過誤　または} \\ \vdots \qquad\qquad\text{または} \\ \text{仏瑞：第 1 種の過誤} \end{pmatrix}$$ 　　確率の内容を細かくした

$$= 1 - \Pr \begin{pmatrix} \text{日米：第 1 種の過誤なし　かつ} \\ \text{日仏：第 1 種の過誤なし　かつ} \\ \vdots \qquad\qquad\text{かつ} \\ \text{仏瑞：第 1 種の過誤なし} \end{pmatrix}$$ 　　余事象とド・モルガンの法則から

$$\begin{aligned} = 1 &- \Pr(\text{日米：第 1 種の過誤なし}) \\ &\times \Pr(\text{日仏：第 1 種の過誤なし}) \\ &\qquad\qquad \vdots \\ &\times \Pr(\text{仏瑞：第 1 種の過誤なし}) \end{aligned}$$ 　　独立：「かつ」を積に

$$< 1 - \underbrace{(1 - 0.05) \times (1 - 0.05) \times \cdots \times (1 - 0.05)}_{6\text{ 個の }(1-0.05)=0.95} \qquad \textbf{余事象から}$$

$$= 1 - 0.95^6 = 0.26.$$

この計算から，4 ヵ国間に差があるという結論を下すときに，第 1 種の過誤を犯す確率が 26% 以下にまで増加することがわかる．これは，検定の基準が緩くなっていることを意味する．よって，有意水準を変えずに 3 集団以上の差を検定するには，新たな手法が必要であることがわかるだろう[5]．

12.3 ♦ 分散分析の考え方

3 集団以上の差を有意水準を変えずに検定するときに使えるのが，**分散分析 (Analysis of Variance)** である．分散分析は英語の頭文字をとって "ANOVA" と呼ばれることもある．分散分析はその名の通り，分散（≒散らばり）を用いて，多集団間で平均に違いがあるかどうか分析する手法である．

どうして平均の差が分散によってわかるのか．そのヒントは部分と全体の散らばり方の違いにある．

図 12.3 を見てみよう．2 つのデータの分布を模式図的に示している．左右

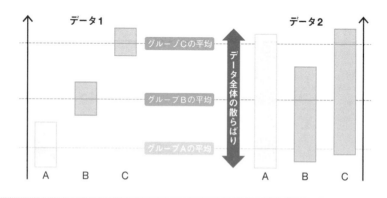

図 12.3 **2 つのデータ**（箱ひげ図風の模式図）

---

5)　なお，2 集団に対して分散分析をおこなうと，2 集団の差の検定（第 10 章参照）と同じ結果を生む．

のデータ 1, 2 はどちらも 3 つのグループ（群）からなる．データ 1, 2 のどちらにおいても，各グループ A, B, C の平均値は同じだ（図 12.3 の破線が各平均を表している）．また，データ 1, 2 のどちらもデータ全体の範囲（2.5.4項）からみれば，同じような幅を持っている．一方，各グループごとの四分位範囲はデータ 1 と 2 で大きく異なっている．

図 12.3 の 2 つのデータを見比べると，直感的には「データ 1 のほうがデータ 2 より，グループ間の平均に差がありそうだなぁ」と想像が働く．実際にこの直感はおおむね正しい．この直感をもたらしたのは，各グループの散らばりの大きさにある．

データ 1 では，どのグループも平均の周りにデータがまとまっている．そのため，全体の散らばり（3 つグループを合算したときの散らばり，図 12.3 の「データ全体の散らばり」を参照）は，3 つグループの平均の位置が大きく異なることによって，引き起こされたのだろう，と考えることができる．これは「グループ間に平均の差がある」ことを示唆している．

データ 2 では，各グループの平均の位置は異なっているが，散らばりもそれなりに大きいし，各グループの分布が重なっていることもわかる．つまり，どのグループも全体の散らばりとほぼ遜色ない散らばり方をしている，ということである．そこで，データ 2 の全体の散らばりは各グループの平均の位置ではなく，各グループの散らばりの大きさに起因するだろう．そのような場合，グループ間で平均の差はない（もう少しいえば，統計学的に有意な差はない）と考えてもよいだろう，と考えられる．

このような説明は**群内変動**と**群間変動**の関連として定式化することができる．群内変動は群（グループ）内の散らばりを，群間変動は群の平均と全体の平均との差による散らばりを表す（図 12.4, 12.5 参照）．

データ 1 の状況は，群間変動のほうが群内変動よりも大きい状況を指す（群間＞群内）．つまり，群の平均の位置によってもたらされる散らばりのほうが，群ごとの散らばりより大きい，ということである．これは，群ごとの平均のズレによって全体の分散がもたらされていることを意味する．そのような状況であれば，「群ごとの平均には差がある」といってもよいだろう．

データ 2 では，群間変動と群内変動に大きな差はない（群間≒群内）．このような状況は，全体の散らばりが群ごとの平均のズレだけではなく，群内での散らばりによっても説明されることを意味する．このような状況は「群ご

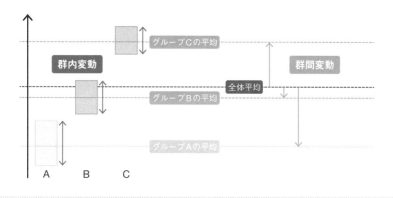

図12.4 **群内変動と群間変動：その1**

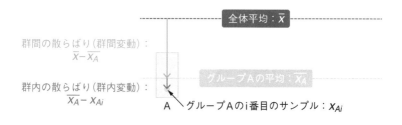

図12.5 **群内変動と群間変動：その2**

とに平均の差はない」といってもよいだろう．

こうした考案から，群間変動と群内変動の比によって，平均の差を検定できるのではないか，というアイディアが浮かんでくる．これが分散分析の考え方である．

12.4 ◆ 分散分析のための3つの表

それでは実際に分散分析をおこなってみよう．分散分析は3つの表を用いておこなう．3つの表はそれぞれ群間変動，群内変動，そして検定に関連する．

12.4.1 ◇ 群間の散らばりを捉える：群間平方和

群間の散らばりを捉える指標は**群間平方和**と呼ばれる．

　群間平方和は，**群間偏差**の2乗値をたしたものである．言い換えれば，全体平均からの散らばりの指標をグループごとに計算して合算することで得られる．

　表12.1のデータを使って計算しよう（図12.6に示した表をつくると計算しやすい）[6]．今回のデータの全体平均（4ヵ国合わせての平均）は5.58時間である．群間平方和は，各グループごとの偏差＝群間偏差を計算することからはじまる．たとえば，日本における家事時間の平均は2.24時間なので，群間偏差は

$$\text{日本の群間偏差} = \text{日本の平均値} - \text{全体の平均値}$$
$$= 2.24 - 5.58 = -3.33.$$

となる[7]．このとき，日本の群間平方は，次式で計算される．

$$\text{日本の群間平方} = \text{日本のサンプルサイズ} \times \text{日本の群間偏差}^2$$
$$= 82 \times (-3.33)^2 = 910.35.$$

	群平均	サンプルサイズ (N)	群間偏差	群間平方
日本	2.24	82	-3.33	910.35
アメリカ	9.76	86	4.18	1502.61
フランス	3.35	85	-2.22	420.01
スウェーデン	6.57	103	1.00	102.38
				2935.34

群間偏差の2乗×N　日本の場合：$(-3.33)^2 \times 82$

群平均と全体平均（5.58）との差分

群間平方をすべてたせば群間平方和

図12.6 | **群間平方和を求める表**

6)　以下の計算は小数点第2位で丸めているので，表記されている数字と実際の計算に誤差があることに留意されたい．

7)　実際には，
$$2.244 - 5.576 = -3.332$$
となるが，小数点第2位で丸めているため，このように表記している．

図 12.6 の右側には，群間偏差・群間平方をほかの国についても計算した結果が掲載されている．すべての群の群間平方をたせば，群間平方和となる．

12.4.2 ◇ 群内の散らばりを捉える：群内平方和

次に，群内変動に関する計算をしよう．群内変動は**群内平方和**と呼ぶ．群内平方和はそれぞれのグループの散らばりを合算したものであり，グループ内の標準偏差を用いて計算される（図 12.7）．

群内平方はグループの偏差平方和として表現される．つまり，数式で書けば次の通りだ．

$$\text{あるグループ A の群内平方：} \sum_{i \in \, \text{グループ A}} (x_i - \bar{x}_A)^2.$$

ここで，$\sum_{i \in \, \text{グループ A}}$ はグループ A に属する人全体についてたす，という操作を表す．$\bar{x}_A$ はグループ A の平均である．この形の式をどこかで見たことはないだろうか？　分散や標準偏差がまさにこの形だった．

$$\text{分散：} \frac{1}{N-1} \sum_i (x_i - \bar{x})^2, \ \text{標準偏差：} \sqrt{\frac{1}{N-1} \sum_i (x_i - \bar{x})^2}.$$

本章の事例では，標準偏差が与えられているので，これを用いて群内平方を求める．つまり，次のような計算をおこなえばよい（なお，N_A はグループ A のサンプルサイズである）．

	群SD	N	**(N–1)×群SDの2乗** 日本の場合：$(82-1) \times 3.42^2$ 群内平方
日本	3.42	82	949.12
アメリカ	12.02	86	12283.87
フランス	2.70	85	611.41
スウェーデン	3.88	103	1537.20
			15381.61

群内平方をすべてたせば
群内平方和

図 12.7 **群内平方和を求める表**

$$\text{グループ A の標準偏差} = \sqrt{\frac{1}{N_A - 1} \times \text{グループ A の群内平方}}$$

標準偏差と群内平方

$$\Leftrightarrow \quad \text{グループ A の群内平方} = (N_A - 1) \times \text{グループ A の標準偏差}^2$$

群内平方について解く

たとえば，日本の群内平方は次のように計算できる．

日本の群内平方 $= (\text{日本のサンプルサイズ} - 1) \times \text{日本の標準偏差}^2$

$$= (82 - 1) \times 3.42^2 = 947.41.$$

図 12.7 に，ほかの国の群内平方とその合計である群内平方和を示した．

12.4.3 ◇ 分散分析表

これまで計算してきた群間平方和と群内平方和をまとめるのが，**分散分析表**である（表 12.2）．分散分析表を埋めていく手順をみていこう．

分散分析表はまず群間平方和（12.4.1 項）・群内平方和（12.4.2 項）を書き入れるところからはじめる（図 12.8）．

次に，自由度を計算する．分散分析における自由度は，次のように計算できる．

群間平方和の自由度：カテゴリー数 $- 1$

群内平方和の自由度：全サンプルサイズ $-$ カテゴリー数

本章の分析では，カテゴリー数は 4 なので，群間平方和の自由度は $4 - 1 = 3$，全サンプルサイズは 356 なので，群内平方和の自由度は $356 - 4 = 352$ である．

表 12.2 **分散分析表**

	平方和	自由度	平均平方	F値
群間	2935.34	3	978.45	22.39
群内	15381.61	352	43.70	
合計	18316.95			

	平方和	自由度	平均平方	F値
群間	2935.34	3	978.45	22.39
群内	15381.61	352	43.70	
合計	18316.95			

① 群間平方和と
群内平方和を記入

③ 平均平方を計算
平方和／自由度

② 自由度を計算
群間：カテゴリー数 − 1
群内：サンプルサイズ − カテゴリー数

④ F値を計算
群間平均平方／群内平均平方

図12.8 分散分析表の解説

そして，平方和と自由度を使って**平均平方**を計算する．平均平方は，平方和を自由度で割ることで得られる．たとえば，群内平均平方は次のように計算される．

$$\text{群内平均平方} = \frac{15381.61}{352} \qquad \frac{\text{群内平方和}}{\text{自由度}}$$
$$= 43.70.$$

この平均平方を用いて求められるのが，**F 値**である．F 値は群間平方和を群内平方和で割ったものである．

$$F\ 値 = \frac{\text{群間平均平方}}{\text{群内平均平方}}.$$

今回の場合は，次のように計算できる．

$$F\ 値 = \frac{978.45}{43.70} = 22.39.$$

12.5 ◆ F 検定

12.5.1 ◇ F 分布

分散分析表を埋めることで，F 値を得た．この F 値を，F 値が従うはずの確率分布と比較して「群間の平均に差があるのか」検定をおこなう．

F 値は帰無仮説の下では **F 分布**という確率分布に従う．F 分布は 2 つの自

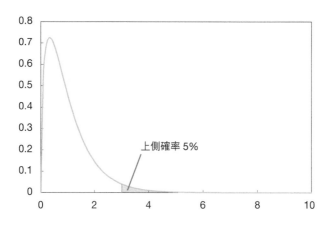

図 12.9 **F 分布（F(3,352)）と上側確率 5 %の領域**

由度 k_1, k_2 を持ち，$F(k_1, k_2)$ と表現される[8]．分散分析では，分散分析表に書いた 2 つの自由度を用いて，F 値が従うべき分布を特定することができる．

$$F \sim F(群間自由度, 群内自由度).$$

よって，この分布を使って検定をおこなうことができる．今回の場合，F 値は自由度から $F(3, 352)$ に従うことがわかる．$F(3, 352)$ の分布は図 12.9 に示した．

12.5.2 ◇ F 検定の手続き

さて，話を検定に進めよう．F 分布を用いて，平均に差があることを確かめる手続きは **F 検定** と呼ばれる．今回の帰無仮説は「群内平方平均と群間平方平均が同じである」（群内と群間の散らばりが同じ）である．このとき，帰無仮説は F 値を使って次のように表現される．

帰無仮説：$F = \dfrac{群間平方平均}{群内平方平均} = 1$ （群内平方平均＝群間平方平均）．

---

8) 確率変数 F が自由度 (k_1, k_2) の F 分布に従うとき，F は 2 つのカイ二乗分布に従う変数 $\chi_1^2 \sim \chi^2(k_1)$，$\chi_2^2 \sim \chi^2(k_2)$ を使って，次式で表現できる．確率密度関数は煩雑なので，ここには示さない．

$$F = \frac{\chi_1^2/k_1}{\chi_2^2/k_2}.$$

一方，対立仮説は「群内平方平均より，群間平方平均のほうが大きい」（群内よりも群間の散らばりが大きい）である．

$$\text{対立仮説}: F = \frac{\text{群間平方平均}}{\text{群内平方平均}} > 1 \quad (\text{群内平方平均} < \text{群間平方平均}).$$

つまり，観測された F 値が大きいほど，群間の散らばりのほうが大きいことを意味し，帰無仮説が想定する状況から遠いと判断できる．

検定の棄却域は上側，F 値の大きい領域に設定される．有意水準 5% の検定をおこなうときは，上側 5% が棄却域になる（図 12.9）．

棄却域の端点は F 分布表（表 A.4）を使って求めることができる．表 A.4 によれば，$F(3, 352)$ の端点はおおよそ 2.62〜2.65 の間にあるようだ[9]．今回得られた F 値は 22.39 なので，2.65 をはるかに超え，棄却域内に位置する．よって，帰無仮説を棄却し，対立仮説を採択する．

F 検定の手続きをまとめておこう．

■ F 検定の手続き

1. 有意水準を決定しておく．
2. 分散分析表を埋め，F 値を求める．
3. 帰無仮説・対立仮説を確認する．

   - 帰無仮説：$F = 1$
   - 対立仮説：$F > 1$

4. 得られた F 値と自由度 (群間自由度, 群内自由度) の F 分布の棄却域の下限 F_0 とを比較する．

   - $F \leqq F_0 \Longrightarrow$ 帰無仮説を受容，対立仮説を棄却．
   - $F > F_0 \Longrightarrow$ 帰無仮説を棄却，対立仮説を採択．

12.5.3 ◇ 結果の解釈と注意点

分散分析の結果，F 検定は帰無仮説が棄却された．どうやら 4 ヵ国の平均には差があるようだ．しかし，分散分析は平均が異なること以外はわからな

---

9) 厳密な値は，エクセルや R を使えば求められる．

い．つまり，どこにどのくらいの違いがあるのかはわからない．違いを明らかにするためには，また別の分析が必要になる[10]．

さて，結果の解釈に移ろう．今回の分析が示唆するのは，国によって夫の家事時間が異なる，ということである．では，なぜ国によって異なるのだろうか？　ここから，新たな仮説を考えなければならない．

ありうる説明のひとつは福祉制度である．G. エスピン＝アンデルセンは，福祉制度のあり方（福祉レジーム）には3パターンある，と提唱している（Esping-Andersen 1990＝2001）．3パターンは，家事・育児・介護などのケアを誰が担うか，という違いにより分類されている．アメリカのように市場が担うか（自由主義），スウェーデンをはじめとする北欧諸国のように政府が担うか（社会主義），フランスを代表とする企業・家族などのコミュニティが担うか（保守主義），である．

日本は3パターンいずれにも当てはまらない，微妙な位置づけになっている[11]．日本の場合，家庭内の分業という軸を入れるとより理解しやすい[12]．日本は男性が仕事をして収入を得ることを想定する「男性稼ぎ主」型であり，家庭内で女性が家事育児などを負担することが多い（大沢 2007）．

そのように考えると，日本・フランスの家事時間の少なさは理解しやすいだろう．家族に負担が集中し，分業意識の強さが夫の家事時間の少なさを助長している，と解釈できるかもしれない．アメリカの分散の大きさは，家庭内のケアをアウトソーシングできるほど豊かか，という経済的な格差を反映した結果かもしれない．また，スウェーデンではケアに政府の支援があるので，全体のケア負担が減り，仮に夫が仕事で忙しかったとしても，小さなことから家事参加しやすくなり，家事時間に反映されている，と考えることができるだろう．この解釈もまた，さらなる検証が待たれる．

---

10) たとえば，分散分析の延長で多重比較法がある．あるいは，回帰分析（第14章）などさまざまな手法がありうる．

11) エスピン＝アンデルセン自身は，日本を保守主義と自由主義の中間に位置づけようとしている（Esping-Andersen（1990＝2001: 263-264）内の訳者の一人，宮本太郎の解説を参照）．

12) 実際，エスピン＝アンデルセンの福祉レジーム論は，フェミニズムからジェンダーの観点が抜けていると批判を受けた．エスピン＝アンデルセンは後にこの批判を取り入れている（Esping-Andersen 1999＝2000）．

| Chapter **13** |

年収と年齢の関係
── *t* 分布と相関係数の検定 ──

　日本の雇用形態の特徴は，終身雇用と年功序列の給与体系である．ならば，日本の有職者の間には，年収と年齢との間には，正の相関がみられるはずだろう．しかし，その相関が弱い（相関係数が小さい）とき，相関が本当にあるのか，どのように判断すればよいだろうか．この章では，相関係数の検定を学び，その過程で *t* 分布を学ぶ．

13.1 ◆ 日本人の年収分布は年功序列を反映しているか？

　さてここで，第 3 章で見た散布図をもう一度見てみよう（図 13.1）．この図には，年齢と年収の関係が示されている．

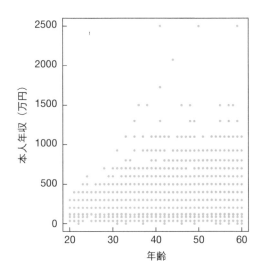

図 13.1 | **再掲：年収と年齢の散布図**（20～60 歳，有職者限定，JGSS-2010 より．）

この図 13.1 から，何かしらの傾向をつかむことができるだろうか．一見して，わずかながらに正の相関を見出すことができるかもしれない．しかし，第3章で見た通り，この2変数の相関係数は 0.086 であった．

ここで問題になるのは，**この相関係数は 0 なのかどうか？** ということである．0と言い切ってしまえば楽だけれど，約 0.1 とみれば，0 とは言い切れない気持ちにもなる．だからこそ，念のために確認しておきたい．ここで再び検定の出番となる．

13.2 ◆ t 分布

13.2.1 ◇ 相関係数に対する検定

相関係数に対しても検定が用意されている．母相関係数[1] を ρ として，次のような帰無仮説と対立仮説を立てよう．

帰無仮説：$\rho = 0$，対立仮説：$\rho \neq 0$.

帰無仮説の下で，つまり母集団における相関係数が0である，という仮定の下では，次の確率変数 t は自由度 $N-2$ の **t 分布**に従うことがわかっている．ここで N はサンプルサイズである．

$$t = \frac{r\sqrt{N-2}}{\sqrt{1-r^2}} \sim t(N-2).$$

ここで r は標本相関係数，つまりサンプルから得られた相関係数である．t の式から，$r=0$ であれば，$t=0$ とわかる．t 分布を使って棄却域を設定し，データにもとづき計算された t が棄却域に入るかどうかを調べればよい．

13.2.2 ◇ t 分布

では，t 分布とはどのような分布なのだろうか[2]．t 分布はじつは標本平均

---

1) 母相関係数とは，母集団における相関係数である．ここでの「母」の使い方は母平均，母分散と同じである．

2) 理論的には，次のように定義される．X が標準正規分布（$N(0,1)$），Y が自由度 k のカイ二乗分布 $\chi^2(k)$ に従うとする．このとき，次式で定義される T は自由度 k の t 分布に従う．

$$T = \frac{X}{\sqrt{Y/k}}.$$

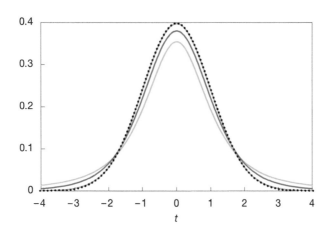

t 分布（青：自由度 2，紺：自由度 5，紫：自由度 50）**と標準正規分布**（黒点線）

とも深い関連を持つ.

中心極限定理 (定理 5.1) でも紹介したように，標準化した標本平均 $(\bar{X}-\mu)/\sigma$ は確率的に変化し，正規分布に従う．しかし，それは「N（サンプルサイズ）が十分に大きければ」という条件つきだった．サンプルサイズ N が小さいときには，正規分布ではなく t 分布に従う．

$$\text{標準化した標本平均}:\frac{\bar{X}-\mu}{\sigma}=\frac{\sum_{i=1}^{N}X_i/N-\mu}{\sigma}\sim t(N-1).$$

ここに，μ は母平均，σ は母標準偏差，N はサンプルサイズである．

t 分布も χ^2 分布と同様に自由度を持つ．サンプルサイズ N の標本平均 $\bar{X}$ を標準化したものは，自由度 $N-1$ の t 分布に従う．

図 13.2 に 3 つの異なる自由度の t 分布の形，そして標準正規分布を示した．t 分布の特徴は，正規分布よりも山が低く，すそが高いことが挙げられる．しかし，自由度が大きくなるにつれて（サンプルサイズが大きくなるにつれて），標準正規分布に近づいていく．図 13.2 を見ると，自由度が 50（サンプルサイズでいえば $N=51$）の場合に，標準正規分布とほぼ同一の分布になっていることに気づくだろう．

13.2.3 ◇ t 分布による検定：相関係数の検定

ここで 13.2.1 項の相関係数の話に戻ろう．母相関係数 ρ が 0 か否かを検定

することを考えていた．帰無仮説と対立仮説は次の通りであった．

帰無仮説：$\rho = 0$, **対立仮説**：$\rho \neq 0$.

このとき，次式で定義された t は自由度 $N-2$ の t 分布に従う．

$$t = \frac{r\sqrt{N-2}}{\sqrt{1-r^2}} \sim t(N-2).$$

まずは t の値を求める必要がある．図 13.1 で示された年齢と年収の相関係数 $r = 0.086$ を，サンプルサイズ $N = 2548$ と合わせて代入すれば，

$$t = \frac{0.086\sqrt{2548-2}}{\sqrt{1-0.086^2}} = 4.36$$

となる．

母相関係数 ρ が 0 かどうか，有意水準 5%で検定しよう．そのために，t 分布表から棄却域の端点 $t_{0.05}(N-2)$ を確認して，先ほど求めた t が棄却域の端点より大きいか比較する必要がある．今回の場合，自由度が $2548-2 = 2546$ なので，正規分布とほぼ同じと考えてよい（図 13.3）．よって，有意水準 5%では，t 値が 1.96 より大きいかどうかが焦点となる[3]．4.36 は 1.96 より大きいので，帰無仮説を棄却し，対立仮説 $\rho \neq 0$ を採択する[4]．

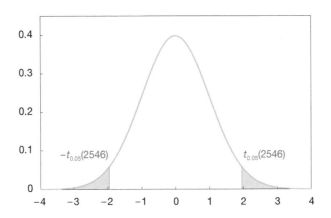

図 13.3 | **自由度 2546 の t 分布における両側検定の棄却域**（有意水準 5%）

---

3)　いちおう，t 分布表（表 A.2）の一番下（自由度 ∞）の部分からも確認できる．ほかの自由度の値も t 分布表（表 A.2）を見れば確認できる．

4)　このように t 分布を用いた検定を t **検定**と呼ぶ．

0 ではないとする対立仮説は採択されたものの，相関係数の値自体は小さいことに変わりない．これをどう評価するかは分析者しだいである．

しかし，この年齢と年収の関係を別の分析を通してみると，また違った景色が見られる．第 14 章の回帰分析で，年齢と年収の関係を再検討してみよう．

| Chapter **14**

ワイン評論家を出し抜く方法
——回帰分析——

　樽を開けずに，熟成中のワインの価格を予測することができるだろうか？　年齢の影響を統制した上で，年収の男女差を明らかにすることができるだろうか？　回帰分析はこれらの問題を扱うことができる.

　回帰分析は社会学や経済学における最も基本的な分析手法であり，最も応用の幅が広い手法であり，そして，強力な手法でもある.

　この章では，回帰分析の基本，すなわち回帰分析の原理や係数等の解釈の仕方を学ぶ. 回帰分析は強力だが，注意点も多いので，この章を通じてぜひ押さえておきたい.

14.1 ◆ ワイン価格の予測式

　おいしいワインは，値が張る[1]. これはワインに詳しくなくても，わかることかもしれない.

　さて，このワインの価格に大きな影響を与えているひとりのワイン評論家がいる. ワイン評論家のロバート・パーカーは，世界で最も有名なワイン評論家のひとりである. 彼は 100 点満点でワインに点数をつける. この点数は「パーカーポイント」と呼ばれ，ワインの仕入れ値に大きな影響を与えている. パーカーポイントの高いワインは高値で取引される傾向がある.

　ワインは，ソムリエのイメージにもあるように嗅覚・味覚・視覚すべてを使って味わうものである. よって，その評価もソムリエのような優れた感覚を持つ人にしかできないように思われる.

　しかし，計量経済学者アッシェンフェルターはワイン業界に一石，ならぬ一式

---

1)　14.1 節の話は，Ayers（2007＝2010）の一部をベースにしている. ちなみに，この本の冒頭に載っているワイン方程式は誤りである.

を投じた．ボルドーワインの価格を予測する式を提示したのだ（Ashenfelter et al. 1995)[2]．

$$\log \left(\frac{\text{ある年のビンテージの平均価格}}{\text{1961 年ビンテージの平均価格}} \right)$$

$$= -12.145 + 0.00117 \times \text{冬の降雨量}$$

$$+ 0.614 \times \text{育成期平均気温}$$

$$- 0.00386 \times \text{収穫期降雨量}$$

$$+ 0.0239 \times \text{1983 年基準でのワインの熟成年数}.$$

この式は，ある年のビンテージワインの平均価格を，1961 年との比較をもとに求める式である．気象情報と熟成年数のデータを用いて予測していることが確認できる[3]．

この価格式に対して，ワイン業界からはおおむね好意的……な反応があるはずもなかった（Ayers 2007＝2010: 19)．

- 「激怒から爆笑の間くらい」
- ディーラーがブーイング
- 「このやり方自体バカげている」

当のパーカーもまた，当然この式を「まるっきりペテン師でしかない」と非難した[4]．

このワイン価格の予測式は，**回帰分析**という分析方法によって得られたものである．回帰分析はデータにおける線形的な関係，もっと簡単な言葉でいえば一次関数のような関係[5]を捉える分析方法である．アッシェンフェルター

---

2) アッシェンフェルターが分析に用いたデータは web で公開されているので，結果を再現できる．
   http://www.liquidasset.com/orley.htm

3) アッシェンフェルターは，ワインの「寝かせないと価格がわからない」という特性から，若いワインは取引されにくく，老いたワインは活発に取引されることを鑑みて，ワインの価格予測式を考えた，と述べている．

4) さらにパーカーはこの式を皮肉たっぷりに，次のように非難している．

   ワインの見方としてはじつに野蛮極まりないものだ．あまりにバカげていて笑ってしまうほどだ．
   かれの家に招かれてワインをふるまわれるのはご免だ．（Ayers 2007＝2010: 19)

5) 説明変数が増えれば，直線は平面へと次元が増加する．

はこの回帰分析を用いて，まだ樽に寝かせているワインの価格を予測することもできたのである．

　回帰分析の利点は，回帰分析によって被説明変数の散らばりがどの程度説明されたか，わかることである．この「説明」[6]という観点から見れば，ワイン価格の予測式は優秀といえる．被説明変数であるワインの平均価格の散らばりの約 80% を説明する式だからだ．

14.2 ◆ 回帰分析の枠組み

14.2.1 ◇ 回帰分析とは

　回帰分析とはどういうものか．百聞は一見に如かず，ということでまずは具体例を見てもらおう．

　図 14.1 に，ISSP-2009 データセット（GESIS 2017）[7]を用いておこなった回帰分析を示す．図の横軸は年齢で，縦軸は個人年収である．分析に用いたデータは 20 歳から 65 歳の有職者に限定している．散布図の上に書かれている青い線が，回帰分析の成果であり，「個人年収（被説明変数）を年齢（説明変数）によって回帰分析をおこなった結果」である．この青い線は**回帰直線**と呼ばれ，次の一次関数の式で表現されている．

$$個人年収 = 170.96 + 4.48 \times 年齢.$$

このように，被説明変数 y について説明変数 x を用いて，

$$y = \beta_0 + \beta_1 x$$

と表現したとき，係数 β_0, β_1 を求めることが回帰分析である．ここで，x の

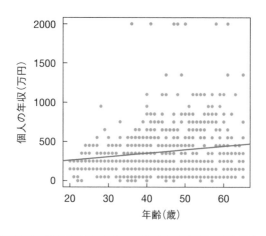

図 14.1 回帰分析の例（横軸：年齢，縦軸：個人年収，ISSP-2009 データセットより）

係数 β_1 は一般に**（偏）回帰係数**と呼ばれる（あるいは，単に係数と呼ぶこともある）．また，β_0 は**切片**（あるいは**定数項**）という．

14.2.2 ◇ 最小二乗法

この回帰係数はどのように決まるのだろうか．結論からいえば，**最小二乗法**という方法を用いる[8]．最小二乗法は「散らばりを二乗したものを最小にする方法」である．図を交えてもう少し説明してみよう．

いま，2 変数 x, y についての散布図が与えられている．サンプルサイズは N 人であり，i 番目の人（id が i の人）のデータは (x_i, y_i) と座標で表現される．図 14.2 に状況を示した．

この散布図にそれらしい直線を引く方法，言い換えれば，ワインの価格予測のように，説明変数 x_i で被説明変数 y_i を予測する直線 $y = \beta_0 + \beta_1 x$ の切片 β_0 と回帰係数 β_1 を推定することを考える．

これから求めようとしているのは，予測を大きく外さない β_0, β_1 である．予測値を求めるには，回帰直線を利用する．回帰直線 $y = \beta_0 + \beta_1 x$ は x の情報を使って，y の値を予測する式とみなすことができる．β_0, β_1 を推定するためには，予測値と観測値のズレを求める必要がある．

---

8) 最小二乗法は，歴史的にはガウスとルジャンドル，2 人の数学者が独立に発見した手法である．

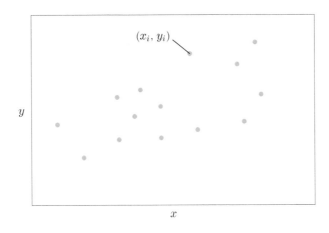

| 図 14.2 | **散布図とデータ** (x_i, y_i)

i 番目の人の説明変数 x の値は x_i を表すのであった．この情報 x_i を使って，被説明変数 y の値を予測する．その予測値 $\hat{y}_i$ は回帰分析 $y = \beta_0 + \beta_1 x$ を使って次のように表現できる[9]．

$$\text{回帰直線にもとづく予測値}：\hat{y}_i = \beta_0 + \beta_1 x_i.$$

予測値 $\hat{y}_i$ と実際に得られた観測値 y_i には当然ズレが生じる．観測値と予測値のズレは次式のように与えられる．このズレは**残差**と呼ぶ（図 14.3）．

$$\text{観測値と予測値のズレ＝残差}：e_i = y_i - \hat{y}_i = y_i - (\beta_0 + \beta_1 x_i).$$

すべてのデータの x_i に対して残差が計算できる．さて，データ全体でこの残差を最小にするような β_0, β_1 を求めたい．しかし，この残差の和を最小にしようとすると，偏差の和が 0 になるように（2.5.1 項），正負で消しあってしまい 0 になるのでうまくいかない．そこで分散のときと同じように，残差を 2 乗して，それを最小化しよう，というアイディアが出てくる．全サンプルの残差の 2 乗をたしたものを**残差平方和**と呼ぶ．

$$\text{残差平方和}：S(\beta_0, \beta_1) = \sum_{i=1}^{N} e_i^2 = \sum_{i=1}^{N} (y_i - \beta_0 - \beta_1 x_i)^2.$$

---

9)　＾は「はっと」と読む．$\hat{y}$ と書かれていたら「わいはっと」と読む．

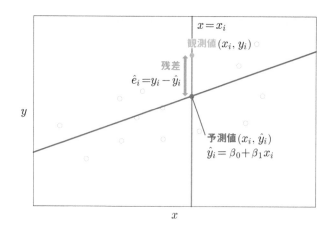

図 14.3 | **予測値と残差**

　残差平方和は，観測値と予測値がどの程度ズレているかを表す指標であり，この値が小さいほどズレの少ない良い予測である，といえる．この残差平方和の中で，私たち分析者が調整できるのは β_0（切片）と β_1（係数）だ．そこで，残差平方和を最小にする切片 β_0 と係数 β_1 の組み合わせを探す[10]．これが，最小二乗法である．

---

10) 残差平方和 $S(\beta_0, \beta_1)$ は，どんなにゴツい式に見えても β_0, β_1 の二次関数の形をしているのは変わりない．なので，気合を入れれば高校 1 年生でも頂点を求めることで $S(\beta_0, \beta_1)$ を最小にする β_0, β_1 を求めることができるがあまりお勧めはしない．
偏微分を用いれば，より簡単に計算できる．つまり，$S(\beta_0, \beta_1)$ を β_0, β_1 でそれぞれ偏微分をして，0 になる点が極値である．この極値は $S(\beta_0, \beta_1)$ が β_0, β_1 の二次関数なのでゆえに最小値になる，ということである（本当はもう少し確認すべきことはあるけれど）．

$$\frac{\partial S}{\partial \beta_0} = -\sum_{i=1}^{N} 2(y_i - \beta_0 - \beta_1 x_i) = 0,$$

$$\frac{\partial S}{\partial \beta_1} = -\sum_{i=1}^{N} 2x_i(y_i - \beta_0 - \beta_1 x_i) = 0.$$

この連立方程式を解けば，以下を得る．

$$\beta_0 = \bar{y} - \beta_1 \bar{x}, \ \beta_1 = r_{xy}\frac{\sigma_y}{\sigma_x}.$$

ここに $\bar{y}, \bar{x}$ はそれぞれの変数の平均であり，σ_y, σ_x は標準偏差である．また，r_{xy} は相関係数である．

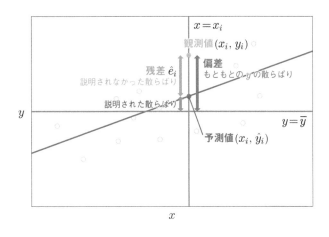

| 図 14.4 | **説明された散らばりと説明されなかった散らばり**

14.2.3◇ 「変数を説明する」とは

　回帰分析によって得られた回帰直線は，被説明変数の散らばりを**説明**する．この「説明」とはどういうことだろうか．図を使いながら解説しよう．

　被説明変数 y の散らばりは，**偏差**として表現されたことを思い出そう．y の平均 $\bar{y}$ との差が y の散らばりを表現していると考えられる[11]．つまり，偏差 $y_i - \bar{y}$ は被説明変数 y の「**もともとの散らばり**」を表していると考えられる．

　回帰直線は，この偏差を二分する．そのうちのひとつが残差である．回帰直線は，被説明変数の値を平均で予測する（$\hat{y}_i = \bar{y}$）より[12]も，（たいてい）良い予測（図 14.4 の赤い点）を与える．それでも残った散らばりが残差である．よって残差 $y_i - \hat{y}_i$ は，**回帰直線でも「説明されなかった散らばり」**と表現することができる．

　また，偏差のうち予測値と平均の差 $\hat{y}_i - \bar{y}$ は，回帰分析によって予測が向上した部分だ．なので，この部分は**回帰分析によって「説明された散らばり」**の部分である．

　以上の 3 つの散らばりには，図 14.4 を見ればわかる通り，次の関係がある．

---

11) 偏差を 2 乗して平均をとったものが分散で，これが散らばりの指標だったことを思い出そう．
12) 別の表現をすれば，切片だけで回帰分析をする（$y = \beta_0$）と，切片は必ず平均に一致する（$\beta_0 = \bar{y}$）．なので，平均から予測することと，説明変数を何も使わずに回帰分析をおこなうことは同じ結果をもたらす．

$$\underbrace{y_i - \bar{y}}_{\text{もともとの散らばり}} = \underbrace{(y_i - \hat{y}_i)}_{\text{説明されなかった散らばり}} + \underbrace{(\hat{y}_i - \bar{y})}_{\text{説明された散らばり}}.$$

この式の両辺を 2 乗し，整理して全サンプルに対して和をとると，以下のように表現できる[13]．

$$\underbrace{\sum_{i=1}^{N}(y_i - \bar{y})^2}_{\substack{\text{もともとの散らばり}\\\text{偏差平方和}}} = \underbrace{\sum_{i=1}^{N}(y_i - \hat{y}_i)^2}_{\substack{\text{説明されなかった散らばり}\\\text{残差平方和}}} + \underbrace{\sum_{i=1}^{N}(\hat{y}_i - \bar{y})^2}_{\substack{\text{説明された散らばり}\\\text{回帰平方和}}}.$$

まず，左辺は**偏差平方和**，偏差を 2 乗したものの合計である．分散をサンプルサイズで割る前の形[14]，といえば「散らばり感」がつかめるだろうか．右辺の第 1 項は**残差平方和**と呼ばれるもので，残差 $e_i = y_i - \hat{y}_i$ の 2 乗和である．右辺第 2 項は回帰直線で説明された散らばりで，**回帰平方和**という名前がついている．

この関係式から「説明された散らばり」が「もともとの散らばり」の何割を占めているかを計算することができる．これを定式化したものが**決定係数**であり，R^2 と書かれることが多い[15]．

$$\text{決定係数}: R^2 = \frac{\text{回帰平方和}}{\text{偏差平方和}} = 1 - \frac{\text{残差平方和}}{\text{偏差平方和}}.$$

決定係数は 0 から 1 の値をとり，回帰分析によって被説明変数の散らばりの何％が説明されたかを示すものである．つまり，決定係数が大きいほど，回帰直線がデータに対してよく当てはまる（適合している，よく説明している）ことを表している．

---

13) 定数項を含む回帰分析では，残差 $e_i = y_i - \hat{y}_i$ について次の 2 つが成立する．

(1) $\sum_{i=1}^{N} e_i = 0$.

(2) $\sum_{i=1}^{N} e_i x_i = 0$.

(1) は回帰分析に定数項が入っているので満たされる．(2) は最小二乗法の性質から得られる．これらを用いることで偏差平方和の分解式が得られる．詳しい証明は，たとえば羽森 (2009) を参照せよ．

14) 分散と見比べてほしい．

$$\text{分散}: \frac{1}{N} \sum_{i=1}^{N} (y_i - \bar{y})^2.$$

15) R^2 と書いて「あーるすくえあ」と呼ぶ人が多い．英語で "R-squared" と呼ぶからである．「ど (ed)」はどこ行った，というツッコミはなしでお願いしたい．

しかし，データによっては決定係数は必ずしも 1 にならない（最大値が 1 になるとは限らない）．最大が 1 になるように調整したものが**調整済み決定係数**であり，通常こちらが用いられるし，統計ソフトが出力する値も調整済み決定係数である．調整済み決定係数は次式で定義される．ここに k は説明変数の数である．

$$\text{調整済み決定係数} : adj.R^2 = 1 - \frac{\dfrac{残差平方和}{N - k - 1}}{\dfrac{偏差平方和}{N - 1}}.$$

14.2.4 ◇ 結果の出し方と係数の解釈

回帰分析の結果として，どのようなものを提示すればよいだろうか．回帰分析により得られるものの中で，最も重要なのは回帰係数である．この係数とモデル全体の情報をまとめた表を**回帰分析表**という．回帰分析表には，係数とそれに関連する情報[16]を掲載する．

先ほどの分析をまとめた回帰分析表を表 14.1 に示した．この回帰分析表は，個人収入と年齢の関係を表している．

$$\text{個人年収} = 170.96 + 4.48 \times \text{年齢}.$$

このように示せばわかると思うが，説明変数の係数は「**説明変数が 1 単位上昇すると，被説明変数がどのぐらい変化するか**」を表している．上式の年齢の係数 4.48 は「年齢が 1 歳上昇すると，個人収入が約 4.48 万円増加する」という関係を表している[17]．

| 表 14.1 │ 個人年収に対する年齢の回帰分析表

	係数	標準誤差
切片	170.96*	50.2
年齢	4.48*	1.09

$N = 621.$　$^* : p < 0.05.$　調整済み $R^2 = 0.025.$

---

16) 係数についている*は「係数が統計的に 0 でないこと」を検定した結果を示している．詳しくは 14.5 節を参照せよ．

17) **注意！**：回帰分析は基本的に変数間の関係を教えてくれるものであって，因果関係までは教えてくれないことがほとんどである．この議論は 14.4.3 項で再び触れる．

ところで，この結果自体は非常に納得させられるのではないか？　少なくとも，日本の有職者の間では，年齢が高いと給料が高い傾向にあることがわかる．年功序列型の賃金構造を想起させる結果である．

　回帰分析の良いところは，この係数の解釈の簡単さである．本章のデータでは，年齢と個人収入の相関係数は 0.16 である．データ分析の結果として，相関係数と回帰分析，どちらがわかりやすいだろうか．相関係数は関連の向きと強さを教えてくれるが，具体性に欠ける．その一方で，回帰分析の係数は非常に具体的だ．この意味では，回帰分析に若干の分がある．

14.3 ♦ たくさんの変数との関連を見る：重回帰分析

14.3.1 ◇ 離散的な説明変数を扱う

　個人収入に関して，年齢以外にも年収を決める要因があるんじゃないか，というさらなる疑問が浮かび上がるだろう．たとえば，性別や雇用形態などが挙げられる．

　回帰分析は複数の説明変数を扱うことができる．説明変数を複数投入した回帰分析を**重回帰分析**と呼ぶことがある．なお，**投入**とは，回帰分析の説明変数として分析に組み入れることである．

　さて，今回は個人収入を被説明変数として，年齢・性別・雇用形態を説明変数とした重回帰分析をおこなう．しかし，分析の前にひとつ考えるべき問題がある．年齢は連続変数であるが，性別や雇用形態は明らかに離散変数である．離散変数を回帰分析の枠組みで扱うには，どうすればよいだろうか．

　離散変数を分析するには，**ダミー変数**を用いるとよい．ダミー変数とは，0 か 1 の 2 値しかとらない変数を指す．たった 2 値で何ができるかというと，「特定の属性を持つか否か」を表現することができる．たとえば，性別をダミー変数を用いて「女性ダミー」として次のように表現できる．

$$
女性ダミー = \begin{cases} 1 & 回答者が女性である \\ 0 & 回答者が男性である \end{cases}.
$$

　回答者が女性であれば 1，そうでなければ 0 であるという「女性ダミー」変数を使えば，「女性であることの個人収入への効果」を分析することができる

表14.2 | **個人年収に対する回帰分析表**

	係数	標準誤差
切片	99.17 †	56.68
年齢	5.36*	0.97
女性	−206.30*	24.67
正規	180.22*	28.49

$N= 621$. † : $p < 0.10$, * : $p < 0.05$. 調整済み$R^2 = 0.240$.

（第 7 章の議論を思い出すこと）[18]．

　同様に雇用形態であれば，たとえば正規雇用ダミー（以下，正規ダミー）という変数が考えられる[19]．これも，女性ダミーと同じく次のように定義できる[20]．

$$正規ダミー = \begin{cases} 1 & 回答者が正規雇用されている \\ 0 & 回答者が正規雇用されていない \end{cases}.$$

　これらのダミー変数を用いて回帰分析をおこなうならば，表14.2 のような回帰分析表を得る．説明変数が複数ある場合には，係数の解釈に「**ほかの変数の影響を除いたうえで**」あるいは「**ほかの変数が同じ状況で**」という条件が追加される．つまり，回帰分析は複数の変数を投入することで，変数を統制することができる．

---

18) 今回，分析している ISSP データは，性別が 2 値（男性か女性か）で測定されているため，女性でない人はデータの上では自動的に男性になる．
　しかし，性・ジェンダーのあり方の多様性の観点から，性別の値が 2 値以上である社会調査データも今後現れるだろう．その際には，女性ダミーで 0 の値をとる回答者は「女性ではない」以上の意味を持たないことに注意せよ．より実践的には，つねに質問紙と度数分布表を確認してから分析し，解釈せよ，というアドバイスに集約される．

19) 今回のデータは有職者のみだが，雇用形態にも複数ある．たとえば，正規雇用/非正規雇用/自営業・家族従業者という 3 つのカテゴリー分けも考えられるだろう．この場合，たとえば，非正規雇用ダミーと自営業・家族従業者ダミーという 2 つのダミー変数を作成して，ダミー変数を作成しなかったカテゴリー（今回の例では正規雇用）との差を分析する方法が考えられる．つまり，参照カテゴリー（14.3.1 項）との差からカテゴリーごとの効果を明らかにする，ということである．

20) ダミー変数は，連続変数から作成することもできる．たとえば，貧困線を下回る世帯収入である場合に 1，そうでない場合は 0 をとるような相対的貧困ダミー（1.1.2 項）が考えられる．連続量のまま分析したほうが情報量が多いのではないか，という疑問が浮かぶかもしれない．基本的にはその通りだが，連続量の間に社会的な意味が異なるものが含まれる場合がある（いわゆる 103 万円の壁など）．また，カテゴリー化することによって概念に寄り添った分析をおこなうことができる（年収を連続変数のままで分析すると，「貧困によって……」という説明は難しい場合もある）．このように，仮説や状況に応じて変数のリコードを考えなければならない．

今回の分析でいえば，年齢の効果は次のように解釈できる[21]．

性別や雇用形態の影響を除いて，年齢が1歳上昇することで，年収は5.36万円上昇する．

あるいは，

性別や雇用形態が同じ人の間で，年齢に1歳の差があるならば，年収は5.36万円の差がある．

と表現してもよいだろう．

重回帰分析は，偏相関係数よりも多くの変数を統制できることが特徴である[22]．なので，今回の分析でいえば，年齢の係数に対しては「性別と雇用形態を統制した上での結果」という解釈になる．

次に女性ダミーの解釈に移ろう．女性ダミーの回帰係数は −206.3 である．ダミー変数の解釈のときには，**参照カテゴリー** との差として解釈する．参照カテゴリーとは，ダミー変数で 0 を与えられているカテゴリーである．今回の女性ダミーの回帰係数の結果は，次のように解釈する．

年齢や雇用形態の影響を除いて，男性に比べて女性は年収が206.3万円低い．

あるいは，

年齢や雇用形態が同じ人の間で，女性の年収は男性に比べて206.3万円低い．

とも表せる．つまり，年収について女性は男性よりおおむね206万円低いことが示唆される[23]．

正規ダミーも女性ダミーと同じように解釈することができる．つまり，ほかの変数を統制した上で，正規雇用されている人は，そうでない人に比べて

---

21) 係数の有意性（14.5 節）を見ると，*マークがついているので，有意水準 5% で年齢の係数が 0 でないことが示されている．

22) なので，重回帰分析の回帰係数を**偏回帰係数**と呼ぶこともある．

23) 冷静に考えると（冷静にならなくとも），大きなギャップに見える．

180.22 万円高い年収を得ている，ということである[24]．

14.3.2 ◇ 回帰分析が与える予測値

回帰分析は，係数の解釈がわかりやすいだけでなく，具体的な予測値[25] を
与えてくれる．今回の分析の**回帰式**（回帰直線を数式の形で表したもの）は，
次のような表現の仕方もできる．なお，D は「ダミー」の略である．

個人年収 $= 99.17 + 5.36 \times$ 年齢 $- 206.3 \times$ 女性 D $+ 180.22 \times$ 正規 D．

いろいろな情報を回帰式に当てはめれば，さまざまなプロフィールを持つ
人の年収の予測値を得ることができる．たとえば，30 歳・男性・正規雇用の
場合は，以下の値を回帰式に代入すればよい．

年齢 $= 30,$ 女性 D $= 0,$ 正規 D $= 1.$

これらを回帰式に代入すると，

個人年収 $= 99.17 + 5.36 \times 30 - 206.3 \times 0 + 180.22 \times 1 = 440.19.$

となる．よって 30 歳・男性・正規雇用の予測収入は 440.19 万円ということ
になる．

この予測値をより視覚的に見てみよう．図 14.5 に表 14.2 の分析から得ら
れた回帰直線を示した．実線が男性，点線が女性，青い線が正規，赤い線が
非正規を表している．

表 14.2 と合わせて見ればわかるが，ダミー変数の係数はすべて切片（直線
の上下のズレ）に表れていることが図 14.5 から見て取れる．たとえば，女性
ダミーの係数は -206.3 であったが，男女の回帰直線の切片の差（同じ線種・
異なる色の線の差）として表現されている．正規ダミーについても，同じ色・
異なる線種の切片の差として現れている．

---

24) なお，参照カテゴリーを変えても本質的には同じ結果が得られる．たとえば，今回の分析で
女性ダミーの代わりに男性ダミーを投入すると，男性ダミーの係数は $+206.3$ となる．女性
ダミーを投入した場合の結果と正負のみが逆転する結果となり，本質的な結果は変わらない
ことがわかるだろう．
25) より正確にいえば，特定のプロファイルを持つ人の年収の予測値の平均である．

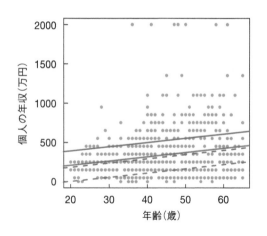

図 14.5 **個人年収と年齢の散布図と回帰直線** (実線:男性, 点線:女性, 青:正規, 赤:非正規)

14.3.3 ◇ 交互作用を捉える

第 4 章で交互作用について学んだが, 回帰分析でも交互作用を扱うことができる. 交互作用効果は特定のカテゴリーで異なる効果を持つことを指すが, 今回の個人年収の分析では, 次のような交互作用の存在が予想される.

年齢による昇給の幅は, 正規・非正規によって異なるのではないか?

このような交互作用を回帰分析で検討するには, 変数の積を回帰分析に投入すればよい. つまり, 回帰式は次式のようになる.

$$個人年収 = \beta_0 + \beta_1 年齢 + \beta_2 女性 D + \beta_3 正規 D + \beta_4 \underbrace{年齢 \times 正規 D}_{交互作用項}.$$

回帰式の右辺の最後の項が交互作用を表しており, これを**交互作用項**という[26].

では, この交互作用項は回帰分析をどのように変えるのだろうか. 実際の分析結果を表 14.3 に示した. 表 14.3 で最も注目したいのは, もちろん交互作用項だ. この交互作用項は年齢の係数を正規/非正規によって変化させる. たとえば, 非正規雇用である場合には,

---

26) なお, 交互作用項の積に用いた変数 (今回の場合は年齢と正規 D) の係数を**主効果**と呼ぶことがある.

表14.3 **個人年収に対する回帰分析表**（交互作用項あり）

	係数	標準誤差
切片	220.73*	96.59
年齢	2.76	1.94
女性	−202.60*	24.76
正規	18.73	107.79
年齢×正規	3.49	2.25

$N = 621$. $*:p < 0.05$. 調整済み$R^2 = 0.243$.

$$2.76 \times 年齢 + 3.49 \times 年齢 \times 正規 \mathrm{D} \quad \textbf{年齢に関する項を抽出}$$

$$= 2.76 \times 年齢 + 3.49 \times 年齢 \times 0 \quad \textbf{非正規雇用} \Leftrightarrow \textbf{正規 D}=0$$

$$= 2.76 \times 年齢$$

となる．一方，正規雇用である場合には，

$$2.76 \times 年齢 + 3.49 \times 年齢 \times 正規 \mathrm{D} \quad \textbf{年齢に関する項を抽出}$$

$$= 2.76 \times 年齢 + 3.49 \times 年齢 \times 1 \quad \textbf{正規雇用} \Leftrightarrow \textbf{正規 D}=1$$

$$= (2.76 + 3.49) \times 年齢 = 6.25 \times 年齢$$

となる．まとめると，正規/非正規によって年齢の係数（傾き）が交互作用項の分だけ変化する[27]．図14.6に視覚的に示した．

$$非正規：2.76 \times 年齢,$$

$$正規：6.25 \times 年齢.$$

　この結果は，交互作用項を考えることによって，正規/非正規の昇給の幅の違いを捉えられたことを意味する．

---

27) ただし，年齢と交互作用に関して有意性が消えているので，解釈には注意が必要である．年齢の主効果が消えるとは考えにくい（昇給しないのはさすがにおかしい）ので多重共線性（14.4.6項参照）などでおかしな結果になっている可能性も否めない．複数の分析から再検討することも視野に入れて分析を進める必要がある．

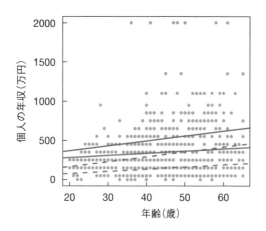

図 14.6│個人年収と年齢の散布図と回帰直線 (交互作用項あり，実線：男性，点線：女性，青：正
規，赤：非正規)

14.3.4 ◇ 非線形回帰

　回帰分析は直線的な関係だけではなく，曲線的（非線形的）な関係を捉え
ることもできる．たとえば，年収と年齢の関係が直線ではなく上に凸な二次
関数的な曲線，もう少しいえば，どこかに個人年収のピークがあると予想し
たとしよう[28]．このような予想は，年齢の 2 乗項を投入した回帰分析により
検討できる．回帰式で表せば，以下のようになる．

$$個人年収 = \beta_0 + \beta_1 年齢 + \beta_2 年齢^2.$$

　このように最小二乗法の枠組みで，曲線的な関係を当てはめる分析を**非線
形回帰**という．

　年齢の 2 乗項を投入した分析結果を表 14.4 に示した．年齢の 2 乗の係数が
負である（−0.32）ので，予想通り上に凸の二次関数の形になっていること
が示唆される．実際，図 14.7 に示したように，ある年齢を境に個人年収が下
がっていることが見て取れる[29]．

---

28) 実際，このような仮定にもとづく賃金の予測は，経済学では Mincer 型の賃金関数と呼ばれ
　　ている（Mincer 1974）．
29) このピークは，簡単な高校数学で求めることができる．いま，回帰式は次のようになってい
　　ることがわかった．
　　　$$個人年収 = -413.50 + 33.05 \, 年齢 - 0.32 \, 年齢^2.$$

表 14.4 ｜ 個人年収に対する回帰分析表 (2 乗項あり)

	係数	標準誤差
切片	−413.50 †	172.68
年齢	33.05*	8.16
年齢^2	−0.32*	0.09

$N = 621$. † : $p < 0.10$, * : $p < 0.05$. 調整済み $R^2 = 0.042$.

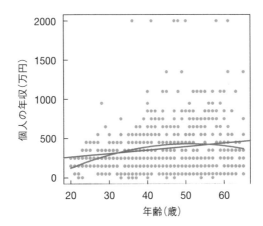

図 14.7 ｜ 個人年収と年齢の散布図と回帰直線 (青： 2 乗項なし, 赤： 2 乗項あり)

14.4 ◆ 回帰分析の注意点

　回帰分析は非常に便利な分析道具だが，注意点がたくさんある．本節でひと通りまとめておこう．

　ここから，年齢についての二次関数とみなして，頂点をとる年齢を求めればよい（高校数学で学んだ通り，二次関数 $y = ax^2 + bx + c$ の頂点は $x = -b/2a$ である）．実際，以下のように求められる．

$$ピークの年齢 = -\frac{33.05}{2 \times (-0.32)} = 51.64.$$

つまり，このデータの分析から，おおよそ 51 歳を境に，平均的には減少に転じると予想される．

14.4.1 ◇ モデル以上のことはわからない

回帰分析は，回帰式で表現されたモデルにデータを当てはめる作業である．なので，モデル以上のこと，たとえばモデルに含まれていない変数のことはわからない．多くの研究では，「あの変数統制した？/考慮した？」という質問が投げかけられる．このとき，モデルに変数を投入していなければ何も答えられない．統制すべき変数は，（理論的）仮説とよく照らし合わせて，可能な限り投入することが望ましい[30]．

14.4.2 ◇ 変数が多すぎてもよくない

しかし，回帰分析において，変数が多いのも考えものである．というのも，結果が複雑になりすぎて係数の解釈が難しくなるからだ．とくに，交互作用項を多く投入する，あるいは3つ以上の変数の積を投入する，といった回帰式を複雑にする分析は，解釈も難しいし多重共線性（14.4.6 項）を招く可能性もあるので避けたほうがよい．

14.4.3 ◇ 安易に「因果関係」を見出さない

たとえ多くの変数を統制したとしても，**「説明変数から被説明変数への影響が因果関係を示している」**という状況は，めったにないといってよい．少なくとも，因果関係を抽出しようと意識して分析しない限り，難しいだろう．

回帰分析を用いて因果関係を特定しようとするときには，さまざまな条件が存在する．

たとえば，そのうちのひとつは「投入されていない変数は，被説明変数と説明変数との間に疑似相関的な関係を持たない」というものである．被説明変数を年収，説明変数を大卒ダミーとして回帰分析をおこなったとしよう．

$$年収 = \beta_0 + \beta_1 大卒ダミー.$$

このとき，年収と大卒か否か，双方に影響を与える変数をすべて統制しなければ，大卒ダミーの係数 β_1 を因果関係として解釈することはできない．

---

30) ただし，因果推論の観点からいえば，やたらめったら統制するのもじつはよくない．たとえば，変数統制の際にバックドア基準を満たす必要がある．バックドア基準について詳しくは Pearl et al.（2016＝2019）を参照せよ．

ここで「能力」[31] という概念的要因を考えると,「能力」が年収と大卒,双方に影響を与えていることがわかる.つまり,高い能力を持つ人は学歴を得やすいし,仕事もよくできるので高い収入も得られるが,低い能力ではそれらは達成されない.「能力」は疑似相関的な位置づけになっているのだ.しかし,「能力」は直接測定できないので,統制することができない.

ここに,「双方に影響を与える変数をすべて統制する」ことが不可能に近いことがわかる.要するに,このような単純な分析であっても,因果的効果を特定するのは難しいのである.因果関係の特定について詳しくは,計量経済学に関連したテキスト(たとえば,Angrist and Pischke(2009=2013)や森田(2014),中室・津川(2017)など)を参照されたい.

14.4.4 ◇ 外れ値に注意

回帰分析によって得られる回帰直線 $y = \beta_0 + \beta_1 x$ は,平均値の組 $(\bar{x}, \bar{y})$ を必ず通る.このように回帰分析は平均値と密接に関係しており,その結果は外れ値の影響を受けやすい.もし,データ内に外れ値が存在する場合には,検討したい仮説と照らし合わせながら,分析から除外するかどうか考えるとよい[32].

14.4.5 ◇ 決定係数 R^2 にこだわりすぎない

決定係数は,回帰分析によって得られた回帰直線がデータにどの程度フィットしているかを示す指標である.しかし,決定係数が高いモデルが必ずしもよいモデルとは限らない.

たとえば,N 人分のデータについて,年収 y を説明する次のような回帰式を考えてみよう[33].

$$y = \beta_1 D_1 + \beta_2 D_2 + \cdots + \beta_{N-1} D_{N-1} + \beta_N D_N.$$

ここに D_i は,データの中の i 番目の人にだけ 1 をとり,それ以外は 0 とな

---

31) ここで想定しているのは,遺伝的ないし先天的と呼ぶべき能力である.ただし,Heckman(2013=2019)が指摘するように,遺伝的能力がすべてを決める,という事態はありえない.

32) あるいは,外れ値があってもなくても,分析結果が大きく変わらないことを確認するとよい.このような作業は,分析結果がどれだけ手堅いものか,つまり**頑健性**を確認する分析である.

33) 回帰分析は柔軟で,定数を除いて分析することも可能である.

る「i 番目の人ダミー変数」である．この回帰式をベースに分析すると，R^2 は必ず 1 になる．説明変数 D_i の係数 β_i が i 番目の人の被説明変数の値 y_i にピッタリ一致するためである（つまり $\beta_i = y_i$）．しかし，この分析には何の意味もない．というのも，この結果は「ある人が y_i 万円の年収を得ているのは，その人特有の何かがそうさせているから」という，何の説明にもならない解釈しか与えないからである．

決定係数は，投入する変数を増やせば上昇する．なので，なんでもかんでも投入して決定係数を上げよう，という分析戦略も望ましくない．決定係数を目的にすると，解釈できないモデルが得られることが多いし，もともとの仮説検討から大きく外れたモデルになってしまいがちである．理論的に意味のあるモデルが複数あったときに，どのモデルが妥当かを選ぶ基準として，決定係数を利用するとよいだろう．

14.4.6 ◇ 多重共線性

多重共線性とは，説明変数間の相関が高すぎるために，分析結果が不安定になることを指す．この多重共線性は，回帰分析で最も注意すべき点である．たとえば，説明変数として個人収入と世帯収入を同時に投入すると，間違いなく多重共線性を起こす．「ある人の世帯収入 = ある人の個人収入 + 世帯のほかの人の個人収入の和」だから，この 2 つの変数は高い相関を持つのである．

ここで，分析結果が不安定になるとは，そもそも結果が出なかったり，出たとしてもサンプルや変数を 1 つ外すだけで係数の正負が変わってしまったりする状態を指す．とくに変数のつくり方から，交互作用項を含むモデルは多重共線性が起こりやすくなる．

多重共線性への対策はいくつか考えられる．たとえば，多重共線性を起こしている変数を抜いて分析することである．また，交互作用項が多重共線性を起こしているのであれば，交互作用項に用いた変数に従ってサンプルを分ける，といったことも考えられる．

どの変数が多重共線性を起こしているかは，**VIF**（Variance Inflation Factor）という指標を用いて確認することができる．VIF は回帰分析において，説明変数ごとに得られる指標である．決まった基準はないが，おおよそ 5 以上の値をとると，その変数が多重共線性を引き起こしている可能性が高い．

表14.5 | **表 14.2 と表 14.3 のモデルにおける VIF**

	表14.2	表14.3
年齢	1.03	4.11
女性D	1.18	1.19
正規D	1.21	17.32
年齢×正規D	——	18.36

たとえば，表14.2と表14.3の2つの回帰分析のVIFを表14.5に示した．表14.3のモデルにおいて，交互作用項（年齢×正規D）と正規ダミー項でVIFが大きい値をとっていることがわかるだろう．このような場合，正規/非正規でサンプルを分割し，似たような結果が得られるかを確認すべきである．

14.5 ◆ 発展：回帰係数の検定

回帰分析でも検定が活躍する．ここでは，回帰係数の検定についてまとめておこう[34]．

回帰分析によって得られる係数が0であるかどうかは，分析者が知りたいことの筆頭であろう．たとえば，収入の回帰分析について女性ダミーの係数が0かどうかは，ジェンダー格差の有無を示す大事な指標である．

回帰係数は標本平均と同じように，確率的に散らばるものであり，標準誤差が存在する．回帰分析表に掲載されている標準誤差がそれである．標準誤差を使えば，回帰係数を標準化することができ，標準化された回帰係数（$(\hat{\beta} - \beta)/(\hat{\beta}$の標準誤差$)$）は t 分布に従うことが知られている．

$$\frac{\hat{\beta} - \beta}{\hat{\beta}\text{の標準誤差}} \sim t(N - p).$$

ここで $\hat{\beta}$ は推定された値（回帰分析表に載っている係数）であり，β は母集団での値（母回帰係数）である．また，N はサンプルサイズ，p は推定する係数の数である[35]．

---

34) 回帰分析の検定には，本節で紹介したもの以外にも，切片以外の変数が0であるかどうかを検定するF検定がある．詳しくは東京大学教養学部統計学教室（1991）を参照せよ．

35) 通常の重回帰分析では，投入した変数の個数 +1 になる．

この式を応用すれば，係数が0かどうかを検定することができる．具体的には，以下のような帰無仮説・対立仮説を設定する．

$$\text{帰無仮説}：\beta = 0, \ \text{対立仮説}：\beta \neq 0.$$

帰無仮説の下では $\beta = 0$ なので，

$$\frac{\hat{\beta} - 0}{\hat{\beta}\text{の標準誤差}} = \frac{\hat{\beta}}{\hat{\beta}\text{の標準誤差}} \sim t(N - p)$$

となる．したがって，t 分布を用いれば検定することができる．

実際，表14.3の女性ダミーについて計算すれば，

$$\frac{\hat{\beta}}{\hat{\beta}\text{の標準誤差}} = \frac{-202.6}{24.67} = -8.21$$

となる．これを自由度 $621 - 4 = 617$ の t 分布と比較すればよいのだが，自由度が大きいので，おおむね標準正規分布と一致する．よって，有意水準5%であれば1.96と比較すればよい．今回の場合 $|-8.21| = 8.21 > 1.96$ なので，帰無仮説が棄却され，対立仮説が採択されることがわかる．その印として，＊マーク（アスタリスクマーク）が係数の隣に書かれている．

An Introduction to
Statistics for Social Sciences

Part IV │ 終わりに

| Chapter **15** |

統計学の応用とこれから
——ビッグデータとベイズ統計学——

　近年，データサイズの増加に伴って，従来の手法とは異なるアプローチが隆興している．この新たなアプローチはビッグデータや，**AI**，機械学習といった言葉で表現されることが多い．

　この章では近年のこの流れを概観し，機械学習と関係の深いベイズ統計学の考え方について概説する．また，最後に本書で紹介した統計学の応用を顧みながら，統計学のこれからについて，少し考えてみよう．

15.1 ◆ ビッグデータの特徴

　この本では，社会調査をひとつの軸として種々の統計学の手法を紹介してきた．社会調査で扱うデータの規模は（国勢調査などを除けば），おおよそ数千，数万人となる．

　しかし近年は，これを超える規模のデータが集まる環境が構築されてきた．Twitter や Facebook などの SNS では毎日膨大な数の投稿がされ，Amazon などの web 通販も日常的に使われるようになった．これらの人々の行動データはすべてサーバーに記録され，企業が何もしなくても，データが収集される時代になった．こうした人々の日常生活の結果として手に入るデータをデジタルトレース (digital trace) と呼ぶ（Salganik 2018=2019: 13）．

　これら web 上に集積されるデータを含む，従来の社会調査を超える規模のデータは**ビッグデータ**と呼ばれている．ビッグデータは 3V（Volume：量，Variety：多様性，Velocity：速度）で特徴づけられることが多い（Salganik 2018=2019: 14）．膨大な量の種々のデータが，自動的に収集されていくのがビッグデータの特徴である．ビッグデータは学術・ビジネス問わず活用されており，機械学習という手法が適用されることが多い．

15.2 ♦ 機械学習とベイズ統計学

15.2.1 ◇ 機械学習

膨大なデータを処理する手法として，**機械学習**が注目されている．機械学習はさしあたり「**データを反復的に学習させることで予測・分類のための規則を生成する分析手法群**」と説明することができる．

ここで「**学習**」という特徴的な言葉が現れた．学習とは，データからパラメータを推定する過程を指す．学習には大きく 2 つの形がある．ひとつは**教師付き学習**である．これは，被説明変数[1] が与えられる推定方法である．本書でここまでに登場した分析手法のほとんどは教師付き学習といってよいだろう．もうひとつの学習の方法は**教師なし学習**だ．被説明変数が存在しないか，与えられない学習であり，クラスタリング[2] などがこれに該当する．

機械学習にはさまざまな手法があるが，ベイズ統計学的な考え方を導入した手法が注目されている[3]（Bishop 2006＝2012）．ベイズ統計学は社会科学においても応用が期待されており（浜田・石田・清水 2019），ベイズ統計学を理解することで，これから用いる（あるいは理解する）分析手法の幅も広がるだろう．

15.2.2 ◇ 頻度主義とベイズ主義の見方の違い

ベイズ統計学はこの本で紹介してきた既存の統計学的手法とさまざまな点で異なっている．その中で最も異なる点として，ベースとなる理論と考え方について説明しよう．

この本で紹介してきた統計学の手法は**頻度主義**にもとづいている．頻度主義とは確率の見方のひとつで，「頻度がそのまま確率を表す」というものである．たとえば「さいころを 10 回投げて「1 の面」が 2 回出た場合，「1 の面」が出る確率は $2/10 = 1/5$ である」という考え方は，頻度主義にもとづいている．

---

1) 分野によっては，目的変数と呼ばれることもある．機械学習においての被説明変数とは，分類においては分析者側が与える「正解」である．
2) クラスタリングとは，サンプルを変数のパターンから分類する分析手法群を指す．
3) もちろん，ベイズ的な手法を用いない機械学習の手法も存在する（ex. サポートベクトルマシン）．

一方，機械学習のベースになっているのは**ベイズ主義**にもとづく**ベイズ統計学**と呼ばれる分野である[4]．ベイズ統計学は，ベイズの公式を理論の根底に置いている．

定理 15.1 （ベイズの公式）

2つの事象 A, B について，次が成立する．なお，$\Pr(A|B)$ は「B が起こっている条件下で A が起こる確率（条件付き確率）」を表す．

$$\Pr(A|B) = \frac{\Pr(B|A)\Pr(A)}{\Pr(B)}.$$

ベイズの公式は，**結果から原因の確率を推定することができる**点がおもしろい．つまり，ベイズの公式の事象 A を原因，事象 B を結果とすれば，次のように，「得られた結果の下での原因の確率」を求めることができる．

$$\Pr(原因 \mid 結果) = \frac{\Pr(結果 \mid 原因)\Pr(原因)}{\Pr(結果)}.$$

この式を理解するために，次項で（有名な例だが）病気の検査を考えてみよう．

15.2.3 ◇ ベイズの定理の活用例：病気の検査結果を解釈する

ある病気の罹患率（全体のうち，病気にかかっている人の割合）は 1% だ．いま，この病気に罹患しているか否かを検査する検査薬がある．この検査薬は，検査対象が実際に病気であれば 98% で「陽性」という結果を示し，2% で「陰性」と示す．一方で，検査薬は検査対象が実際に病気にかかっていない場合，1% の確率で誤って「陽性」と判定してしまう．

さて，あなたがこの検査薬を使って検査をしたところ，「陽性」という結果を得た．このとき，あなたが実際に病気にかかっている確率はいくつだろうか？

この例のポイントは「陽性」が出たからといって，病気であるとは限らな

---

4) 頻度主義とベイズ主義はどちらが「正しい」というものではない．分析者が「良いモデルである」と判断するのであれば，どちらを採用してもよい．

表15.1 ｜ **検査薬と病気の罹患の関係**

罹患率	0.01	0.99
	罹患	**非罹患**
陽性	0.98	0.01
陰性	0.02	0.99

い，という点である．また，「陽性」が出たからといって，98%の確率で罹患しているとも限らない．検査薬の「陽性」と実際の病気の罹患の関係を整理しよう（表15.1）．

この場合，重要なのは「陽性」という情報（検査結果）である．この情報のおかげで，表15.1のうち「陽性」の行だけ眺めればよいことになる．これが条件付き確率の考え方であり，ベイズの公式の見せ場である．「陽性」という結果の下でベイズの公式を使うと，次のように計算できる．

$$\Pr(\text{罹患} \mid \text{陽性}) = \frac{\Pr(\text{陽性} \mid \text{罹患})\Pr(\text{罹患})}{\Pr(\text{陽性})} \qquad \textbf{ベイズの公式}$$

$$= \frac{\Pr(\text{陽性} \mid \text{罹患})\Pr(\text{罹患})}{\underbrace{\Pr(\text{陽性} \mid \text{罹患})\Pr(\text{罹患})}_{\text{罹患して陽性}} + \underbrace{\Pr(\text{陽性} \mid \text{非罹患})\Pr(\text{非罹患})}_{\text{非罹患で陽性}}}$$

$$= \frac{\overbrace{0.98}^{\text{罹患の下で陽性}} \times \overbrace{0.01}^{\text{罹患率}}}{\underbrace{0.98 \times 0.01}_{\text{罹患して陽性}} + \underbrace{0.01 \times 0.99}_{\text{非罹患で陽性}}} = 0.497.$$

この計算から，「陽性」という情報をもとに，あなたが病気に罹患している確率は0.497であることがわかった．このようにベイズの公式を用いれば，結果（陽性であること）から原因（罹患しているか否か）を評価できる．

そして，この例を別の視点から眺めると，次のように解釈することができる．

当初，全体の罹患率の情報しかなく，罹患している確率を0.01（＝1%）と予測せざるをえなかった．しかし，いま検査薬を使い「陽性」という新たな情報を入手した．この情報によって，罹患している確率が0.497に**更新**された．

つまり，新情報による確率の更新という考え方が，ベイズの公式から得られ

る．このように，情報の追加によって推定を変化させることを**ベイズ更新**という．次節でこのベイズ更新の考え方を，本書で扱ってきた頻度主義的な立場と比較してみよう．

15.3 ◆ ベイズ更新と推定

いま，表が出る確率がわからないコインがある[5]．このコインを5回投げると，次のような結果を得た．

裏，表，表，裏，裏．

表を1，裏を0と置き換えれば[6]，コイントスの結果を数字に置き換えることができる．

0, 1, 1, 0, 0.

このとき，頻度主義とベイズ主義のそれぞれの立場から，コインの表が出る確率を推定しよう．

15.3.1 ◇ 頻度主義の場合1：最小二乗法

頻度主義の立場からは，2つの推定方法を紹介する．1つ目は，回帰分析の章（14.2.2項）で紹介した**最小二乗法（OLS）**である[7]．いま，コインの表が出る確率を p としよう．この p を推定したいのだが，最小二乗法の教えに従えば，予測値と観測値のズレの2乗を最小化すればよい．つまり，今回は次式の偏差平方和 $S(p)$ を最小化する p の値を求めることになる．ここに x_i は i 回目のコイントスの結果である．

$$S(p) = \sum_{i=1}^{5} (x_i - p)^2 \quad \textbf{偏差平方和}$$
$$= (x_1 - p)^2 + (x_2 - p)^2 + (x_3 - p)^2 + (x_4 - p)^2 + (x_5 - p)^2$$

---

5) 第7章を踏まえれば，支持率の推定と読み替えられる．
6) コイントスと確率変数の関係（表7.1）を思い出そう．
7) 英語では Ordinary Least Squares と呼ぶので OLS と略される．

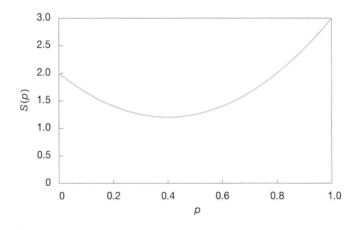

図 15.1 | 偏差平方和 $S(p)$ のグラフ

$$= (0 - p)^2 + (1 - p)^2 + (1 - p)^2 + (0 - p)^2 + (0 - p)^2$$

$$\boldsymbol{x_i} \text{ にデータを代入}$$

$$= 5p^2 - 4p + 2.$$

この偏差平方和 $S(p)$ を最小化する p が，最小二乗法による推定値となる．計算すると，$S(p)$ は $p = 2/5$ で最小になる[8]．図 15.1 を見れば，$p = 0.4 = 2/5$ のところで $S(p)$ が最小になっていることが確認できるだろう．よって，最小二乗法による推定値 $\hat{p}_{OLS}$ は $2/5$ になる．

---

8) 偏差平方和 $S(p)$ は p の二次関数なので，高校数学で学んだ平方完成によって式を整理することができる．

$$S(p) = 5p^2 - 4p + 2 = 5 \left(p - \frac{2}{5} \right)^2 + \frac{6}{5}.$$

この式から，偏差平方和 $S(p)$ は $p = 2/5$ のときに最小値 $S(2/5) = 0^2 + 6/5 = 6/5$ をとることがわかる．

もちろん，微分によっても最小値を求めることができる．偏差平方和 $S(p)$ は下に凸の関数なので，極値は必ず最小値になる．よって $S(p)$ の導関数 $S'(p)$ が 0 になる p の値で極値かつ最小値になる．

$$S'(p) = 10p - 4 = 0 \Leftrightarrow p = 2/5.$$

15.3.2 ◇ 頻度主義の場合 2 : 最尤法

頻度主義にもとづく 2 つ目の推定法は,**最尤法（MLE）**[9] と呼ばれる方法である.

最尤法は,データが生起する確率分布に注目して推定する.コイントスのような 2 値データに対しては,二項分布（定義 7.4）が用いられる.

$$\binom{N}{k}p^k(1-p)^{N-k}. \qquad \textbf{二項分布}$$

今回は 5 回投げて 2 回表が出たことが観測されているので,二項分布にもとづけば,$N=5, k=2$ を代入して次の確率が手に入る.

$$\binom{5}{2}p^2(1-p)^3. \qquad \textbf{5 回中 2 回表が出る確率}$$

この確率は「5 回中 2 回表が出る確率」であるが,別の見方をすれば「**パラメータ p のもとで手元にある『5 回中 2 回表が出る』というデータが得られる確率**」とみなすこともできる.

このように,確率分布を設定すれば,手元のデータが得られる確率 $L(p)$ を計算することができる.この確率 $L(p)$ を**尤度**という.最尤法とは,「尤度 $L(p)$ を最大化する p」を「最も高い確率で手元のデータと同じ結果が得られるパラメータ」と考えて,推定する方法である.

今回のコイントスでは,尤度は先ほど求めた確率である.

$$L(p) = \binom{5}{2}p^2(1-p)^3. \qquad \textbf{尤度}$$

最尤法にもとづいて考えれば,この尤度 $L(p)$ を最大化する p が求める推定値である.実際に計算すると,尤度 $L(p)$ は $p=2/5$ のときに最大になる[10].

---

9) 最尤法の「尤」は「もっともらしい（尤もらしい）」と読む.なので,最尤法は「**最も尤も**らしい**方**法」である.英語では Maximum Likelihood Estimation と呼ばれるので MLE と略される.

10) 尤度の計算の際には,**対数尤度**（log-likelihood）がよく用いられる.対数尤度 $l(p)$ は尤度の自然対数をとったものであり,次式で定義される.統計表ではよく LL と略記される.

$$l(p) = \log L(p).$$

対数をとることで積が和になり,極端に小さい数を扱わずに済むので,パソコンにとっても計算しやすくなるし,統計学的にもいくつか望ましい性質がある（詳しくは Dobson (2002=2008) を参照）.今回のコイントスの場合は,次のように計算できる.

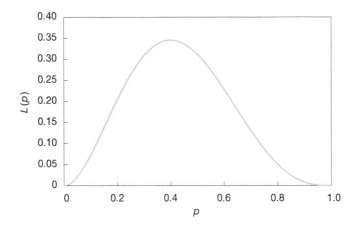

|図 15.2 | **尤度 L(p) のグラフ**

尤度 $L(p)$ のグラフを描いた図 15.2 を見ても，$p = 0.4 = 2/5$ のところで尤度 $L(p)$ が最大になっていることが確認できるだろう．よって，最尤法による推定値 $\hat{p}_{\mathrm{MLE}}$ も，最小二乗法による推定値と同じく $2/5$ になる．

15.3.3 ◇ ベイズ主義の場合：ベイズ更新

最後に，ベイズ統計学にもとづく推定をみてみよう．ベイズ統計学の特徴は 2 つある．

1 つ目の特徴は，推定する対象（母数，パラメータ）を確率変数とみなす点である．頻度主義では p の値を 1 つに定めたが，ベイズ統計学では，頻度主義のように p を 1 つの値とはみなさない．この p 自体を確率変数とみなし，確率的な散らばりを想定する．

ベイズ統計学の流儀に従えば，この p に対して，次の確率密度関数で定義

$$l(p) = \log \binom{5}{2} p^2 (1-p)^3 = 2 \log p + 3 \log(1-p) + \log \binom{5}{2}.$$

対数は単調性があるので，対数尤度 $l(p) = \log L(p)$ の最大化は，尤度 $L(p)$ の最大化と同じである．なので，対数尤度 $l(p)$ を微分し，最大となる p の値を求められる

$$l'(p) = \frac{2}{p} - \frac{3}{1-p} = \frac{2-5p}{p(1-p)} = 0 \Leftrightarrow p = \frac{2}{5}.$$

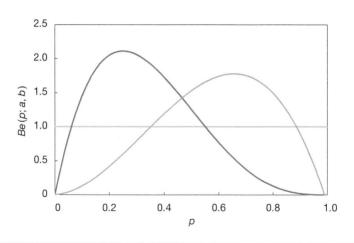

| 図 15.3 | ベータ分布 (青: $a = b = 1$, 紺: $a = 2, b = 4$, 紫: $a = 3, b = 2$)

される**ベータ分布**と呼ばれる分布を想定する[11),12)]. 分布の形を図 15.3 に示した.

$$Be(p; a, b) = \frac{\Gamma(a+b)}{\Gamma(a)\Gamma(b)} p^{a-1}(1-p)^{b-1}. \quad \text{ベータ分布の確率密度分布}$$

2 つ目の特徴は事前分布・事後分布の想定である. ベイズ統計学では, ベイズの法則をベースにした以下の関係を推定に用いる.

$$\Pr(パラメータ \mid データ) \propto \Pr(データ \mid パラメータ)\Pr(パラメータ).$$

ここに, $x \propto y$ は「x と y は比例関係にある (定数 k を使って $x = ky$ と表現できる)」ことを表す[13)] (図 15.4).

この式についてもう少し説明しよう. $\Pr(パラメータ)$ はパラメータ (コイ

---

11) ここに $\Gamma(x)$ はガンマ関数と呼ばれる関数である.

12) ベータ分布は, コイントスの確率分布である二項分布に形が似ている. この特徴によってベイズ更新の際には計算しやすくなっている. このように特定の分布に対応するパラメータの分布を**共役分布**という.

13) 今回の場合, きちんと書くと, 以下のベイズの公式が背景にある.

$$\Pr(パラメータ \mid データ) = \frac{\Pr(データ \mid パラメータ)\Pr(パラメータ)}{\Pr(データ)}.$$

本文中の式では, $\Pr(データ)$ が省略されている. $\Pr(データ)$ は, パラメータに関係ないので, 定数とみなしている.

図 15.4｜ベイズ統計学の推定

ントスの場合は p) の**事前分布**と呼ばれている．データが得られる前のパラメータの分布を表している．$\mathrm{Pr}($データ｜パラメータ$)$ はパラメータをある値に設定したときに，データが得られる確率である．よって，この部分は**尤度**に等しい．事前分布と尤度の積は $\mathrm{Pr}($パラメータ｜データ$)$ に比例する．この確率 $\mathrm{Pr}($パラメータ｜データ$)$ は，データを所与としたときにパラメータが得られる確率を示している．これが**事後分布**である．データを得てパラメータを更新するのは，ちょうど検査によって得られた「陽性」という情報が病気の罹患率をベイズ更新したのと同じである（15.2.3 項）．

　ベイズ統計学におけるパラメータの推定とは，この事後分布を求めることである．実際にコイントスの例でみてみよう．なお，p に関する部分だけを取り出して議論する．事前分布 $\mathrm{Pr}($パラメータ$)$ は，ひとまず適当な仮定を分析者が設定しなければならない．今回は，とくに情報がないので，どの p の値も等しく出やすい $a = b = 1$ のベータ分布に設定しよう[14]．

$$\mathrm{Pr}(\text{パラメータ}) \propto p^{1-1}(1-p)^{1-1} = p^0(1-p)^0 = 1. \ (0 \le p \le 1)$$

　尤度 $\mathrm{Pr}($データ｜パラメータ$)$ は，

$$\mathrm{Pr}(\text{データ}\,|\,\text{パラメータ}) = \mathrm{Pr}(\{0,1,1,0,0\}|p) \propto p^2(1-p)^3.$$

と計算できる．ここから，尤度と事前分布の積は次のように計算される．

$\mathrm{Pr}($パラメータ｜データ$)$　　　　　　　　　**事後分布**

$\propto \mathrm{Pr}($データ｜パラメータ$)\,\mathrm{Pr}($パラメータ$)$　　**尤度×事前分布**

14）このように，無情報なのでどの値も等しい確率で出るだろう，と考えて設定する事前分布を**無情報事前分布**という．この事前分布は，一様分布のように定数（ex. $f(p) = c = const.$）を用いて設定される．

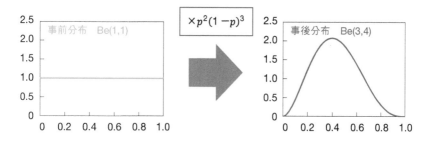

図 15.5 事前・事後分布と尤度の関係

$$\propto p^2(1-p)^3 \times 1$$
$$= p^2(1-p)^3 = p^{3-1}(1-p)^{4-1}. \qquad a=3, b=4 \text{ のベータ分布}$$

よって，p の事後分布は $a=3, b=4$ のベータ分布 $Be(p; 3, 4)$ になることがわかった（図 15.5）．

15.3.4 ◇ ベイズ統計学における推定

「で，値はいくつなの？」と思った読者は，頻度主義の考え方が身に染みすぎている．ベイズ統計学の推定は「分布」を推定することであって，1 つの値を推定することではない．もちろん，分布から 1 つの値を求めることもある[15] が，ベイズ統計学ではあくまで分布に焦点を当てる．

この分布を使えば，区間推定も可能である．分布の上下 2.5%ずつ切り取れば，間の残った区間が 95%**ベイズ信頼区間**となる[16]．

ベイズ統計学の特徴は，更新の考え方にある．先ほどは，5 回分の結果を尤度として一度に掛け算したが，じつは測定 1 回ごとに掛けても同じ結果が得られる．図 15.6 のように次々とデータを与えていってベイズ更新しながら，推定していくことが可能である．このように新しいデータをつけ加えて更新

---

15) たとえば，事後分布の値の最大値を与えるパラメータを点推定の値とする **MAP 推定** (maximum a posteriori, 日本語では最大事後確率推定) というものがある．今回のコイントスの場合，事後分布は $a=3, b=4$ のベータ分布である．MAP 推定によれば $\hat{p}_{\text{MAP}} = 2/5$ であり，最小二乗法・最尤法の結果と一致する．もちろん一般に，この 3 者は一致するとは限らない．

16) ベイズ統計学では，5.4 節で扱ったような信頼区間の面倒くささはない．なぜなら，推定すべきパラメータ（今回の場合はコインの表が出る確率）の扱いが異なるからである．ベイズ統計学では，パラメータ自体が確率的に分布していると捉えるので，「パラメータの実現値が現れる確率が 95%なのは，A から B の間である」といういい方をしてもかまわない．

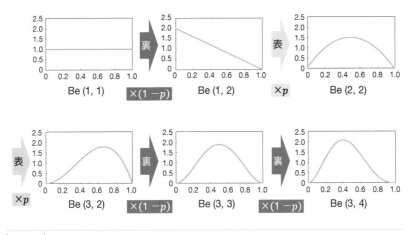

図15.6 | ベイズ更新

することができる推定を**オンライン学習**という.

　対して，これまでの頻度主義にもとづく推定は新しいデータが得られても，ベイズ更新のようにすぐに反映することはできない．いままでのデータに新しいデータを合併させて，再度推定し直す必要がある（このような推定は，**バッチ学習**という）．

　本節では，オンライン学習の特徴をベイズ更新という観点から確認した．機械学習の手法の多くはこのオンライン学習の特徴を備えており，膨大な量のデータが自動的に収集されるビッグデータの分析に適合的である．

15.4 ◆ 統計学と機械学習の応用例

　本書では，社会科学での統計学の利用を中心に手法を紹介してきたが，表15.2のように，少し視野を広げてみよう．統計学や機械学習，ビッグデータという手法の軸と，社会科学とビジネスという活用分野の軸を考えると，4象限の利用場面に分けることができる．本書が（第14章まで）紹介してきたのは，表15.2の左上「社会科学での統計学の利用」にあたる．

　本節では，ほかの3つの象限に関する部分について，いくつかの例を紹介する．ここでビジネスに関する応用も紹介するのは，実際に統計学が使われ

| 表 15.2 | ビジネス・社会科学と統計学・機械学習・ビッグデータ

	統計学	機械学習・ビッグデータ
社会科学	本書の各手法	計算社会科学
ビジネス	例：A/B テスト	たくさん

ている現場を見るのはとても有意義なことであり，ひるがえって社会科学的な考え方の重要性を浮き彫りにするからである．

15.4.1 ◇ リスティング広告と A/B テスト

Google や Yahoo! などの検索エンジンを利用すると，緑の文字で「広告」と書かれた項目が現れる．これは**リスティング広告**と呼ばれるものである．リスティング広告を掲載するには，表示させたい検索キーワードに対して，広告主が 1 クリック当たりに支払う金額をオークション形式で入札する必要がある．入札された金額と広告内容に応じて掲載順位（第 1 位は一番上）が決まる．

リスティング広告は 3 つの要素から成り立っている（図 15.7）．まず，検索キーワードに応じて掲出される広告の部分は，リンク文になる**タイトル**と

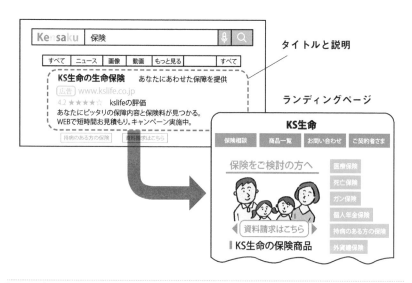

| 図 15.7 | リスティング広告の要素

その下の**説明文**の2つの要素からなる。タイトルをクリックするとページに誘導されるが、この誘導先のページを**ランディングページ**と呼ぶ。以上の3要素は広告主がいじることができる。

リスティング広告では、商品であれば「購入」、保険であれば「成約」、あるいは顧客の「資料請求」が「成果」となる[17]。検索される頻度の高い人気のキーワード（「保険」や「転職」など）になると、掲載順位を高くするために入札すべき金額も高くなる。コストをそれなりにかける以上、成果を追求するのは必然だろう。

では、広告主はどのように成果を追求すればよいだろうか。適当に広告を出すのではなく、掲出している複数のリスティング広告に対する比較の観点を持ち込むことで、よりよい成果を望むことができるだろう。たとえば、2組のタイトルと説明文の候補があったとしよう。せっかくお金をかけて広告を掲出するのであれば、より成果が得られるほうを採用したい。

そういうときに**A/Bテスト**が役に立つ。理屈は簡単で、次の2ステップからなる。まず、目的のキーワードが検索されたときに、2つ（あるいはそれ

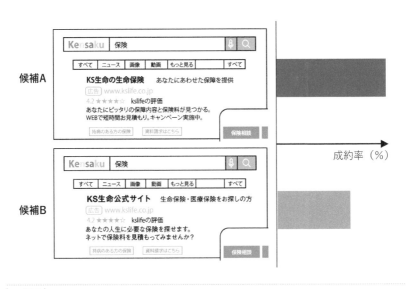

| 図15.8 | **2つのタイトルと説明を比べる**

---

17) 顧客が商品を購入したり、成約・資料請求したりすることを**コンバージョン**という。

以上）の候補の広告がランダムに表示されるようにする．検索したユーザー
は，候補のいずれか1つを目にすることになる．そして，一定期間により多
くの成果が得られた候補を採用すればよい．

　実際，図15.8のように，同じキーワード，同じ広告主であっても，タイトル
と説明が異なることがある．これはまさに，広告主が複数のパターンをA/B
テストによって検証しているのである．もちろん，この背景にあるのは検定
の概念である．また「ランダムに広告を見せる」ことで，バイアスを減じて
いる．

15.4.2 ◇ 計算社会科学

　近年，**計算社会科学**という学問領域が拡大している．計算社会科学は「社
会的世界についてのデジタルデータを用いて社会現象のリアリティとメカニ
ズムの解明を試みる新しい社会科学」（瀧川 2018: 133）と定義される．もう
少しかみ砕いていえば，ビッグデータやスクレイピングデータ[18]，スマホの
センサーデータ，大規模実験等を通じて，社会科学における問いにアプロー
チする学問領域である．

　たとえば，以下のような研究が計算社会科学の領域でおこなわれてきた[19]．

- Amazon の「おすすめ」欄などのデータを用いて，政治的傾向（リベラル/
  保守）によって読む本の傾向が異なるかを確かめる（Feng et al. 2017）.
- 周囲の人が投票に行くと自分も行くようになるのか，Facebook のニュー
  スフィードを使って実験する（Bond et al. 2012）.
- SNS が政治的な意見を強化するかどうか，Twitter 上のデータを集めて確
  かめる（Takikawa and Nagayoshi 2017）.

　社会調査の観点からいえば，計算社会科学がおもしろいのは，サンプルの
とり方にある．第1章で述べた通り，社会調査の基本はランダムサンプリン
グである．母集団からランダムにサンプルを抽出することで，代表性を担保
していた．一方で，計算社会科学では，ランダムサンプリングをつねに求め

---

18) **スクレイピング**とは，web 上のデータを API やプログラミング等の方法を用いて収集する
　　ことを指す．非常に便利な手法だが，収集先のサーバーに負担をかけてしまったり，そもそ
　　も規約で禁止されていたりするので，注意が必要である．
19) より幅広いレビューは瀧川（2018）を参照せよ.

ることはしない．これはおもに2つの理由にもとづいている．

1点目は，調査対象が持つ関係性に注目するためである．従来のランダムサンプリングでは，独立の対象をピックアップするため，対象者が持つ社会的ネットワークを考慮に入れることができない．しかし，web上にはさまざまなネットワークが展開されている．たとえば，人々の関係性の一部はSNSに現れる．書籍をデータ化したデータベースを使えば単語間のつながりを明らかにできるし，論文の引用関係もデータベースから探索することができる．計算社会科学はこの「調査対象が持つ関係性を積極的に捉えることができる」点を評価し，関係性のデータを収集・分析している．

2点目はメカニズムへの注目である．メカニズムに関する問い（1.2節参照）とは，「なぜ」を明らかにする問いであった．この「なぜ」を明らかにするには，代表性は必ずしも必要ではない．大規模・時系列・収集デザイン・分析方法等を工夫すれば，サンプルに代表性がなくてもメカニズム（より積極的には因果関係）を明らかにすることができる．

計算社会科学は着実に成長しつつある研究領域であり，今後の展開に注目したい．

15.4.3 ◇ ビジネスと機械学習・ビッグデータ

最後に，ビジネスと機械学習・ビッグデータの交差点には，すでに膨大な量の応用例がある．言い換えれば，もはや機械学習・ビッグデータを利用したサービスは当たり前に近い領域まできている．私たちの日常にすっかり溶け込んだ応用例をいくつか紹介しよう．

- **迷惑メールの分類** いまやどのメールサービスも，自動的に迷惑メールを振り分ける機能を備えている．この機能にはベイジアンネットワークと呼ばれる機械学習の手法が応用されている．
- **画像の分類** ある飲食店情報サイトでは，ユーザーが投稿した写真の分類（食べ物なのか，お店なのか，メニューなのか）をディープラーニングによって分類している[20]．
- **スマートスピーカー** さまざまな企業がスマートスピーカーを販売してい

---

20) 具体的な事例は `https://engineeringblog.yelp.com/2015/10/how-we-use-deep-learning-to-classify-business-photos-at-yelp.html` にある．

る．ユーザーはスマートスピーカーに話しかけることで，予定を立てたり，疑問を解決したりすることができる．この技術の背景には，機械学習における一分野である音声認識・言語処理技術がある．

- ●**レコメンド機能** さまざまなサイトで商品を購入，あるいは音楽，動画を視聴すると「こちらの商品もおすすめ」と出てくるのは，似たような購入・視聴履歴を持つユーザーの行動から「あなたが次に消費しそうなもの」を機械学習の手法群を用いて推定しているからだ．

機械学習やビッグデータはビジネスに広く応用されてきた．だからこそ，その応用の限界を考えることも重要な観点だ．次項では，機械学習のベースになるビッグデータとその結果について，社会調査の観点から見てみよう．

15.4.4 ◇ 機械学習・ビッグデータを社会調査の観点から見直す

機械学習の結果は，使うモデルだけでなく，学習させたデータに依存する．こと人や社会への応用には注意が必要だ．機械学習・ビッグデータの応用可能性を考える際には，社会調査の知見が有用である．

2つほど，AIを使った事例を紹介しよう．ここでAIは，さしあたり機械学習によって構成された学習・応答する統計モデルだと思ってほしい．

1)「人種差別的」な美人コンテストAI

ロシアのとあるベンチャー企業は「美人コンテスト」をおこなうために，「顔写真を送ると採点するAI」をアプリとして公開し，人々の参加を促した．後にこのAIによる「美人コンテスト」には「人種的な偏向がある」と指摘された．コンテスト上位にアジア系や有色人種がまったくいなかったからである．調べてみると，美人コンテストに使われたAIが学習した画像が白人中心であった（人種的な偏りがあった）ために，このような事件にいたったことがわかった（河 2018）．

2) ナチス崇拝者と化した対話AI

ユーザーと会話しながら，会話の仕方を学習していくMicrosoftのAI "Tay"が，ユーザーとコミュニケーションをとっていった結果，差別的なナチス崇拝者のような言動を繰り返すようになってしまった（Alba 2016=2016）．

　このような事件から考えるべきことは，**目的に応じたデータを学習させているか**，そして，**分析者が自分の価値観に自覚的か**，ということである．学習させるデータによって，機械学習のアウトプットが変わるのであれば，目的に合わせたデータの選定を考える必要がある．Microsoft の "Tay" はまさにその選定と工夫が不十分であったといえる．ユーザーと自由に会話させると，ユーザー側が Tay を操作する余地が生じる．倫理的に危ういインプットへの介入を検討してもよかったかもしれない．

　また，教師付き学習をおこなうには「何が『正解』か」を機械学習に学習させなければならない．この「正解」の選定に，分析者の価値観や偏見が混じることは避けられない[21]．その点に自覚的であるかどうかによって，結果は大いに異なるだろう（ひょっとしたら，統計モデル自体を見直すこともあるかもしれない）．美人コンテストの事例は，まさにこの点に注意すべきだったといえよう[22]．

　このように，機械学習や AI であっても，というよりは，であるからこそ，社会調査の知見が重要になってくるのである．これは，本書で紹介してきた統計学にも当てはまる．統計学を使って分析するデータがどのように得られたものか，分析結果の解釈に自分の「価値観」が無意識に入り込まないか，といったことを考えながら分析しなければならない．とはいえ，人は中立的・客観的になることは難しい．イントロダクションで述べた通り，「自分の主観・立場を明確にしておく」ことで，本節で紹介した問題は一定程度回避できるだろう．

---

21) 美人コンテストの事例の場合は，以下の 2 点が学習データの偏りに関係していたのではないか，と推察できる．1 点目は同類選好である．人は自分と同じ属性を持つ人を（意識的/無意識的問わず）好む傾向がある．この傾向は心理学や社会学では同類選好（ないし同類原理）と呼ばれる．開発者が白人の場合，学習データが同じ人種である白人のものに偏った可能性がある．2 点目は歴史的経緯である．たとえば，ファッションモデル業界では 90 年代に入るまで白人が中心であった．学習データとして過去のモデルの写真を用いようとすると，人種差別的な歴史によってデータがゆがむことがある．

22) そう考えれば，「そもそも AI を使って美人コンテストをするのが適切かどうか」を検討する必要があることに気づくだろう．

15.5 ◆ 統計学のこれから

　この本では，これまでさまざまな統計学的手法を紹介してきた．統計学とは，データに向き合う最も基本的な姿勢のひとつである．この点は今後も変わることはまずないだろう．

　また，統計学は現代において最も必要とされるリテラシーでもある．現代にはデータがあふれているし，そのデータを「分析」した結果が提示される場面が多い．しかし，データや解釈の妥当性を判断するのは，私たちである．好むと好まざるとにかかわらず，統計学の必要性に迫られているのも事実である．統計学はデータを扱う道具として，また，たくさんの学術領域を束ねる軸として，今後，ますます重要な学問となっていくだろう．

　重要性が増している統計学を活用するためには，「じつは統計学単体では何もできない」ことも理解しておかないといけない．**データや解釈の妥当性は，統計学だけではなく，その対象となる学術領域の知識なくしては判断できない**．統計学が「最強」の学問であると評されることもあるが，この点において，統計学は「最弱」な学問でもある．「最弱」な学問としての側面は，15.4.4項で紹介した2つの事例や疑似相関（第4章）をはじめとして，分析の解釈の部分で，本書のいたるところに現れている．

　統計学は「最弱」であると同時に，適切に使えば「最強」になる．本書を通して，読者が「最弱」な統計学を，「最強」に使いこなせるようになることを期待している[23]．

---

23) 実際に統計学を使って分析したい方は，フリーの統計ソフト R を活用するとよい．R については，たとえば永吉（2016）を参照せよ．

引用
文献

「はじめに」で述べたように，重要な文献には ★ をつけたので，ぜひ本書の次に読んでみてほしい．

【英語の文献】（アルファベット順）

Alba, D., 2016, "It's Your Fault Microsoft's Teen AI Turned Into Such a Jerk," WIRED.com., https://www.wired.com/2016/03/fault-microsofts-teen-ai-turned-jerk/（=WIRED.jp_ST 訳, 2016,「AI「Tay」を "最低なヤツ" にしたのは誰だ？」『WIRED.jp』https://wired.jp/2016/03/30/microsofts-teen-ai-turned-into-such-a-jerk/ 2020 年 9 月 21 日取得．）

Angrist, J. D. and Pischke, J. S., 2008, *Mostly Harmless Econometrics: An Empiricist's Companion*, Princeton University Press.（=大森義明・小原美紀・田中隆一・野口晴子訳, 2013,『「ほとんど無害」な計量経済学——応用経済学のための実証分析ガイド』NTT 出版．）

Ariely, D., 2009, *Predictably Irrational: The Hidden Forces That Shape Our Decisions (Revised and Expanded Edition)*, HarperCollins Publishers.（=熊谷淳子訳, 2013,『予想どおりに不合理——行動経済学が明かす「あなたがそれを選ぶわけ」』ハヤカワ・ノンフィクション文庫．）

Ashenfelter, O., Ashmore, D. and Lalonde, R., 1995, "Bordeaux wine vintage quality and the weather," *Chance*, 8(4): 7-14.

Ayers, I., 2007, *Super Crunchers: Why Thinking-by-numbers is the New Way to be Smart*, Bantam Books.（=山形浩生訳, 2010,『その数学が戦略を決める』文春文庫．）

Bishop, C. M. and Nasrabadi, N. M., 2006, *Pattern Recognition and Machine Learning*, Springer-Verlag.（=元田浩・栗田多喜夫・樋口知之・松本裕治・村田昇監訳,『パターン認識と機械学習——ベイズ理論による統計的予測』丸善出版．）

Bond, R. M., Fariss, C. J., Jones, J. J., Kramer, A. D., Marlow, C., Settle, J. E. and Fowler, J. H., 2012, "A 61-million-person experiment in social influence and political mobilization," *Nature*, 489: 295-298.

Dobson, A. J., 2002, *An Introduction to Generalized Linear Models, Second Edition*, Chapman & Hall/CRC.（=田中豊・森川敏彦・山中竹春・冨田誠訳, 2008,『一般化線形モデル入門』共立出版．）

Esping-Andersen, G., 1990, *The Three Worlds of Welfare Capitalism*, Polity Press.（=岡沢憲芙・宮本太郎監訳, 2001,『福祉資本主義の三つの世界——比較福祉国家の理論と動態』ミネルヴァ書房．）

Esping-Andersen, G., 1999, *Social Foundations of Postindustrial Economies*, Oxford University Press. (=渡辺雅男・渡辺景子訳, 2000, 『ポスト工業経済の社会的基礎——市場・福祉国家・家族の政治経済学』桜井書店.)

GESIS ed., 2017, *ISSP 2009 Social Inequality IV, Variable Report: Documentation release 2017/05/23, related to the international dataset Archive-Study-No. ZA5400 Version 4.0.0, Variable Reports 2017-07*, Cologne:GESIS.

Pearl, J., Glymour, M. and Jewell, N. P., 2016, *Causal Inference in Statistics: A Primer*, John Wiley & Sons. (=落海浩訳, 2019, 『入門統計的因果推論』朝倉書店.)

Heckman, J. J., 2013, *Giving Kids a Fair Chance*, The MIT Press. (=古草秀子訳, 2015, 『幼児教育の経済学』東洋経済新報社.)

★ Hernán, M. A. and Robins, J. M., 2020, *Causal Inference: What If*, Chapman & Hall/CRC.

ISSP Research Group, 2013, *International Social Survey Programme: Family and Changing Gender Roles III - ISSP 2002. GESIS Data Archive, Cologne. ZA3880 Data file Version 1.1.0*, doi: 10.4232/1.11564.

Kahneman, D., 2011, *Thinking, Fast and Slow*, Macmillan. (=村井章子訳, 2014,『ファスト&スロー——あなたの意思はどのように決まるか?』ハヤカワ・ノンフィクション文庫.)

Kessler, R. C., Andrews, G., Colpe, L. J., Hiripi, E., Mroczek, D. K., Normand, S. L., Walters, E. E. and Zaslavsky, A. M., 2002, "Short screening scales to monitor population prevalences and trends in non-specific psychological distress," *Psychological Medicine*, 32(6): 959-76.

★ King, G., Keohane, R. O. and Verba, S., 1994, *Designing Social Inquiry: Scientific Inference in Qualitative Research*, Princeton University Press. (=真渕勝監訳, 2004, 『社会科学のリサーチ・デザイン——定性的研究における科学的推論』勁草書房.)

Kitagawa, E. M., 1955, "Components of a Difference between Two Rates," *Journal of the American Statistical Association*, 50(272): 1168-1194.

Mincer, J., 1974, *Schooling, Experience, and Earnings*, National Bureau of Economic Research.

★ Salganik, M. J., 2019, *Bit by Bit: Social Research in the Digital Age*, Princeton University Press. (=瀧川裕貴・常松淳・阪本拓人・大林真也訳, 2019, 『ビット・バイ・ビット——デジタル社会調査入門』有斐閣.)

Shi, F., Shi, Y., Dokshin, F. A., Evans, J. A. and Macy, M. W., 2017, "Millions of online book co-purchases reveal partisan differences in the consumption of science," *Nature Human Behaviour*, 1(4): 1-9.

Takikawa, H. and Nagayoshi, K., 2017, "Political polarization in social media: Analysis of the "Twitter political field" in Japan," *2017 IEEE International Conference on Big Data (Big Data)*, pp.3143-3150.

Tourangeau, R., Conrad, F. G. and Couper, M. P., 2013, *The Science of Web Surveys, First Edition*, Oxford University Press.（＝大隅昇・鳰真紀子・井田潤治・小野裕亮訳，2019，『ウェブ調査の科学——調査計画から分析まで』朝倉書店.）

【日本語の文献】 (50 音順)

李基平，2008，「夫の家事参加と妻の夫婦関係満足度——妻の夫への家事参加期待とその充足度に注目して」『家族社会学研究』20(1): 70-80.

NHK 放送文化研究所，2016，『2015 年　国民生活時間調査　報告書』. https://www.nhk.or.jp/bunken/research/yoron/pdf/20160217_1.pdf（2020 年 5 月 13 日取得）

大沢真理，2007，「2 東アジアの社会政策を考える視点（I 共通論題＝東アジアの経済発展と社会政策）」『社会政策学会誌』18: 19-32.

★ 片瀬一男・阿部晃士・高橋征仁，2015，『社会統計学ベイシック』ミネルヴァ書房.

★ 神林博史，2019，『1 歩前からはじめる「統計」の読み方・考え方［第 2 版］』ミネルヴァ書房.

★ 神林博史・三輪哲，2011，『社会調査のための統計学——生きた実例で理解する』技術評論社.

吉川徹，2006，『学歴と格差・不平等　　成熟する日本型学歴社会』東京大学出版会.

毛塚和宏，2018，「疑似相関との向き合い方」『現代化学』2018 年 6 月号: 59-61.

毛塚和宏，2019，「数理・計量社会学のための数学入門：論理から大数の法則まで」『理論と方法』34(1): 153-168.

厚生労働省，2009，「平成 21 年度「不慮の事故死亡統計」の概況　1 不慮の事故による死亡の年次推移」. https://www.mhlw.go.jp/toukei/saikin/hw/jinkou/tokusyu/furyo10/01.html（2020 年 2 月 27 日取得）

厚生労働省，2016，『平成 27 年度国民生活基礎調査「II 各種世帯の所得等の状況」』. http://www.mhlw.go.jp/toukei/saikin/hw/k-tyosa/k-tyosa15/dl/03.pdf（2019 年 11 月 12 日取得.）

厚生労働省，「平成 28 年　国民生活基礎調査の概況」. https://www.mhlw.go.jp/toukei/saikin/hw/k-tyosa/k-tyosa16/dl/03.pdf

小林庸平・横山重宏，2017，「「子どもの貧困率の低下」の背景を探る」『三菱 UFJ リサーチ＆コンサルティング』. http://www.murc.jp/thinktank/rc/column/search_now/sn170728（2020 年 11 月 11 日取得）

佐藤俊樹，2000，『不平等社会日本——さよなら総中流』中公新書.

鈴木督久，2021，『世論調査の真実』日本経済新聞社.

★ 盛山和夫，2004，『社会調査法入門』有斐閣.

瀧川裕貴，2018，「社会学との関係から見た計算社会科学の現状と課題」『理論と方法』33(1): 132-148.

★ 竹村彰通，2020，『現代数理統計学 ［新装改訂版］』学術図書出版社．

谷口正信，2005，『数理統計・時系列・金融工学』朝倉書店．

★ 東京大学教養学部統計学教室編，1991，『統計学入門』東京大学出版会．

★ 轟亮・杉野勇・平沢和司編，2021，『入門・社会調査法——2ステップで基礎から学ぶ ［第4版］』法律文化社．

内閣府，2020，「国民生活に関する世論調査」．https://survey.gov-online.go.jp/s32/S33-02-32-15.html （2020年4月22日取得）

中室牧子・津川友介，2017，『「原因と結果」の経済学——データから真実を見抜く思考法』ダイヤモンド社．

★ 永吉希久子，2016，『行動科学の統計学——社会調査のデータ分析』共立出版．

西内啓，2013，『統計学が最強の学問である——データ社会を生き抜くための武器と教養』ダイヤモンド社．

日本家族社会学会全国家族調査委員会，2010，『第3回　家族についての全国調査（NFRJ08）第一次報告書』日本家族社会学会全国家族調査委員会．http://nfrj.org/nfrj08_2010_pdf/nfrj08_2010_i.pdf （2018年4月16日取得）

河鐘基，2018，「人工知能に中立はない? AIによる美人コンテスト炎上騒動が浮き彫りにしたもの」『BeautyTech.jp』．https://beautytech.jp/n/nabb469fb826c（2020年9月21日取得）．

浜田宏・石田淳・清水裕士，2019，『社会科学のためのベイズ統計モデリング』朝倉書店．

羽森茂之，2009，『ベーシック計量経済学』中央経済社．

古川壽亮・大野裕・宇田英典・中根允文，2004，『厚生労働科学研究費補助金厚生労働科学特別研究事業「心の健康問題と対策基盤の実態に関する研究」平成14年度分担報告書』．

松村明編，2006，『大辞林 ［第三版］』三省堂．

三浦展，2005，『下流社会——新たな階層集団の出現』光文社新書．

蓑谷千凰彦，1994，『統計学入門』東京図書．

★ 森田果，2014，『実証分析入門——データから「因果関係」を読み解く作法』日本評論社．

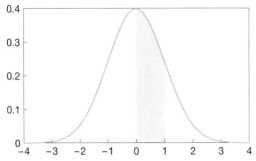

表中の数字は標準正規分布の有色部の面積を表している．行の数字は小数第1位まで，列の数字は小数第2位の右端点の数値を表している．

	0.00	0.01	0.02	0.03	0.04	0.05	0.06	0.07	0.08	0.09
0.0	0.0000	0.0040	0.0080	0.0120	0.0160	0.0199	0.0239	0.0279	0.0319	0.0359
0.1	0.0398	0.0438	0.0478	0.0517	0.0557	0.0596	0.0636	0.0675	0.0714	0.0753
0.2	0.0793	0.0832	0.0871	0.0910	0.0948	0.0987	0.1026	0.1064	0.1103	0.1141
0.3	0.1179	0.1217	0.1255	0.1293	0.1331	0.1368	0.1406	0.1443	0.1480	0.1517
0.4	0.1554	0.1591	0.1628	0.1664	0.1700	0.1736	0.1772	0.1808	0.1844	0.1879
0.5	0.1915	0.1950	0.1985	0.2019	0.2054	0.2088	0.2123	0.2157	0.2190	0.2224
0.6	0.2257	0.2291	0.2324	0.2357	0.2389	0.2422	0.2454	0.2486	0.2517	0.2549
0.7	0.2580	0.2611	0.2642	0.2673	0.2704	0.2734	0.2764	0.2794	0.2823	0.2852
0.8	0.2881	0.2910	0.2939	0.2967	0.2995	0.3023	0.3051	0.3078	0.3106	0.3133
0.9	0.3159	0.3186	0.3212	0.3238	0.3264	0.3289	0.3315	0.3340	0.3365	0.3389
1.0	0.3413	0.3438	0.3461	0.3485	0.3508	0.3531	0.3554	0.3577	0.3599	0.3621
1.1	0.3643	0.3665	0.3686	0.3708	0.3729	0.3749	0.3770	0.3790	0.3810	0.3830
1.2	0.3849	0.3869	0.3888	0.3907	0.3925	0.3944	0.3962	0.3980	0.3997	0.4015
1.3	0.4032	0.4049	0.4066	0.4082	0.4099	0.4115	0.4131	0.4147	0.4162	0.4177
1.4	0.4192	0.4207	0.4222	0.4236	0.4251	0.4265	0.4279	0.4292	0.4306	0.4319
1.5	0.4332	0.4345	0.4357	0.4370	0.4382	0.4394	0.4406	0.4418	0.4429	0.4441
1.6	0.4452	0.4463	0.4474	0.4484	0.4495	0.4505	0.4515	0.4525	0.4535	0.4545
1.7	0.4554	0.4564	0.4573	0.4582	0.4591	0.4599	0.4608	0.4616	0.4625	0.4633
1.8	0.4641	0.4649	0.4656	0.4664	0.4671	0.4678	0.4686	0.4693	0.4699	0.4706
1.9	0.4713	0.4719	0.4726	0.4732	0.4738	0.4744	0.4750	0.4756	0.4761	0.4767
2.0	0.4772	0.4778	0.4783	0.4788	0.4793	0.4798	0.4803	0.4808	0.4812	0.4817
2.1	0.4821	0.4826	0.4830	0.4834	0.4838	0.4842	0.4846	0.4850	0.4854	0.4857
2.2	0.4861	0.4864	0.4868	0.4871	0.4875	0.4878	0.4881	0.4884	0.4887	0.4890
2.3	0.4893	0.4896	0.4898	0.4901	0.4904	0.4906	0.4909	0.4911	0.4913	0.4916
2.4	0.4918	0.4920	0.4922	0.4925	0.4927	0.4929	0.4931	0.4932	0.4934	0.4936
2.5	0.4938	0.4940	0.4941	0.4943	0.4945	0.4946	0.4948	0.4949	0.4951	0.4952
2.6	0.4953	0.4955	0.4956	0.4957	0.4959	0.4960	0.4961	0.4962	0.4963	0.4964
2.7	0.4965	0.4966	0.4967	0.4968	0.4969	0.4970	0.4971	0.4972	0.4973	0.4974
2.8	0.4974	0.4975	0.4976	0.4977	0.4977	0.4978	0.4979	0.4979	0.4980	0.4981
2.9	0.4981	0.4982	0.4982	0.4983	0.4984	0.4984	0.4985	0.4985	0.4986	0.4986
3.0	0.4987	0.4987	0.4987	0.4988	0.4988	0.4989	0.4989	0.4989	0.4990	0.4990

表 A.2 | t 分布表

自由度	両側検定時の有意水準		
	0.10	0.05	0.01
1	6.314	12.706	63.657
2	2.920	4.303	9.925
3	2.353	3.182	5.841
4	2.132	2.776	4.604
5	2.015	2.571	4.032
6	1.943	2.447	3.707
7	1.895	2.365	3.499
8	1.860	2.306	3.355
9	1.833	2.262	3.250
10	1.812	2.228	3.169
11	1.796	2.201	3.106
12	1.782	2.179	3.055
13	1.771	2.160	3.012
14	1.761	2.145	2.977
15	1.753	2.131	2.947
16	1.746	2.120	2.921
17	1.740	2.110	2.898
18	1.734	2.101	2.878
19	1.729	2.093	2.861
20	1.725	2.086	2.845
21	1.721	2.080	2.831
22	1.717	2.074	2.819
23	1.714	2.069	2.807
24	1.711	2.064	2.797
25	1.708	2.060	2.787
26	1.706	2.056	2.779
27	1.703	2.052	2.771
28	1.701	2.048	2.763
29	1.699	2.045	2.756
30	1.697	2.042	2.750
40	1.684	2.021	2.704
50	1.676	2.009	2.678
100	1.660	1.984	2.626
200	1.653	1.972	2.601
正規分布 (∞)	1.645	1.960	2.576

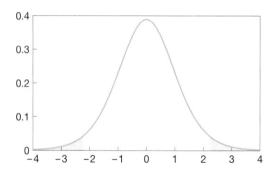

表中の数字は，t分布を用いたときの両側検定棄却域の端点を表している．

ν	有意水準		
	0.10	0.05	0.01
1	2.71	3.84	6.63
2	4.61	5.99	9.21
3	6.25	7.81	11.34
4	7.78	9.49	13.28
5	9.24	11.07	15.09
6	10.64	12.59	16.81
7	12.02	14.07	18.48
8	13.36	15.51	20.09
9	14.68	16.92	21.67
10	15.99	18.31	23.21
11	17.28	19.68	24.72
12	18.55	21.03	26.22
13	19.81	22.36	27.69
14	21.06	23.68	29.14
15	22.31	25.00	30.58
16	23.54	26.30	32.00
17	24.77	27.59	33.41
18	25.99	28.87	34.81
19	27.20	30.14	36.19
20	28.41	31.41	37.57
21	29.62	32.67	38.93
22	30.81	33.92	40.29
23	32.01	35.17	41.64
24	33.20	36.42	42.98
25	34.38	37.65	44.31
26	35.56	38.89	45.64
27	36.74	40.11	46.96
28	37.92	41.34	48.28
29	39.09	42.56	49.59
30	40.26	43.77	50.89
40	51.81	55.76	63.69
50	63.17	67.50	76.15
60	74.40	79.08	88.38
70	85.53	90.53	100.43
80	96.68	101.88	112.33
90	107.57	113.15	124.12
100	118.50	124.34	135.81

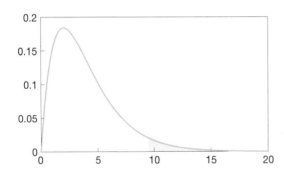

表中の数字は，カイ二乗分布の有色部の左端点の値を示している．行の数字は自由度 ν で，列の数字は各有意水準に対応した有色部の面積を表している．

表 A.4 | **F 分布表** [上側確率 0.05, F(m, n)] **その 1**

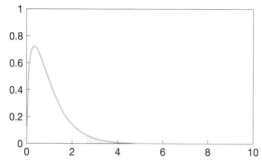

表中の数字は, F分布F(m, n) の上側確率5%を示す.

m\n	1	2	3	4	5	6	7	8	9	10	11	12	13	14	15
1	161.45	18.51	10.13	7.71	6.61	5.99	5.59	5.32	5.12	4.96	4.84	4.75	4.67	4.60	4.54
2	199.50	19.00	9.55	6.94	5.79	5.14	4.74	4.46	4.26	4.10	3.98	3.89	3.81	3.74	3.68
3	215.71	19.16	9.28	6.59	5.41	4.76	4.35	4.07	3.86	3.71	3.59	3.49	3.41	3.34	3.29
4	224.58	19.25	9.12	6.39	5.19	4.53	4.12	3.84	3.63	3.48	3.36	3.26	3.18	3.11	3.06
5	230.16	19.30	9.01	6.26	5.05	4.39	3.97	3.69	3.48	3.33	3.20	3.11	3.03	2.96	2.90
6	233.99	19.33	8.94	6.16	4.95	4.28	3.87	3.58	3.37	3.22	3.09	3.00	2.92	2.85	2.79
7	236.77	19.35	8.89	6.09	4.88	4.21	3.79	3.50	3.29	3.14	3.01	2.91	2.83	2.76	2.71
8	238.88	19.37	8.85	6.04	4.82	4.15	3.73	3.44	3.23	3.07	2.95	2.85	2.77	2.70	2.64
9	240.54	19.38	8.81	6.00	4.77	4.10	3.68	3.39	3.18	3.02	2.90	2.80	2.71	2.65	2.59
10	241.88	19.40	8.79	5.96	4.74	4.06	3.64	3.35	3.14	2.98	2.85	2.75	2.67	2.60	2.54
11	242.98	19.40	8.76	5.94	4.70	4.03	3.60	3.31	3.10	2.94	2.82	2.72	2.63	2.57	2.51
12	243.91	19.41	8.74	5.91	4.68	4.00	3.57	3.28	3.07	2.91	2.79	2.69	2.60	2.53	2.48
13	244.69	19.42	8.73	5.89	4.66	3.98	3.55	3.26	3.05	2.89	2.76	2.66	2.58	2.51	2.45
14	245.36	19.42	8.71	5.87	4.64	3.96	3.53	3.24	3.03	2.86	2.74	2.64	2.55	2.48	2.42
15	245.95	19.43	8.70	5.86	4.62	3.94	3.51	3.22	3.01	2.85	2.72	2.62	2.53	2.46	2.40
16	246.46	19.43	8.69	5.84	4.60	3.92	3.49	3.20	2.99	2.83	2.70	2.60	2.51	2.44	2.38
17	246.92	19.44	8.68	5.83	4.59	3.91	3.48	3.19	2.97	2.81	2.69	2.58	2.50	2.43	2.37
18	247.32	19.44	8.67	5.82	4.58	3.90	3.47	3.17	2.96	2.80	2.67	2.57	2.48	2.41	2.35
19	247.69	19.44	8.67	5.81	4.57	3.88	3.46	3.16	2.95	2.79	2.66	2.56	2.47	2.40	2.34
20	248.01	19.45	8.66	5.80	4.56	3.87	3.44	3.15	2.94	2.77	2.65	2.54	2.46	2.39	2.33
25	249.26	19.46	8.63	5.77	4.52	3.83	3.40	3.11	2.89	2.73	2.60	2.50	2.41	2.34	2.28
30	250.10	19.46	8.62	5.75	4.50	3.81	3.38	3.08	2.86	2.70	2.57	2.47	2.38	2.31	2.25
40	251.14	19.47	8.59	5.72	4.46	3.77	3.34	3.04	2.83	2.66	2.53	2.43	2.34	2.27	2.20
50	251.77	19.48	8.58	5.70	4.44	3.75	3.32	3.02	2.80	2.64	2.51	2.40	2.31	2.24	2.18
100	253.04	19.49	8.55	5.66	4.41	3.71	3.27	2.97	2.76	2.59	2.46	2.35	2.26	2.19	2.12
200	253.68	19.49	8.54	5.65	4.39	3.69	3.25	2.95	2.73	2.56	2.43	2.32	2.23	2.16	2.10
500	254.06	19.49	8.53	5.64	4.37	3.68	3.24	2.94	2.72	2.55	2.42	2.31	2.22	2.14	2.08
∞	254.31	19.50	8.53	5.63	4.36	3.67	3.23	2.93	2.71	2.54	2.40	2.30	2.21	2.13	2.07

m\n	16	17	18	19	20	25	30	40	50	100	200	500	∞
1	4.49	4.45	4.41	4.38	4.35	4.24	4.17	4.08	4.03	3.94	3.89	3.86	3.84
2	3.63	3.59	3.55	3.52	3.49	3.39	3.32	3.23	3.18	3.09	3.04	3.01	3.00
3	3.24	3.20	3.16	3.13	3.10	2.99	2.92	2.84	2.79	2.70	2.65	2.62	2.60
4	3.01	2.96	2.93	2.90	2.87	2.76	2.69	2.61	2.56	2.46	2.42	2.39	2.37
5	2.85	2.81	2.77	2.74	2.71	2.60	2.53	2.45	2.40	2.31	2.26	2.23	2.21
6	2.74	2.70	2.66	2.63	2.60	2.49	2.42	2.34	2.29	2.19	2.14	2.12	2.10
7	2.66	2.61	2.58	2.54	2.51	2.40	2.33	2.25	2.20	2.10	2.06	2.03	2.01
8	2.59	2.55	2.51	2.48	2.45	2.34	2.27	2.18	2.13	2.03	1.98	1.96	1.94
9	2.54	2.49	2.46	2.42	2.39	2.28	2.21	2.12	2.07	1.97	1.93	1.90	1.88
10	2.49	2.45	2.41	2.38	2.35	2.24	2.16	2.08	2.03	1.93	1.88	1.85	1.83
11	2.46	2.41	2.37	2.34	2.31	2.20	2.13	2.04	1.99	1.89	1.84	1.81	1.79
12	2.42	2.38	2.34	2.31	2.28	2.16	2.09	2.00	1.95	1.85	1.80	1.77	1.75
13	2.40	2.35	2.31	2.28	2.25	2.14	2.06	1.97	1.92	1.82	1.77	1.74	1.72
14	2.37	2.33	2.29	2.26	2.22	2.11	2.04	1.95	1.89	1.79	1.74	1.71	1.69
15	2.35	2.31	2.27	2.23	2.20	2.09	2.01	1.92	1.87	1.77	1.72	1.69	1.67
16	2.33	2.29	2.25	2.21	2.18	2.07	1.99	1.90	1.85	1.75	1.69	1.66	1.64
17	2.32	2.27	2.23	2.20	2.17	2.05	1.98	1.89	1.83	1.73	1.67	1.64	1.62
18	2.30	2.26	2.22	2.18	2.15	2.04	1.96	1.87	1.81	1.71	1.66	1.62	1.60
19	2.29	2.24	2.20	2.17	2.14	2.02	1.95	1.85	1.80	1.69	1.64	1.61	1.59
20	2.28	2.23	2.19	2.16	2.12	2.01	1.93	1.84	1.78	1.68	1.62	1.59	1.57
25	2.23	2.18	2.14	2.11	2.07	1.96	1.88	1.78	1.73	1.62	1.56	1.53	1.51
30	2.19	2.15	2.11	2.07	2.04	1.92	1.84	1.74	1.69	1.57	1.52	1.48	1.46
40	2.15	2.10	2.06	2.03	1.99	1.87	1.79	1.69	1.63	1.52	1.46	1.42	1.39
50	2.12	2.08	2.04	2.00	1.97	1.84	1.76	1.66	1.60	1.48	1.41	1.38	1.35
100	2.07	2.02	1.98	1.94	1.91	1.78	1.70	1.59	1.52	1.39	1.32	1.28	1.24
200	2.04	1.99	1.95	1.91	1.88	1.75	1.66	1.55	1.48	1.34	1.26	1.21	1.17
500	2.02	1.97	1.93	1.89	1.86	1.73	1.64	1.53	1.46	1.31	1.22	1.16	1.11
∞	2.01	1.96	1.92	1.88	1.84	1.71	1.62	1.51	1.44	1.28	1.19	1.11	1.00

Index

【アルファベット】

A/B テスト ···················· 239
ANOVA →分散分析 ············· 188
F 検定 ························ 195
F 値 ························· 194
F 分布 ························ 194
IQV →質的変動係数 ············· 049
ISSP ························· 205
K6 ·························· 018
MA: Multiple Answer
　→マルチアンサー ·············· 023
MAP 推定 ····················· 236
p 値ハッキング ················· 167
RDD 法 ······················ 015
t 検定 ······················ 201
t 分布 ······················ 199
VIF ························· 222
Z 値→標準得点 ············ 054, 142
Z 得点→標準得点 ·············· 054
95%信頼区間→信頼区間 ··········· 098

【あ】

一致性 ······················· 144
移動表 ······················· 169
因果関係 ······················ 075
インターネット調査 ·············· 017
上側検定 ······················ 166
エリアサンプリング ·············· 026
オッズ ······················· 175
オッズ比 ······················ 176
オンライン学習 ················· 237

【か】

回帰係数 ······················ 206
回帰式 ······················· 215
回帰直線 ······················ 205
回帰分析 ······················ 204
回帰分析表 ····················· 211
回帰平方和 ····················· 210
階級 ························· 037
回収率 ······················· 017
階層帰属意識 ··················· 155
カイ二乗検定 ··················· 179
カイ二乗値（χ^2 値） ············· 062
カイ二乗分布 ··················· 179
概念的定義 ····················· 007
開放的 ······················· 177
学習 ························· 227
確率関数 ······················ 116
確率比例抽出法 ················· 028
確率分布 ······················ 093
確率変数 ······················ 115
確率密度関数 ·············· 096, 132
仮説 ························· 087
片側検定 ·················· 110, 166
カバレッジ ····················· 016
間隔尺度 ······················ 034
順序尺度 ······················ 033
頑健性 ······················· 221
関連 ························· 056
偽陰性 ······················· 105
機械学習 ·················· 226, 227
棄却 ························· 104
棄却域 ······················· 108

疑似相関 ･･････････････････････ 076

疑似無相関 ･･･････････････････ 077

記述的な問い ･･･････････････ 164

記述統計 ･･･････････････････････ 031

記述統計学→記述統計 ･･････････ 087

期待値 ･････････････････････････ 116

帰無仮説 ･･･････････････････････ 104

キャリーオーバー効果 ･･････ 022

教育年数 ･･･････････････････････ 072

教師付き学習 ･･････････････････ 227

教師なし学習 ･･････････････････ 227

行周辺度数 ･･･････････････････ 058

偽陽性 ･････････････････････････ 105

行パーセント表示 ･･･････････ 058

共分散 ･････････････････････････ 067

共役分布 ･･･････････････････････ 234

区間推定 ･･･････････････････････ 089

クラメールの V ･･･････････････ 063

クロス表 ･･･････････････････････ 057

群 ･････････････････････････････ 189

群間平方和 ･･･････････････････ 190

群間偏差 ･･･････････････････････ 191

群間変動 ･･･････････････････････ 189

群内平方和 ･･･････････････････ 192

群内変動 ･･･････････････････････ 189

計算社会科学 ･････････････････ 240

系統抽出法 ･････････････････････ 030

決定係数 ･･･････････････････････ 210

原始関数 ･･･････････････････････ 131

検定 ･････････････････････････････ 103

～件法 ･････････････････････････ 075

コイントス ･････････････････････ 114

効果 ･････････････････････････ 085

交互作用 ･･･････････････････････ 086

交互作用項 ･･･････････････････ 216

構造移動 ･･･････････････････････ 173

構造移動率 ･････････････････････ 174

コードブック ･････････････････ 032

国勢調査 ･･･････････････････････ 027

【さ】

最小二乗法 ･･････････････ 206, 230

再生産 ･･･････････････････････ 168

再生性 ･･･････････････････････ 157

採択 ･････････････････････････ 104

最頻値 ･･･････････････････････ 042

最尤法 ･･･････････････････････ 232

残差 ･････････････････････････ 207

残差平方和 ･･･････････ 207, 210

3 重クロス表 ･･････････････ 084

参照カテゴリ ･･･････････････ 214

散布図 ･･･････････････････････ 065

サンプリング→標本抽出 ･･････ 011

サンプル→標本 ･･･････････････ 011

サンプルサイズ ･････････････ 012

シグモイド曲線 ･････････････ 135

事後分布 ･････････････････････ 235

事前分布 ･････････････････････ 234

悉皆調査 ･････････････････････ 027

実現値 ･･･････････････････････ 116

質的調査 ･････････････････････ 006

質問 ･････････････････････････ 018

質問紙調査 ･･････････････････ 018

質的変動係数 ･･･････････････ 049

四分位点 ･････････････････････ 047

四分位範囲 ･･････････････････ 047

社会移動 ･････････････････････ 168

社会階層論 ･･････････････････ 168

社会調査 ･････････････････････ 006

社会的望ましさバイアス ……………… 025
尺度 ……………………………………… 032
重回帰分析 ……………………………… 212
従属変数→被説明変数 ………………… 058
自由度 …………………………………… 179
周辺度数 ………………………………… 058
住民基本台帳 …………………………… 011
主効果 …………………………………… 216
出身階層 ………………………………… 170
受容 ……………………………………… 104
循環移動 ………………………………… 173
条件付き確率 …………………………… 177
信頼区間 ………………………………… 098
推測統計学 ……………………………… 087
推定 ………………………………… 087, 089
推定量 …………………………………… 143
スクレイピング ………………………… 240
正規分布 ………………………………… 095
正規分布表 ……………………………… 136
正の相関 ………………………………… 065
積分 ……………………………………… 096
切片 ……………………………………… 206
説明 ………………………………… 076, 078
説明（回帰分析）……………………… 209
説明的な問い …………………………… 164
説明変数 ………………………………… 058
セル ……………………………………… 058
セレクションバイアス ………………… 150
選挙人名簿 ……………………………… 011
全体パーセント表示 …………………… 059
粗移動率 ………………………………… 172
層 …………………………………… 029, 084
層化抽出法 ……………………………… 029
相関 ……………………………………… 065
相関係数 ………………………………… 070

相関なし ………………………………… 066
操作化 …………………………………… 008
操作的定義 ……………………………… 007
相対的貧困 ……………………………… 007

【た】

第 1 種の過誤 …………………………… 104
第 3 変数 ………………………………… 076
大数の法則 ……………………………… 144
対数尤度 ………………………………… 232
第 2 種の過誤 …………………………… 105
代表性 …………………………………… 014
代表値 …………………………………… 037
対立仮説 ………………………………… 104
多重共線性 ……………………………… 222
多段抽出法 ……………………………… 028
妥当性 …………………………………… 018
ダブルバーレル質問 …………………… 023
ダミー変数 ………………………… 033, 212
多様性指数 ……………………………… 048
単峰型 …………………………………… 040
中央値 …………………………………… 041
中心極限定理 …………………………… 094
調査員効果 ……………………………… 015
調整済み決定係数 ……………………… 211
散らばり ………………………………… 044
定数項 …………………………………… 206
デジタルトレース ……………………… 226
点推定 …………………………………… 089
統制 ……………………………………… 081
到達階層 ………………………………… 170
投入 ……………………………………… 212
独立 ………………………………… 060, 122
独立変数→説明変数 …………………… 058

度数 ···································· 035

度数分布表 ····························· 035

留置法································ 017

【な】

二項分布 ···························· 120

二次分析 ······················ 003, 036

【は】

バイアス ····························· 147

媒介 ································· 078

外れ値 ······························ 039

バッチ学習 ··························· 237

パラメータ ··························· 134

範囲 ································· 047

反転 ································· 050

ヒストグラム ························· 040

被説明変数 ··························· 058

非線形回帰 ··························· 218

左に裾の長い ························· 040

ビッグデータ ························· 226

標準化 ························· 054, 137

標準誤差 ····························· 093

標準正規分布 ··················· 096, 135

標準得点 ····························· 054

標準偏差 ····························· 046

標本 ································· 011

標本数→サンプルサイズ ·············· 012

標本抽出 ····························· 011

標本分散 ······················ 045, 147

標本平均 ····························· 088

比例尺度 ····························· 035

貧困線 ······························ 007

頻度主義 ····························· 227

複数回答→マルチアンサー ············ 023

負の相関 ····························· 065

負の二項分布 ························· 128

不偏性 ······························ 145

不偏分散 ······················ 100, 148

分散 ································· 045

分散分析 ····························· 188

分散分析表 ··························· 193

分布 ································· 009

分布関数 ····························· 130

平均 ································· 038

平均平方 ····························· 194

閉鎖的 ······························ 182

ベイズ更新 ··························· 230

ベイズ主義 ··························· 228

ベイズ統計学 ··················· 226, 228

ベイズの公式 ························· 228

ベータ分布 ··························· 234

偏回帰係数→回帰係数 ··········· 206, 214

偏差 ··························· 044, 209

偏差値 ······························ 055

偏差平方 ······················ 045, 117

偏差平方和 ··················· 046, 210

変数 ································· 031

ポアソンの小数の法則 ················ 126

ポアソン分布 ························· 126

母集団 ······························ 011

母数 ································· 145

母平均 ························· 088, 090

【ま】

マルチアンサー ······················ 023

見かけの相関→疑似相関 ·············· 076

右に裾の長い ························· 040

無回答 ································ 016

無回答バイアス ····················· 150

無作為抽出 ·························· 012

無情報事前分布 ····················· 235

面接法 ······························ 016

【や】

有意水準 ···························· 107

有意抽出 ···························· 012

有効性 ······························ 143

郵送法 ······························ 016

尤度 ································· 232

要因分解 ···························· 010

4件法→〜件法 ····················· 075

【ら】

ランダムサンプリング
　→無作為抽出 ····················· 012

リコード ·················· 034, 50, 156

リサーチクエスチョン ··············· 009

離散変数 ···························· 032

リスティング広告 ··················· 238

流出 ································· 170

流出率 ······························ 171

流動性 ······························ 182

流入 ································· 170

流入率 ······························ 170

両側検定 ···························· 110

量的調査 ···························· 006

累積密度関数 ······················· 130

累積割合 ···························· 036

列周辺度数 ·························· 058

列パーセント表示 ··················· 059

レンジ→範囲 ······················· 047

連続変数 ···························· 032

【わ】

割当法 ······························ 014

【記号】

〜 ·································· 120

著者紹介

毛塚和宏 博士（文学）
九州大学 比較社会文化研究院 准教授
1989年生まれ．早稲田大学基幹理工学部数学科卒業ののち，東北大学文学研究科人間科学専攻行動科学専攻分野にて博士前期・後期課程を修了．2017年より東京大学社会科学研究所附属社会調査・データアーカイブ研究センター特任研究員，2018年より東京工業大学リベラルアーツ研究教育院講師，2023年より国立社会保障・人口問題研究所研究員を経て，現職．専門は計量・数理社会学．

NDC350　270p　21cm

社会科学のための統計学 入門
実例からていねいに学ぶ

2022年 6月21日　第1刷発行
2024年 7月25日　第4刷発行

著　者　毛塚和宏
発行者　森田浩章
発行所　株式会社　講談社
　　　　〒112-8001　東京都文京区音羽2-12-21
　　　　　販売　(03)5395-4415
　　　　　業務　(03)5395-3615

KODANSHA

編　集　株式会社　講談社サイエンティフィク
　　　　代表　堀越俊一
　　　　〒162-0825　東京都新宿区神楽坂2-14　ノービィビル
　　　　　編集　(03)3235-3701

本文データ制作　藤原印刷株式会社
印刷・製本　株式会社ＫＰＳプロダクツ

ISBN 978-4-06-528450-6

講談社の自然科学書

データサイエンス入門シリーズ

教養としてのデータサイエンス	北川源四郎・竹村彰通／編	定価：1,980円
データサイエンスのための数学	椎名洋・姫野哲人・保科架風／著 清水昌平／編	定価：3,080円
データサイエンスの基礎	濱田悦生／著 狩野裕／編	定価：2,420円
統計モデルと推測	松井秀俊・小泉和之／著 竹村彰通／編	定価：2,640円
Pythonで学ぶアルゴリズムとデータ構造	辻真吾／著 下平英寿／編	定価：2,640円
Rで学ぶ統計的データ解析	林賢一／著 下平英寿／編	定価：3,300円
最適化手法入門	寒野善博／著 駒木文保／編	定価：2,860円
データサイエンスのためのデータベース	吉岡真治・村井哲也／著 水田正弘／編	定価：2,640円
スパース回帰分析とパターン認識	梅津佑太・西井龍映・上田勇祐／著	定価：2,860円
モンテカルロ統計計算	鎌谷研吾／著 駒木文保／編	定価：2,860円
テキスト・画像・音声データ分析	西川仁・佐藤智和・市川治／著 清水昌平／編	定価：3,080円
応用基礎としてのデータサイエンス	北川源四郎／竹村彰通・編	定価：2,860円

実践Data Scienceシリーズ

ゼロからはじめるデータサイエンス入門 R・Python一挙両得	辻慎吾・矢吹太朗／著	定価：3,520円
データ分析のためのデータ可視化入門	キーラン・ヒーリー／著 瓜生真也・江口哲史・三村喬生／訳	定価：3,520円
RとStanではじめるベイズ統計モデリングによるデータ分析入門	馬場真哉／著	定価：3,300円
Rではじめる地理空間データの統計解析入門	村上大輔／著	定価：3,080円
PythonではじめるKaggleスタートブック	石原祥太郎・村田秀樹／著	定価：2,200円
Pythonではじめるテキストアナリティクス入門	榊剛史／編著	定価：2,860円
新しい〈ビジネスデザイン〉の教科書 新規事業の着想から実現まで	湊宣明／著	定価：1,980円
経営・商学のための統計学入門 直感的な例題で学ぶ	竹内広宜／著	定価：2,750円
実践のための基礎統計学	下川敏雄／著	定価：2,860円
Juliaで作って学ぶベイズ統計学	須山敦志／著	定価：2,970円
Pythonではじめるベイズ機械学習入門	森賀新・木田悠歩・須山敦志／著	定価：3,080円
ライブ講義 大学生1年生のための数学入門	奈佐原顕郎／著	定価：3,190円
ライブ講義 大学生のための応用数学入門	奈佐原顕郎／著	定価：3,190円

※表示価格には消費税（10%）が加算されています。 「2024年6月現在」

講談社サイエンティフィク https://www.kspub.co.jp/